U0109942

民國思想史稿

季蒙、程漢　著

目　次

第一章
大戰國

　　民國雖然是從辛亥革命推翻清帝國開始的，但是真正的民國思想的開場還是五四運動以後的事。1911～1919 年的幾年間，我們將其視為一個過渡期。這也是為什麼我們要把梁啟超等學者放在清末段討論的原因，儘管他們在民初影響甚大。所以，直白地說，民國思想應該從胡適這一代人寫起。我們知道，民初最大、最直接的問題就是國家安全和國家權利的問題。所謂國家權利，是相對於別國來講；所謂國人權利，是相對於國家來講。對中國來說，二十世紀是一個地道的憂患之世，所以對這個時代的思想，也應該從安全論入手。就中國在世界的處境而言，遠沒有美國那樣得天獨厚的條件。美國周邊沒有威脅性國家，但是中國周圍多為不安全國家。就連印度也是一直侵佔中國領土不歸還，俄國、日本的對華行為更不用說。究其原因，是因為世界自近代以來已進入了一個大戰國時期，而這個大戰國期將是長時段的。這就是民國思想賴以展開的總背景。

第一節　戰國論

林同濟說：「我們必須瞭解時代的意義！」民國是在又一輪的戰國時代中開始的，所以林同濟認為：「民族的命運，只有兩條路可走：不是瞭解時代，猛力推進，做個時代的主人翁，便是茫無瞭解，即成瞭解而不徹底，結果乃徘徊、分歧、失機，而流為時代的犧牲品。」（〈戰國時代的重演〉）近代歷史對中國是一個不留任何餘地的殘酷教育，中國是一個未自覺的被不斷侵襲的和平國家，它缺乏戰的素質。所以二十世紀是在火藥味十足的開場中展進的。林同濟說：「現時代的意義是什麼呢？乾脆又乾脆，曰在戰的一個字。如果我們運用比較歷史家的眼光來判斷這個赫赫當頭的時代，我們不禁要拍案舉手而呼道：這乃是又一度戰國時代的來臨！」（〈戰國時代的重演〉）基於現時代的意義，林同濟拿出了自己的歷史邏輯。他說：「歷史自有歷史的邏輯，快眼可以抉發。歷史上自成體系的文化，只須有機會充分發展，不至中途被外力摧殘而夭折者，都要經過一個戰國時期。」（〈戰國時代的重演〉）

歷史的邏輯就是戰國，這是戰國派的典型意見（我們不用戰國策派這個詞，以便更進一步）。但與其說林同濟所表達的是一己的觀點，倒不如說他所基於的是過去的經驗事實。「我們細察二百年來的世界政治，尤其是過去半世紀的天下大勢，不得不凜然承認你和我這些渺小體魄，你和我兢兢集湊而成的中華民族，已經置身到人類歷史上空前的怒潮狂浪當中了！我們的時辰八字，不是平凡，乃恰恰當著世界史上大戰國時期露骨表演的日子。」並且還預言這段熱劇「充量的揭發，大可能還要包括此後的三五百年。」（〈戰國時代的重演〉）

　　說到中華民族，乃是一個標準的民國概念。也就是說，在民國以前，並無所謂中華民族的概念，充其量只有所謂漢族、華夷等歷史概念。中華民族是民國概念，而漢民族是帝國概念。應該說，歷史中國是在不斷整合中成形的一個國家，而這個定型就經歷了古代戰國的洗禮。所以中華民族本身就是戰國的產物，民國也是。「戰國時代的意義，是戰的一個字，加緊地無情地發洩其威力，擴大其作用。」（〈戰國時代的重演〉）雖然林同濟受到當時二戰的刺激，但他的態度是一貫的，無疑包含著遠程的文化考慮。對戰這一普適邏輯，林同濟講得很清楚，他說：「戰本來是任何時代都有的現象，並不是戰國時代的專有品。」（〈戰國時代的重演〉）我們舉列林同濟的觀點，是因為它對二十世紀有某種本質的揭示意義，正是這種揭示性有著一種統領的作用。按林同濟總結的三個大趨向：戰為中心、戰成全體、戰在殲滅，不能不使人面臨統領抉擇上的問題。正如林同濟所說：「淺見者流，到了今天還要死把整個全能的組織意義，當作一種專對民主潮流而生的反動而討論，就好像宇宙間森羅萬家，除了維多利亞的民主政體，便沒有更重大的事情，而一切歷史上的事態變遷都必得拱繞著民主兩字而或正或反！真迂腐極了。」（〈戰國時代的重演〉）

　　民主政治的思想的確代表了當時的主潮流。但嚴格來說，民主只是屬於內政建設方面的，而戰國思想則屬於全局邏輯。就國際的方面來說，同樣是民主國家，但是並不能保證甲與乙之間就沒有衝突發生。不過從另一角度來說，當時的世界除去英美以外，也很難找出標準的民主國家，這一點恐怕是更主要的。同時不能排除這樣一層考慮，真正的民主國家之間，戰爭衝突的生發可能會程度很大地軟化、弱化。如果是這樣，那麼民主便靠它的功用建立了牢固的

存在理由。需要說明的是，我們對民主這個詞的使用從來都是具體的、歷史性的，不含任何評價意義和涵義。林同濟的思考本來是基於惡劣的現實情勢，而不是書面地空談理想，所以他說：「這並不是看不起民主，乃是說事到今日，實在險惡到驚人的程度，就是轟動全球一百多年的民主問題也竟然落到次等地位。把佔著時代的核心的，乃是全體戰三字。有沒有本領隨時可作全體戰，可作戰國之戰，乃是任何民族的至上需求，先決條件。」「因此，民主政體應有不應有，再也不是你我哲理上較長比短所能決定；真正關鍵，全看民主與全體戰的關係如何。而這個關係，也絕不是形式政論者所能先驗預斷。」「民主與全體戰本不必有先天註定的衝突；在某些意義下，可說全是全體戰的一種好條件。」「目前的若干全能國家，說是為了要民主而全能，毋寧說是要全體戰而全能。」（〈戰國時代的重演〉）

實際上，我們在林同濟的意思中可以看到「擴充論」的消息。即一種政體如何，不單純在於它的理論評衡，還要看它是否能擴而充之，所謂「真正關鍵乃在乎一個民族對其所慣有的政體實際運用的活力、應變的機能之如何。」（〈戰國時代的重演〉）這樣，實際上就觸及到了中國歷史的教訓這一問題。中國歷史的失敗首先是軍事上的失敗，還不是政治上的（近代以來尤其如此）。軍與政的原因、責任關係沒有確認清楚。即以中、英兩國的情況為比較，雖然英國是王國，但仍然比民國高效、有組織。所以林同濟說一個民族對它慣有的政體的實際運用的機力才是關鍵本質，可謂切中要害。這對於「形式前途觀」無疑是一個敲擊，「用」的擴充才是決定一切的力量。林同濟明指：「戰有兩種：一曰取勝之戰，一曰殲滅之戰。前者的結局，最多也不過賠款割城。後者的結局，則非到敵國

活力全部消滅不止。」「換言之，就是統治世界的企圖。」(〈戰國時代的重演〉) 從原因論來說，「兵」與「政」的不同歸結，會導出兩條人文射線：其一會指向「文化」與「主義」的運動；其一則是「問題」的路線和解決。很顯然，即以中國知識階層總體而論，乃是往政治原因的路向上導引了，從而造成了二十世紀中國歷史社會現實的基本實況。林同濟說：「如此一次又一次，必到你全部消滅而後已。所以戰國時代之戰，其特別可怕處，尚不在戰之多而大，乃在取勝戰少而殲滅戰多；不在取勝戰少而殲滅戰多，乃尤在乎一切的取勝戰都是著意地為著殲滅戰作先驅！演到最後的一階段，兩雄決鬥，一死一生，而獨霸獨尊的世界大帝國告成。」「目前的事實，是殲滅戰已開始展開。」(〈戰國時代的重演〉)

戰國作為必然之勢，對它的生發，林同濟有明確的描述。他說：「一個文化，演到某階段而便有戰國時代的來臨，並不是偶然之事，也不是神秘天工。物質條件、精神條件發展到相當程度，各區域、各民族間的接觸也就日繁，互依賴、互摩擦的情節也就日多。在那相吸相抵的矛盾境界中，較大的政治組織成為了邏輯的必需。併吞的慾望就在這裏產生。由慾望而企圖，由企圖而行動，於是戰乃不可免。戰到了相當尖銳化，戰國時代遂岸然出現於人間！」(〈戰國時代的重演〉) 戰國既然是這樣不可避免的，那麼唯一可做的就是直面、迎接戰國，這裏並沒有迴旋餘地。「這不是說和平不應該，只是說戰爭是事實。」林同濟明言：「不能戰的國家不能生存。」沒有一個國家能夠躲避殲滅戰，小國弱國也沒有倖存的幻想，所以說「不能偉大，便是滅亡。」而國人也絕不能再「高唱那不強不弱、不文不武的偷懶國家的生涯！」這是因為，「殲滅戰是無和可言的。」「戰國式的殲滅戰，根本無和；和便全體投降。」(〈戰國時

代的重演〉）十分清楚,「宗教時代,信仰中心。經濟時代,企業中心。革命時代,社會改革中心。戰國時代,戰爭中心。」林同濟不僅這樣歸結,而且就戰爭中心一義作了明確說明:「所謂戰爭中心者,戰不但要成為那時代最顯著、最重要的事實,而且要積極地成為一切主要的社會行動的標準。」「到了戰國時代,戰的威脅與需求迫切到一個程度,而戰乃竟成為一切行動的大前提。」「戰的威力反要加緊地、加速地取得主動的地位,而積極決定其他一切的內容與外表。」「到了戰國時代,戰乃顯著地向著全體化一條路展進。」所謂全體化就是非片面,人人皆兵,物物成械的氣象。並且嚴厲批評說:「一切為戰,一切皆戰,這是全能國家的根本歷史意義與作用,我們要知時勢,用不著再捧出那班實驗派的專家,請他們調查統計,來一五一十地在紙上苦作推敲。但看十數年來全能國家一個跟著一個呱呱墜地,我們可以無疑地判斷天下大勢是不可遏止地走入戰國作風了。」「所謂和平手段,共和方式,在戰國時代,侃侃而談者總比任何時代為多,實際推行的可能性也總比任何時代為少。」「你和我若還把這一套認真看待,那就未免太書生了。」(〈戰國時代的重演〉)

中國是近現代史上一個倖存的國家,因此從它過去的經歷來說,林同濟並非危言聳聽,他不過道出了一些常人不能正視的事實。林同濟有大段的預言,他說:「兩種程序正在展開著:強國對強國的決鬥,強國對弱國的併吞。」「運用全體戰、殲滅戰,向著世界大帝國一條路無情地殺進——這是戰國時代的作風,戰國發展的邏輯。」「古戰國之戰,還未能充分發展其全體性;今戰國之戰,可以本著空前的科學發明以及科學組織法,而百分之百地把國家的一切人力物力向著一個中心目標全體化起來。」「古戰國的

殲滅方法尚不免粗而淺，今戰國的殲滅方法卻精密而深入得多。」
「今戰國的作風，則經濟榨取之外，還加上微妙的奴化教育。」
「古今中外，方法確有精粗之別，而其為殲滅、為活埋則同！」
「今戰國的魄力，如果盡量發揮，莫能阻遏，其所形成的大帝國，規模必定廣大。」「最後乃在火拼而成為全世界的大一統。」「這正是世界大戰國的初期。生於斯世，為斯世人。我們所要關心的，尚不在三百年後天下是否定於一。最迫切的，我們要認清楚自今日起，時代已經無情地開始了戰國式的火拼。這個火拼，不是三年五年便可了事。它乃是代表著一個曠古強有力的文化在演展路程中所勢必表現的主要階段。正所謂時代的中心潮流，其來也有數百年的醞釀，其去也恐怕亦必須數百年的工夫。」（〈戰國時代的重演〉）

　　並且林同濟還對人們的不置信警告說：「莫謂這種大狂妄絕對沒有實現之一日。現在這個由歐洲文明擴大而成的世界文明，是充滿所謂浮士德精神的，是握有一種無窮的膨脹力、無窮的追求欲的。我們中庸為教的中國人，也許對這種大企圖，始終難於瞭解，難於認真置信。儘管我們在報章雜誌上也跟著大家大喊，指斥某國某國包藏征服天下的野心，卻是許多人的腦子後頭總不肯認真相信天地間果會有這般大狂妄，更大大懷疑這般大狂妄果會有實現的可能。然而我們這『朵』地裏的妙處，也往往正在你我認為期期不可能之中，驀地湧出一個驚人的實現。成吉思汗，憑著他那種遊牧社會的原始工具，還可以霹靂一聲，創出來並跨歐亞兩洲的大帝國，誰能保這個踏進了金屬混合品時代的二十世紀科學文明必不會有達到世界大一統之一日！技術的基礎，經濟的需求，已經開展到一個程序，竟使二三狼子野心的國家不由自主地在那裏躍躍試手了。

客觀條件、主觀心理，已經醞釀到初步的成熟。所欠的『大恐』只是時間。」(〈戰國時代的重演〉)

雖然林同濟的憂患很深，但他的思路仍然是防禦性的，而不是侵略性的，這從他戰國邏輯這一大場景下的中國定位就可以看到。他說：「中國文化的發展，早已踏過了它的戰國階段而悠悠度過了二千多年的大一統的意識生活。我們中國人的一般思想立場，無形中已滲透了所謂大同局面下的暖帶輕裘、雍雍熙熙的懶散態度。直到今天，我們還不免時時刻刻『提』著大一統時代的眼光來評量審定大戰國的種種價值與現實。」「置身火藥庫旁，卻專門喜歡和人家交換安詳古夢。這恐怕是我們民族性中包含的最大的危險。」林同濟本人的基本意見是：「大同可以為人們最後的理想。戰國必須是我們入手的途徑。要取得世界和平的資格，先栽培出能作戰國之戰的本領。象徵的說法，我們須要倒走二千年，再建起戰國七雄時代的意識與立場，一方面來重新策定我們內在外在的各種方針，一方面來仔細評量我們二千多年來的祖傳文化。」(〈戰國時代的重演〉)

我們所以要不厭其詳地引述林同濟的話，是因為它對二十世紀有一種提擷性，儘管具有提擷作用的學說思想不止一家。只要對中國歷史作一個粗分，我們就可以看到，秦統一以前是中夏邦國時代，即天子制的群邦共主時期。秦統一至清亡是中華帝國時代，即二千多年的帝制時期。清亡以後進入中華民國時代，其初期就是二十世紀。可以說，一二期交接之際是華民族強度最大的時候，因為經過了戰國的淘洗(從秦陵地下出土的文物證據可以充分看到這一點)。而與之相對比的是，清代經過康雍乾三朝長達一百三十多年的承平，民族生活與性質已經軟化了(歷史的長期沉積且不論)。

另外從風俗生活方面來說（如小腳、吸煙等等），也把種搞弱了。
但鴉片是外來物，不能模糊地歸為傳統。鴉片的傳入，正說明近代
世界交通以後必然和可能出現的情況，也正反映出中國短缺與正在
發育中的歷史國際社會相與、相介的意識和素質。因之，秦代的族
群強度為歷代所不及，正說明了一條規律，即：一個種群在它歷史
地崛起之初時才是硬度最大的，這以後則會逐代軟化。因此，清季
西太后當政時期，華民族已沒有什麼抗力，這是歷史大勢之必然，
也是林同濟問題的大背景。從這一層來說，回歸戰國的解決辦法就
絕不是短程考慮的意見。

　　林同濟自信地說：「大凡對歐美三四十年來社會科學方法論的
發展略加留意之人，恐怕都曉得它們各科門的權威學者正在如何不
謀而合地朝著我所指出的方向邁進。」（〈從戰國重演到形態史觀〉）
戰國邏輯只是林同濟思想的一部分，雖然是有代表性的部分。他
說：「戰國重演不過是我的歷史觀的一部分，而我的整個歷史觀又
是根據某一種方法論產生出來的。」（〈從戰國重演到形態史觀〉）
林同濟的見解有比較政治學的基礎，他本人急於作一個賅盡的說
明。有兩個根本問題，即「學術方法論」與「文化歷史觀」。關於
方法論，林同濟說：「我以為中國學術界到了今天應當設法在五四
以來二十年間所承受自歐西的經驗事實與辯證革命的兩派圈套
外，另謀開闢一條新途徑。憧憧展望之中，我把它名叫文化統相
法。」（〈從戰國重演到形態史觀〉）而文化歷史觀，「為簡便起見，
無妨且把它叫作形態歷史觀。」林同濟明言：「研究文化——歷史
上發生作用的文化——第一步關鍵工夫就是要斷定文化的體系。抓
著文化內的零星對象（如馬鞍、繡品、印刷等等）或個別制度（如
婚姻、承繼、祭祀等等），分途尋覓它們的起源、傳播、發展等等：

這叫作『文物』研究，不是『文化』研究。認文化為籠罩全人類的公有現象，根本上分不出中外東西，於是就把它看作『混同團』，而津津窮究其性質、內容、變遷等等：這叫作『抽象文化概念』的泛論，不是歷史上『有存在的文化』的研究。」（〈從戰國重演到形態史觀〉）

這裏面顯然包含著林同濟對一般國故派和哲學史研究的意見，有很多東西是他所不能認同的。簡言之，就是林同濟對歷史方面的「餖飣主義」和「概念主義」都持批評態度。我們要特別注意的是，林同濟不僅有歷史的考察，而且有一整套的辦法，他給得很明白，「如果我所提出的以往文化三階段之說大致不誤的話，那麼，下列幾點，凡是討論中國文化再建設者似乎應當認清⋯⋯」（《文化形態史觀·卷頭語》）林同濟一共給出了九條，他明確說一切都「事在人為」，因為「文化是人造的；由人造壞的，還是可以由人造好。」抗戰的磨礪，可以「使我們終有一天要突破歷史遺留的羅網而涵育出一朵新階段的文化之花。」（《文化形態史觀·卷頭語》）

文化的三階段指封建階段、列國階段、大一統帝國階段。「封建階段是原始人群與文化人群的分界。許多人群永留滯於原始狀態，創不出封建的局面。但一創出封建的局面，這人群便大步踏入文化大途。」（〈從戰國重演到形態史觀〉）這顯然是把封建階段作為一個要件來看待了，而在列國階段林同濟特別注意個性與國命兩個問題。「個性潮流，根據著個人才性的尊嚴與活力而主張自由平等，是一種離心運動，針對著封建階段的層級束縛而奮起的。」「國命潮流，注重統一與集權，是一種向心運動，目的要在層級結構打翻後，再把那些日形原子化、散沙化的個人收拾起來而重建一個新

集體。」（〈從戰國重演到形態史觀〉）至於大一統階段，則是戰神威力下全體戰、殲滅戰的最後結果。

　　林同濟特別指出：「中國歷史上的列國階段就是通常所稱春秋戰國時代。春秋與戰國兩個名詞可算是中國史家大手筆的絕妙創品。我們可以借用到其他文化體系上，把一切階段前期叫作春秋時代，後期叫作戰國時代。」因此，「要安內最好是攘外」，這是林同濟的基本態度。「一個文化行到大一統階段，最迫切的慾望就是太平。封建階段持於尊，列國階段爭於力，大一統階段卻一心一意要止於安。」「所謂無事者，內不可有革命，外不可有戰爭。」（〈從戰國重演到形態史觀〉）因此，文明在這裏開始老化，步入頹萎。於是接下去就有兩個問題：歐西文化是否要步入大一統階段？華文化能否開出生動活潑的新局面？

　　止於安的文化，其最後的歸宿必然是苟且，所謂苟安就是這個意思。所以近代以來的一味貪圖苟全便成了中華帝國最終的宿命，這是無藥可救的。林同濟說：「我的答案是：過去文化的歷程可以給我們以警告，但不能決定我們的前途。」「這要靠我們的眼光，更要靠我們的勇氣與力行。」（〈從戰國重演到形態史觀〉）林同濟的意思相當明白，他絕不同意棄權，一切全在人為。對戰國邏輯而言，兵家無疑是最有效、最直接的辦法和出路，是針對性的第一環節。可以說，沒有兵家，人類現代的一切高端技術工藝根本談不到，人類所有的頂尖技藝都是兵家刺激產生出來的，《考工記》的時代就是如此。切合到當下，林同濟說：「九·一八東三省淪亡」，「它代表日本露骨實行獨霸東亞的首幕」。「國家至上，民族至上，原來並不只是一種抗戰期內的口號，乃是一種世界時代精神的回音。」「這個更大潮流，不是別的，乃就是全能化的大

戰國之組成與發威！西洋文化——也就是現在世界的主動文化——的內在邏輯已把這個無情的大現實露骨表演出來。日本的侵略不過代表這個大現實的一幕。我們的抗戰也不過代表我們對這個大戲出的初步參加。熱鬧的場面還在後頭。」「體魄健全的當政男兒不能不拿起槍來，準備二百年的苦戰。大戰國時代只允許大戰國的作風。大戰國的作風只有兩字——（一）戰！所以和平不可能，和平乃下次戰爭的準備；（二）國！所以不能有個人之硬挺挺自在自由，也不能有階級之亂紛紛爭權奪利。」（〈第三期的中國學術思潮〉）

　　林同濟的這番話並不是止限於抗戰說的，因為抗戰只是一時的，總會過去；而戰國邏輯則是永久的。我們可以注意一個小的細節：林同濟在講到自己的「體相」思想時，總喜歡用「永」字來打比方。「我們一看到『永』字，便感到一種『久長悠遠，不朽不磨』的印象，這種『不朽不磨』的印象無論如何是在點、撇、橫、直、鉤個別筆劃中摸索不出來的。」（〈第三期的中國學術思潮〉）這說明纏繞在他頭腦中的問題都是作永久性或長期性考慮的，絕不限於一時一地。像戰國邏輯，就是人類的未來前路。正如孫子所說：「故知兵之將，民之司命，國家安危之主也。」（《孫子·作戰篇》）概言之，人類的武道原本不出兩途：在個體為武術，在群體就是兵備。武術不用來技擊時，可以健身養生；兵備不用來作戰時，在和平時代也可以養國。所以，對兵家持經濟批評態度是不能成立的。人類群體如果沒有兵備作為骨架支撐，首先是不能向宇宙拓進，其次也會不斷軟化頹廢，因為失去了必要的抗體。宇宙生存之道從來就是力爭的，所以從原理上說，兵家是宇宙的第一法則。國民政府就是實證。

第二節　俄、日問題

　　我們說過，近代以來，中國最大的問題就是國家安全問題。周邊安全都無法保證，國內建設是做不起來的。在整個近現代，俄國和日本是對中國危害最大的兩個鄰國，根本上改變了中國的國家道路。無論是政治、軍事、經濟、文化、社會，還是國民性等等，整個兒地發生了改變。而且這種改變，是「歷史發生性」的改變。原來沒有的有了，原本不存在的（問題和情況）造成了。由此，中國進入了一個尾大不掉、積重難返的惡性循環紀。相對來說，俄國的對華傷害表現在掠奪領土之廣，而日本則表現為殺戮人民之眾。由於俄、日的原因，中國自近代以來損失了近四百萬平方公里的領土和數千萬人口，居世界第一。自甲午戰爭開始，日本步入了五十年侵華史。可以說，日本近代史就是一部侵華史，這是日本歷史的主體。沒有中國，日本就無所依附，就失去了附著對象，沒有可成立的基礎（歷史性方面）。沒有中國，日本便沒有國家「自性」，這麼說一點也不過分。所以在人類史上，日本是中國的歷史附庸，日本史就是中國史的藩屬（部分）。關於日、俄問題，民國學者中以胡適談得最好。應該說，胡適的日俄論為我們準備和提供了一個框架性的、現成的、堅實的宏觀基礎。

　　胡適說過，中國抗戰也是要保衛一種文化方式。在 1942 年 3 月 23 日對美演講中，胡適明言：「你們知道你們是為什麼而作戰的？你們是為了保衛你們的民主生活方式而作戰的。這種生活方式，按照我所瞭解的，就是自由與和平的生活方式。」胡適說，就西方世界與西方文明而言，問題的關鍵是專制與民主的對壘，也就是自由對壓迫、和平對武力征服的鬥爭。今天，太平洋問題和西方

世界所面臨的問題毫無二致。那就是：極權統治下的生活方式與民主生活方式的對壘，即自由與和平對壓迫與侵略的鬥爭。西方問題的焦點在納粹德國對英美民主國家的衝突，而太平洋問題則是中日衝突，兩方面戰爭的目標是一致的。中日衝突的形態是和平、自由反抗專制、壓迫，中國抗日是反抗帝國主義侵略的戰爭。胡適指出，要徹底瞭解太平洋衝突的本質，必須就中日歷史事實作一對照性的分析。

胡適說，中國在兩千一百年前，即已廢棄封建制度，成為統一帝國。當時的日本尚在幕府時期，從那時起，幕府制度代代相襲，直到十九世紀中葉 Perry 迫其開放門戶，始告終止。兩千多年來，中國發展成為一個沒有階級的社會組織，官吏都由科舉考試產生。但日本始終是武人政治，這個統治階級的地位是不容許他人問鼎的。所以，日本的傳統就是軍國主義，其國策一直都是進取大陸，並征服世界。根據胡適所說，我們就知道：只是到了二戰時期，日本才具備了妄想「一試」的能力。所以，日本在歷史上域處一島，不是想法的問題，而是能力問題。只要能力允許，它肯定會跑出來，以後也是如此，這一根性是改不掉的。胡適說，中日兩國的生活方式和文明發展具有原則性的分野，這兩個民族的國民性和社會體制根本不同。為什麼中國會成為一個民主和平的國家，而日本卻是一個極權黷武的民族，其成因不是昭然若揭嗎？

我們知道，第二次世界大戰真正的激戰國只有中、日、美、蘇、英、德六國。可以說，二戰就是六國戰。因此，胡適總結日、俄問題就有著特別的意義。胡適說，中國歷史上第一個集成期是先秦，當時人類只有古希臘和中國一東一西兩大系文明。這個時候，中國的自由、民主、和平精神大放異彩。道家的無為政治認為，最好的

政治是使人民幾乎不知有政府的存在，而最壞的政治是人民畏懼政府。兼愛思想與人皆可教的原則，更堅固了人文社會的理想。納諫的言論自由傳統、民貴的抗暴意識、民主革命思想，以及均產的社會思想，都是中國愛好和平、尊重民意的象徵，是文明進化的表率。像中國這樣的統一大帝國，居然在兩千年前形成了無為而治的和平政治，這是不可思議的。在這種政風下，個人自由主義與地方自治精神異常發達，天高皇帝遠的習慣成為普遍。繼承權的平均分配，形成了社會化的均產結構。科舉制度更是將人類放在同一個平列層上。監察制度的發達、諫奏的權利，都是國人爭取自由、爭取平等的奮鬥的結果。而學術上的大膽批評與懷疑的精神，更是人文傳統培養、造就出來的。胡適特別強調，這種自由批評的精神傳統不是舶來品，而是歷史中固有的。正是這個傳統，使中國人推翻並永久廢除了君主專制。並將文言傳統轉變成白話傳統，為今日中國帶來了一個政治與社會的革命、一個文化復興的新時代。

「再看日本歷史，那真有天壤之別！」日本一直是極權統治，學術上推行愚民政策，教育上搞軍事化訓練，其終極抱負就是帝國主義。胡適說這些是基於有目共睹的事實，包括當下的現實和歷史傳統。日本國的教條是——個人為國家而存在。在這一永恆不變的國家特質基礎上，其統治的特徵表現為：統治者自選幹部，壓制某些階級，限制個人自由，厲行節約，多方壟斷，各種檢查、秘密員警橫行。日本駐羅馬大使白鳥說，「過去三千年中，日本民族成長的基本原則，就是極權主義。」所以日本成為戰犯國乃是歷史的必然。

於是，在這種統治下，就連真正的歷史也沒有。日本帝國大學教授 Inoue 因為對伊勢神宮中的鏡子、寶石、寶劍三件東西有一點

存疑，結果遭受多年迫害，被群眾打瞎一支眼睛。所以，日本能夠在近代成為武力強國並沒有別的原因，就因為它選擇、推行的是軍國路線。「五百年來，日本的國策與理想，不外是向大陸擴張與征服世界。三百五十多年前（1590）日本中古時代的英雄豐臣秀吉曾致書中、韓、菲、印、琉球，說明他征服世界的計畫，即將付諸實施。」胡適引用了豐臣秀吉給高麗國王的信，如下：

> 日本帝國大將豐臣秀吉，致高麗國王陛下……秀吉雖出身寒門，然家母孕育秀吉之夜，曾夢日入懷中。相士釋夢，預言秀吉命中註定，世界各地，陽光照射之處，均將為我統治……天意所示如此，逆我者皆已滅亡。我軍所向披靡，攻無不克、戰無不勝。今我日本帝國，已臻和平繁榮之境……然我不以於出生之地，安度餘年為足，而欲越山跨海，進軍中國，使其人民為我所化，國土為我所有，千年萬世，永享我帝國護佑之恩……故當我進軍中國之時，希國王陛下，率軍來歸，共圖大業……

高麗沒有給日本滿意的答覆，於是豐臣秀吉在 1592 年派三十萬五千大軍渡海經高麗侵略中國。戰爭歷時七年之久，以秀吉死亡而告終。可以說，萬曆、高麗對日反擊是第一次抗日戰爭，而民國抗戰則是第二次抗日戰爭——比第一次更艱苦、更危險、更慘烈，也更多一年。平心而論，如果不是美國參戰，中國就滅亡了，歐洲也滅亡了。所以是美國「救」了世界，這是從客觀效果上來說，儘管它也是出於利己主義的平衡考慮。同時，這也說明了功不唐捐的道理，只要一心想進取大陸，總有一天就真的能夠進取大陸。二戰期間，日本真的打到了菲、印等地。所以善、惡都有成功的機會，

完全繫於人為。這正是「天道無親」的可怕。胡適說:「戰爭爆發之初,秀吉的預定計劃是這樣的:1592 年 5 月底前,征服高麗。同年底以前,佔領中國首都北京。這樣,到 1594 年,新日本大帝國將在北京建都,日皇在北京登基,而秀吉本人則在寧波設根據地,進而向印度及其他亞洲國家擴張。秀吉的計畫雖未能實現,但三百五十年來,他卻變成了日本民族的偶像。數十年來,亞洲大陸與太平洋地區所發生的一切,與近數月來所發生的一切,都不是偶然的,而是秀吉精神復活的確證。」

秀吉精神就是日本的基本精神,這是不變的。胡適向美國及世界人民宣佈,這個獨裁的、愚民的、黷武的、瘋狂的帝國主義日本,正是我們面臨的大敵。今天代表全人類五分之四的同盟諸國,正在和這一帝國主義進行全面的殊死戰。所以,中日戰爭,代表著人類兩大根本對立的生活方式與文明的交戰。即自由、民主、和平與獨裁、壓迫、黷武的交鋒。這是文明對野蠻的宣戰。因此,胡適說,抗日戰爭有三個理由:一是反對日本軍國主義,反對日本要在中國領土上推行君主政體,反對它征服世界的妄想野心。二是自由中國人不接受視一切思想均有危險性的野蠻民族的統治。三是中國人的和平權利,絕不允許在黷武民族的奴役下苟生。這就是中國對日本的根本態度。

至於俄國,它之所以沒有像德、日那樣成為戰犯國,完全是因為它是戰勝國。其實一部俄國史,就是侵略世界的歷史。這個只要看看俄國歷史地圖就很明白。胡適談到俄國問題時說,史達林征服世界的雄圖是長期的和互延的。從 1924 年到 1949 年,史達林的策略經歷過多個階段,而蔣中正和史達林之間也進行了長時間的拉鋸。胡適指出,史達林在東歐所做的一切,與在中國所做的是一樣

的。只不過在中國問題上耗費的時間要長得多。共產主義征服世界
的策略、戰術,所謂革命的必須客觀條件就是——人類歷史上最大
的戰爭。這個條件顯然被史達林等到了。胡適指出三點要素:共產
黨要全副武裝自己,建立強有力的軍隊。其次,蘇聯做革命基地還
不夠,毗鄰的國家都得加入。最後,用欺詐的策略,和那些國家裏
的所有民主及反法西斯黨團組成聯合政府。胡適說:「這個策略列
寧闡述得最好:我們必須準備使用奸詐、欺騙、違法、壓抑和掩藏
真理等等的手段。」(《史達林策略下的中國》)正是史達林,這個
中亞的突厥人,最後獲得了勝利的「地步」。胡適講到,史達林一
生工作所依循的基礎,是一個將來歷史程途的理論。1945 年,英
美軍隊獲得德國外交部檔案處的秘密文件——《1939~1941 年間
納粹德國和蘇俄的關係》,1948 年由美國國務院印行。經談判,德、
俄成為同盟國,蘇聯可以任意吞併波羅的海國家。1940 年 9 月,
德國想誘致蘇聯加入軸心國,史達林、莫洛托夫都動搖了。其中核
心利害就是——不列顛帝國崩潰後如何分贓?因此,史達林策略就
是不折不扣的武力主義策略。對此,只能用兵家來對付。胡適指出,
這個策略在和平正常的國際世界中是根本不可能成功的,它只能靠
世界大戰這一「客觀條件」促成。所以這個策略的作者專門用種種
的辦法來使客觀條件長久存在。這就是說,國際世界直到二十世紀
仍然沒有發育好。所以,人類史是維持在一個「病理史」而不是「生
理史」之上的。二戰的結果,大英帝國正式崩潰,失去了一切。這
就是為什麼英國深恨俄、德的原因。

其實,與其從和平主義去解釋中國,還不如從「和事」哲學去
解釋更為恰當。歷史上中國最怕戰爭,可戰爭卻偏偏總是找到中
國。可見怕是沒有用的,與其選擇懼怕,不如選擇兵家。所以這裏

不是「愛」（和平）的精神，而是「怕」（戰爭）的思想。近代以來，
中國的惡仗不可計數。抗日援朝、抗美援朝、抗美援越、抗法援越，
等等，無一能免。所以我們說，胡適的很多說詞畢竟是戰時宣傳，
是為了爭取輿論支持。這時候他不再批評傳統文化了，轉而褒揚其
優點。但是我們說，這種褒揚有很多地方恰恰是經不起推敲的，這
需要我們冷靜對待。史達林的策略是在每個國家組建一支共產黨軍
隊，並且佐以群眾運動的總動員。黨控制軍隊與群眾，要無孔不入，
滲透到每一個毛孔和角落。對蘇聯來說，大好的一個機會是孫文提
供的。孫文聯俄容共，為共產中國提供了良好的發展空間。孫文這
麼做本來是想建設一個新軍隊來舉行新革命，並改組自己的黨。胡
適說，共產國際在世界上最要緊的戰略地區——中國，大量嘗試其
世界革命的策略。胡適講到，民初中國最急切的問題，是實現國內
統一，消除軍閥混戰，廢除一切不平等，實現完全獨立，但是後邊
這一層很容易透過民族主義被導向排外的國際戰爭路線。

　　胡適說，國民革命軍和人民解放軍都是仿照蘇聯紅軍建立的。
蘇聯派給國民黨很多軍政顧問，所以國民黨的組織法都從俄國那裏
來。1924 年 6 月黃埔軍校在廣州成立，蔣中正任校長。部隊中由
黨代表進行政治教育，而黨代表多係共產黨人。像毛潤之、周恩來、
林伯渠等等，都是當時政局和軍隊中的重要角色。所以，可以說，
當時國民黨軍隊的基礎就是相當共產化的。後來，孫文於 1925 年
3 月病死，1926 年 6 月蔣中正北伐，所戰皆克，迅速勝利。1927
年 3 月陷南京以後，軍隊開始攻殺外國人。原來，這是為了策動客
觀條件——只有招致外國武力干涉，才能發生一個真實的帝國主義
者的戰爭。這些都是史達林的步驟。像 1925～1926 年的反英大罷
工，就是要逼英國動武，引發大火。但是英國一直退步，策略沒能

實現。於是，1927 年 4 月蔣中正開始清黨，並於同月在南京成立國民政府。史達林於是密令，叫中國共產黨要求國民黨的多數控制權，結果俄籍顧問被逐出中國。1927 年大政變以後，毛潤之等人認識到必須建立軍隊，於是 1927 年 8 月江西南昌起義，9 月湖南秋收起義。中國工農紅軍開始不到一萬人，後來，1930 年號稱有六萬人。當時紅軍用的是太極戰術，推手很有效、很成功。紅軍的目的就是武裝奪取政權。這樣，日本侵華時，中國內部還是打得一塌糊塗，根本不能有效組織統一戰線。當時，蔣中正對中共採用了極笨的打法，甚至打算用修長城的辦法。結果終於被紅軍走脫，在秦地得了氣候，統一大陸。可以說，蔣中正在軍政上從來就是一個短於才能的人。馬浮說他是當代陳霸先，並非無端（見任繼愈回憶《竹影集》）。紅軍長征的退卻戰略，中共首領歸功於史達林的教導。其實俄國人的退卻原理可能是從古代蒙古戰法來的。從客觀上說，中國的內戰其實也起到了一種練兵的效果，否則抗戰中更難支對。這一點胡適講得很清楚。

胡適說到了一個極重要的事實，就是蔣中正根本不懂軍政，其思維完全就是錯誤的。蔣中正的打算是：先消滅中國共產黨的軍事力量，再對付更艱巨的抗日。可是他不懂得，中共是根本不可能消滅的，只要蘇聯史達林在。因為當時中共充其量只是蘇聯的現象，史達林才是中共的本體。蔣中正的思維無異於說先滅俄國、再平日本，他不知道俄國比日本強勁得多。這就像癌症，復發就足以把人搞死。而手術只能夠起到一個緩解的作用，根本不可能治本、斷根。所以蔣中正先俄國後日本的策略是完全錯誤的，可以說是標本倒置。而事實的結果也是，最後蔣中正並沒有解決中共的問題，日本卻打上了頭。國民政府比以前還要窮於應付，一再遷都。胡適說，

國民黨因為追紅軍，結果反而能在一些地方鞏固政治的控制了。比如四川，當時要求南京政府給軍援打紅軍，結果使蔣中正能夠鞏固大西南，作為後來的抗日基地。胡適說，促成這些的，「乃是紅軍的長征。」這可以說是歷史的諷刺。

於是史達林又變戲法，搞出聯合陣線。共產國際對中國共產黨的錯誤提出了嚴厲的批評斥責，重點之一就是，中共領導人沒有能夠有效聯合 1933 年在福建成立人民政府的十九路軍領袖。由於共產國際的聯合陣線，中國共產黨也喊出了中國人不打中國人、停止一切內戰、一致對日的口號。從這裏我們就可以知道，以毛潤之為代表的中國共產黨開始比較獨立的運作，還是 1953 年史達林死後才慢慢開始的。毛潤之一直是史達林的支部書記，他一生最大的理想就是成為史達林那樣的人（參見胡喬木的回憶）。史達林死後被否定，毛潤之曾一度陷入了極度的精神危機，這些當然都是必然的。其實毛潤之根本不是一個原創性的人，他是跟隨性很強的。當時因為中日問題，國人特別容易被煽動，在這些事情的處置上蔣中正是絕對無能的。也正是在這種時勢下，張學良與中國共產黨之間達成了某種諒解。當時張學良在指揮權上僅次於蔣中正，所以民國軍政的得失都繫於蔣、張二人。從遼東問題到中共問題，莫不如此。可以注意的一點是，民國時候無論正反兩面的人物，對張學良的評價都極壞。像胡適和陳公博都說張學良不是人，他不知有國，只知有己。這種評價應該是「的論」。1936 年 12 月 12 日西安事變，當時中國共產黨堅決要求判處蔣中正死刑，但是莫斯科命令保留蔣的生命，以組成聯合陣線抗日，否則蔣中正會被處決。所以，是史達林的通盤軍政考慮保留了蔣，這是歷史客觀的，雖然中共很不高興。由此可見史達林對中國影響之深，乃是決定性的。胡適說，西

安事變以前，俄、中已經在談判新的互不侵犯協定，這個新協定
1937 年 8 月簽字，成為抗戰初期蘇聯援華的基礎。史達林認為中
國共產黨的軍隊是非正規軍，所以跟蔣中正定約價值要高一些。

　　但是胡適的分析又進了一步，就是史達林一手造成了中共軍
隊，對它的將來當然要顧慮周全。當時事變後，西安已經被國軍包
圍，如果與國民黨政府開戰，硬打肯定要輸。但是進行合作，中國
共產黨卻有壯大的機會，這是史達林的計謀。胡適說：「所以，使
西安事變得以和平解決，以及救了蔣介石和實際上所有他的高級將
領的生命的，又是史達林的策略！」就這樣，被胡適稱為清淨教徒
的蔣中正在西安事變以後停止了剿共。胡適認為，第二次世界大戰
實際上發動於中國東北（1931 年 9 月 18 日），1937 年 7 月開始大
打出手。九一八作為二戰的開端，至 1945 年德、日投降，第二次
世界大戰歷時共十四年。這充分說明了中國作為戰略國家的無可選
擇性。1937 年 9 月紅軍被編為國軍第八路軍，兵力兩萬五千人。
1944 年 9 月兵力四十七萬五千人，民兵兩百二十萬。1945 年 4 月
兵力九十一萬人，民兵超過兩百二十萬。抗日戰爭期間，中國共產
黨做出了貢獻，取得兩次勝利。平型關大捷殲敵一千多人，百團大
戰殲敵四萬多人，顯示了實力，發展壯大了自己，為建立新中國準
備了客觀條件。

　　抗日期間，羅斯福想讓史迪威指揮整個中國軍隊，蔣中正不同
意。羅斯福和史迪威密謀製造飛機失事，幹掉蔣中正，後未果而不
了了之，美國亦不承認（見蔣緯國等編《一寸河山一寸血》電視片）。
1945 年 8 月日本投降，蘇聯佔領東北。這樣，中國共產黨得到了
日本遺下的大量軍需物資，完全具備了客觀條件。1946 年 4 月蘇
軍撤出東北，將東北移交給中國共產黨。1946 年 6 月人民解放軍

一百二十萬，1947 年 12 月解放軍有兩百萬人，1948 年 10 月有三百萬，1949 年 8 月有四百萬，1950 年 8 月是五百萬。1945 年雅爾達會議，羅斯福、邱吉爾被史達林搞得疲倦異常，不久羅斯福就死了。三人簽署了協定：外蒙古獨立，庫頁島及附近歸蘇聯，大連國際化，保障蘇聯特權，租用旅順為海軍基地，中東鐵路、南滿鐵路蘇聯的優越權要保障，千島列島由蘇聯接收。三人說好，外蒙古各問題應取得蔣中正同意——由羅斯福讓蔣中正同意。這個協議是對中國保密的，後來赫爾利在重慶告訴了蔣。三個人簽字以後，史達林對日作戰四天，他說這是對四十年前日俄戰爭失敗的報復。胡適說：「整個事件是一套欺騙的策略，中國當時沒有在場。」這就是存在哲學。

　　由此可見，美國既然是當時主持、參加分贓會的元老，那麼它從 1950 年以後所遭受到的一切對待，便都是自己歷史選擇的結果了。但是不要緊，因為誰也沒有意識到當時是一個錯誤。孔子說，過而能改，幾於聖。所以我們也可以說，三人行，足以為訓矣。胡適指出，羅斯福對中國的態度就是兒戲的態度。他會見羅斯福時，羅斯福對他說，可以考慮按照康登島、恩德背理島的成例斡旋中、日問題。胡適馬上調查這兩個珊瑚島的事情，知道兩個小島居民總共四十四人。胡適說：「在一個偉大的人物恢廓的理想上玩弄詐謀的人，歷史絕不會寬恕的。」這就是史達林征服中國策略的故事，史達林的工作被胡適的學生毛潤之完成了。毛潤之說，中國革命，就是武裝奪取政權。所以，二十世紀中國最大的人物是一個兵家。其實，當初蔣中正清黨的辦法，又何嘗不是蘇俄式的？所以無論國共，其靈魂深處都已經是俄蘇式的東西了。這一點從孫文即已開始，只是輕重有所不同罷了。

第二章
中國的道路

第一節　三民主義

剝卦曰：「剝，剝也。」二十世紀就是一個不斷剝落的過程，無論人文生活的哪一方面，都在不停地剝落。而國家道路的剝落，更是首當其衝。胡適說：「被孔丘、朱熹牽著鼻子走，固然不算高明；被馬克思、列寧、史達林牽著鼻子走，也算不得好漢。」（〈介紹我自己的思想〉）顯然，這裏的話語還是表明，胡適的認同是英美主義的。既不是本位的，更不是東歐的。陳寅恪對中國現代的可選道路有一個基本的三分：本位的、北美的、東歐的。胡適顯然還是認同北美，所以有這樣的話，也是針對講的。但是，中國到底應該選擇怎樣的路徑呢？學人之間態度各異，誰也說服不了誰。應該看到，學者間的討論畢竟是民間的、社會的，或者就是學院的。而政要的意見，往往更有一種尚同的作用。孫文的三民主義就是這樣。雖然孫文是一位職業革命人，但是作為中華民國的肇造者，卻享有他人無法取代的名分權。所以對三民主義，也應該從名權上去觀照。我們知道，國家哲學應該力求簡要，否則不便於統領、不能夠以簡御繁。而國家哲學正取決於名權。民國十三年孫文講三民主義說：「什麼是三民主義呢？用最簡單的定義說：三民主義就是救

國主義。」(《孫中山先生紀念集》) 眾所周知，三民主義是孫文思想的核心，簡要而賅括。實際上，三民主義是中、西思想的交合體，這從民生、民權兩項可以看得很清楚。當時為了贏得人心，孫文曾將三民主義與林肯的民治、民有、民享之說及自由、平等、博愛等信念相比附。孫文說：「主義就是一種思想、一種信仰和一種力量。」所以三民主義就是要通過信仰的作用，喚出極大的「勢力」，贏得國際地位平等、政治地位平等、經濟地位平等，使中國永遠適存於世界，從而達到救國。

由此可見，三民主義是最簡單的方案。二十世紀如此，以後也很難有更簡單的提法。根據至簡原則，講其他的主義，都會把事情搞 (得更為) 複雜。而中國在近、現代的失敗，就是因為簡單的事情搞複雜了。民族主義是三民主義的第一環，為什麼呢？因為沒有民族，一個人群就沒有起碼的規定性，其存在就是非法的。我們說過，漢族是帝國概念，而華族 (中華民族) 是民國概念。中國民族的成型與定型是一個歷史的過程，是狹隘演算法所不能解釋的。當然，這並不意味著中國民族就要在自然同化之路上繼續走下去，今後的中國民族應該是一個用心規劃的民族。對此，孫文講得非常明白，「民族主義就是國族主義。」以往中國人只有狹小的宗族主義、家族主義、地域意識和集團觀念，沒有大的國族心，所以其團結力極其有限，一盤散沙。孫文特別指出，國族主義只對中國適當，對外國便不適當。因為其他的國家，或者是由一個民族造成幾個國家，或者是一個國家有多個民族或人種。比如不列顛帝國，就包括了白、棕、黑人，所以國族主義對英國就不合適。中國在歷史上人種和民族比較統一，所以講國族有條件、有基礎。孫文仔細分別了「民族」與「國家」二者的同異，他說：民族是天然力造成的，國

家是武力造成的。自然力是王道，因為王道順乎自然。用王道造成的團體便是民族。由此可知，用霸道造成的團體便是國家，因為霸道是武力的。自古及今，國家都是霸道造成的。由王道自然力結合成的是民族，由霸道人為力結合成的是國家，這就是國家與民族的區別。

　　孫文認為，人類的分別，第一是人種，第二是民族。造成民族的「力」有五大：血統、生活、語言、宗教和風俗習慣。要想中國民族永存，必須提倡民族主義。但是現在的四萬萬人卻沒有民族的精神，所以處在最危弱的境地。孫文的這一認識實際上說明，如果不是海路開通、人類進入了萬國時代，中國將還是一個人群區域，是沒有固定規定性的。正是由於外在的觸動，才使得中國民族迅速成形。孫文指出：百年以來，中國領土及屬地的損失相當巨大，而且是不戰而拱手送人的。如大連、威海衛、九龍、高麗、臺灣、澎湖、緬甸、安南、黑龍江、烏蘇裏、霍罕、琉球、暹羅、蒲魯尼、蘇綠、爪哇、錫蘭、尼泊爾、不丹，等等。中國在自然力之外，更受到列國政治力、經濟力的壓迫，以至於其亡可待。後來因為反滿革命成功，列強知道中國民族是有反抗力的，於是打消瓜分中國的念頭，改為從經濟上壓迫。由於政治力的壓迫是顯見的，而經濟力的壓迫是無形的，所以情況反而更糟糕了。孫文痛心地說：所謂半殖民地的說法，其實只是國人用來自己安慰自己的。從列國的滲透來說，中國完全就是比殖民地還不如──不是做一國的殖民地和奴隸，而是做各國的殖民地和奴隸。所以，中國只能叫「次殖民地」。我們說，孫文的這一見解是深入的，很符合中國當日的實情。孫文說到，關稅就好比海防，是用來保護本國利益的。但是中國在這方面也不能自主，經濟上無法與外國競爭，致使國人大量失業，變成

遊民，從而滋生了很多社會不安定因素。這種戕害，比用幾百萬兵來殺人還要屬害。社會事業不能發展，人民的生機也就沒有了。所以民族利益關係到民生，這是不用說的。「中國人民的生機自然日蹙，遊民自然日多，國勢自然日衰了。」

孫文指出：「民族主義這個東西，是國家圖發達和種族圖生存的寶貝。」民族主義消亡的頭號原因，就是被異族征服。孫文特別談到，中國自古就有天下主義的根子，所以一經外族征服，民族主義就很容易消亡不講。現在有人拿世界主義反對民族主義，說三民主義不合世界潮流，對此，孫文專門進行了辯說。實際上，世界主義只是天下主義的東西，人們沒有看到：世界主義乃是帝國主義的幌子。「世界上的國家，拿帝國主義把人征服了，要想保全他的特殊地位，做全世界的主人翁，便是提倡世界主義，要全世界服從。」所以一種思想，很難說它好還是不好。合我們用的就好，不合我們用的就不好。合世界用的就好，不合世界用的就不好。因此，從這裏來說，世界主義無疑是一種愚昧思想，是一種讓地球人受蒙蔽、受愚弄的思想。所以民族主義是一個保本的底線，是不能丟棄的。其實從民族權利這一點來說，民族主義是本分，而世界主義是情分。孫文說得很明白：「世界上不只一個強國，有幾個強國，所謂列強。但是列強的思想性質，至今還沒有改變。將來英國、美國或者能夠打破列強，成為獨強。到那個時候，中國或者被英國征服，中國的民族變成英國民族，我們是好還是不好呢？如果中國人入英國籍或美國籍，幫助英國或美國來打破中國，便說我們是服從世界主義，試問我們自己的良心是安不安呢？如果我們的良心不安，便是因為有了民族主義，民族主義能夠令我們的良心不安。所以民族主義就是人類圖生存的寶貝，民族主義便是人類生存的工具。如果

民族主義不能存在，到了世界主義發達之後，我們就不能生存，就要被人淘汰。」在這裏，我們似乎看到了民族主義與良知良能論的結合。

　　講民族主義，就一定要講到帝國主義。孫文說，所謂帝國主義，就是用政治力去侵略別國的主義。歐戰以前，歐洲民族都受了帝國主義的毒，所以它們代表人類邪惡。而邪惡之外，更是欺騙、是騙局。孫文說，一戰的原因，是白人互爭雄長，再就是解決世界的問題。德國對世界要用強權，美國遂主張民族自決、打破德國的強權。但結果卻是，巴黎和會以後，弱小民族反而更遭受到不公。非但不能自決、自由，反而更受壓迫。足見世界已經被強力所壟斷了。「他們（強國、『力族』）想永遠維持這種壟斷的地位，再不准弱小民族復興。所以天天鼓吹世界主義，謂民族主義的範圍太狹隘。其實他們主張的世界主義，就是變相的帝國主義，與變相的侵略主義。從來在和議所得的結果，令他們大為失望，知道列強當日所主張的民族自決，完全是騙他們的。所以他們便不約而同，自己去實行民族自決。」

　　由此可見世界主義之大而不當、民族主義之切實可行了。誰談人類，是想行騙。而人類史上誑騙性最強的就是法國。孫文談到，巴黎和議便是用種種的方法去騙。我們說，在孫文的思路當中，顯然有一個《大學》的順序。「所以我們以後要講世界主義，一定要先講民族主義，所謂欲平天下者先治其國。」可見，民族主義被放在治國這一級臺階上安置了。孫文說得非常明白，「我們現在要學歐洲，是要學中國沒有的東西。中國沒有的東西是科學，不是政治哲學。」所以，世界主義必然要以民族主義做基礎。中國因為失去了民族主義，所以固有的道德文明都不能表彰，到現在便退步。「至

於歐洲人現在所講的世界主義，其實就是有強權無公理的主義。英國話所說的『武力就是公理』，就是以打得的為有道理。」可謂一語中的。其實，中、西的差異究竟在哪裏，對這個問題，孫文早就講得非常清楚。「歐洲之所以駕乎我們中國之上的，不是政治哲學，完全是物質文明，都是由於科學昌明而來的。」這就是說，中國缺的是物力大發展。「我們辛亥革命推翻滿洲，流過了多少血呢？所以流血不多的原因，就是因為中國人愛和平，愛和平就是中國人的一個大道德，中國人才是世界中最愛和平的人。我們中國四萬萬人不但是很和平的民族，並且是很文明的民族。」可見，孫文的態度是簡單而透徹的。中國是文明的民族，它只需要在物力上急起直追。演講中有一段話很能說明問題，我們且抄錄於下：

> 我們今日要把中國失去了的民族主義恢復起來，用此四萬萬人的力量，為世界上的人打不平，這才算是我們四萬萬人的天職。列強因為恐怕我們有了這種思想，所以便生出一種似是而非的道理，主張世界主義來煽惑我們，說世界的文明要進步，人類的眼光要遠大，民族主義過於狹隘，太不適宜，所以應該提倡世界主義。近日中國的新青年，主張新文化，反對民族主義，就是被這種道理所誘惑。但是這種道理，不是受屈民族所應該講的。我們受屈民族必要把我們民族自由平等的地位恢復起來之後，才配得來講世界主義，我們要知道世界主義是從什麼地方發生出來的呢？是從民族主義發生出來的，我們要發達世界主義，先要民族主義鞏固才行。如果民族主義不能鞏固，世界主義也就不能發達。由此便可知世界主義實藏在民族主義之內。

　　孫文在這裏的說話，實際上也包含著對新文化運動天真幼稚病的批評。沒有民族主義，中國不僅要亡國，而且要亡種。那麼，用什麼方法來恢復民族主義呢？孫文指出兩點：一是要讓四億人都知道，中國已經到了最危險的境地，而一切災難皆源於無知。一是要有團體，結成民族大團體。中國當前的禍害是從哪裏來的呢？孫文說，是從列強來的。列國用政治力、經濟力迫壓中國，加上列強人口增加的壓迫，中國已經到了最危險的地位。孫文指出，用政治力亡人之國，一是用兵力，一是用外交。所謂兵力，就是用槍炮打；而外交只須一張紙、一支筆就可以亡了中國。並且，通過外交的方式和手段亡中國，國人還會茫無所知。就經濟上的壓迫而言，中國每年要被外國人奪去十二億元的金錢，這個數字還在逐日增加。孫文認為，民族主義要在中國恢復，其實有很多便利條件。拿社會基礎來說，中國社會是以宗族、鄉黨為基礎的；而歐美國家卻是以個人為單位，個人與國家之間是「空」的，再沒有很堅固、很普遍的中間社會。這一點歐美不如中國。有人認為中國這種以「族」為單位的結構不好，還是以個體為單位好。但是孫文不這麼看，他認為：由家族到宗族再到國族，這種組織結構一級級地放大，很便於國人聯絡。孫文指出，中國人受外國凌壓，清一色都是由於醉生夢死、茫昧無知。以中國民族之大、資源之厚，不可能沒有一搏的實力。從這裏來說，顯然是先要在「知」上下工夫。

　　其實孫文講的意思就一個要點──總動員。沒有全體總動員、沒有動員的有效性，一個人群是偏癱的。晚清社會就是完全失去了動員力，無法再組織。動員這個意思，先秦思想就屢講，不過叫法和現在不同罷了。動員高效、嚴整的小國，可以輕易擊破質地疏鬆的大國，所以國家不在大小，而在於其嚴整度如何──是否上下一

體，具有整體勁。這個意思古人講得很多。孫文說，要恢復民族的
地位，先要恢復民族的精神。在國族團體下，用四億人的力量共同
奮鬥。孫文指出，大凡一個國家強盛，其原因都有規律可循。就是
先武力發展，然後繼之以文化的發揚。孫文特別講到新文化與舊道
德的問題，比如忠孝、仁愛、信義、和平，這是舊道德。而新文化
的勢力已經橫行於中國，種種新理念滲進人們的日常生活。所以此
刻的中國，正是新舊潮流交相衝突的時候。孫文說到一個例子，他
到一所祠堂去，只看到一個孝字，而沒有忠字。大概主人以為已經
到了民國，忠是對君的，便可以不講了。這就觸及到民國理念與帝
國理念的問題。孫文認為，這是一種錯誤認識。因為人們只看到了
忠君一層，卻沒有看到忠於國一層，沒有想到理念的轉換。而且，
舉凡忠於民、忠於事，等等，都需要忠。孫文的定義是：做一件事
要始終不渝，直到成功，即使犧牲生命也在所不惜，這便是忠。所
以古人講忠，推到極點就是一死。正因為帝國各理念不是轉化為民
國理念繼續使用，而是完全廢棄不用了，所以人們才會說——到了
民國，什麼道德都破壞了，其原因正在於此。畢竟，民國並沒有一
個完全的新套路出臺。

　　孫文說，中國學外國，不是照搬他們的道德套路，而是要學習
人家的實行，也就是一種精神，能夠切實地去做。這種「學」才是
本質的學，才是學在根本處。反之，一切都將是皮毛化的。所以，
道德套路還是保持自己的傳統為好。為什麼呢？因為中國有很多好
道德，遠遠優於其他國家。比如說信義，中國人用在國際上，雖然
強了千百年，可是高麗仍然獨立。日本才強二十年，就把高麗滅了。
由此可見，日本不及中國，這就是事實說話。因此，中國是最和平
的國家，是人類唯一的和平大國。「現在世界上的國家和民族，只

有中國是講和平。外國都是講戰爭，主張帝國主義去滅人的國家。」所以，中國一定要保養其獨步萬國的好道德。中國的政治哲學，就是《大學》的格致誠正、修齊治平之教，這是立國的根本。孫文說，這些本屬於道德的範圍，但是今天卻要把它們放到知識的範圍來講，這樣才適當。由此可見，對傳統的理解，在現代經歷了一個重大的轉換，孫文是其中的典型。

孫文談到，中國以前有很多原創的東西，都被學習、傳佈到各國而有利於世界。由此，中國現在為什麼不能學習他人之長呢？這其實只是一個互利的過程。無論是誰，都不可能一切全靠自己配備齊全。孫文指出，學習他人之長，是要後來居上，而不是單純跟隨，跟隨是沒有出息的。所以，孫文在政治上也反對跟隨性。他說，在中國恢復頭等地位以後，所要做的事情是什麼呢？就是扶持弱小國家和民族，這才是中國對世界要負的責任，也就是平天下。簡言之，就是要消滅帝國主義，絕不蹈戰爭國家的覆轍。「去統一世界，成一個大同之治，」「要濟弱扶傾，才是盡我們民族的天職。」這是四億人的大責任，是中華民族的真精神。實際上，孫文在這裏所說的，就是以《大學》之教為根據的「影響力制度」。所謂「治國平天下」，乃是孫文的口頭禪。

民權主義

孫文這樣解釋民權主義：首先是民，其次是權。大凡有團體、有組織的眾人就叫做民。而權就是力量、威勢。合起來說，「民權就是人民的政治力量。」由此看來，孫文講民權，是著重權力而不是權利的。後來的施政者，確實是以權力而不是權利為主幹道的。

所以從民國初始，在一些必要的基本理念的把握、認識上就不能說沒有問題。我們說，僅有（人民）權力是不夠的，必須有（人民）權利（如果排除歷史語文、時代語文上的歧義）。孫文說得很明白，政就是眾人的事，治就是管理。管理眾人的事便是政治，有管理的力量便是政權。「今以人民管理政事，便叫做民權。」可見，孫文的思維還是以「力」為主導的，雖然他主張民治。這種情況，與孫文所處的時代中國過於貧弱也有關係。而且孫文生當清季，從時代的影響上來說，那個時候的人，其觀念、意識、思維不可能不受帝王思想的浸染。實際上這是一種力學作用——文化力學。所以，那個時候的人都是身不由己的，對此不必諱飾，因為它與道德無關，而與力學有關。由此，我們可以說，孫文講的民權主義，其核心就是政治權。民權主義的重心是人民權力，而不是人民權利。孫文講民權，是對待君權而講。通常我們都會說皇帝的權力，而不會說皇帝的權利。其實，孫文在演講中說到過人民的權利，可他仍然重點講人民權力，足見孫文的思想是尚力的。孫文指出，民權比君權更適宜於現在的中國。在孫文的思維中，始終有儒學的作用在活躍著。所謂民、君對著講，就是民為貴、君為輕思想的翻用、翻版。孫文說，現在歐美成立了民國，而民權頭一次發生是在英國。可是我們必須清楚，英國雖然有民權運動，但在名分上它仍然是王國，而不是民國。孫文說到了一些很重要的情況，他說，頭一個實行民權的國家是美國，但是從歷史的角度來講，民權是進化出來的，而不是天賦的。英、美兩國的情況具體有所不同，雖然英美都是民主史上重要的國家。這一方面也是因為，民權與君權有一個爭衡的問題。比如說復辟的問題，英國有格林威爾革命，但是英國仍要復辟，經過了兩百多年，至今還有王；美國革命

不過八年便大功告成。實際上，這是由於歷史情勢的不同。因為美國是新大陸，沒有君權歷史的積澱、沉降，所以易於為功。從這裏，我們也能看到中國的一些優點。雖然經過了兩千多年的帝制，但是辛亥革命一擊成功，而隨後的復辟也是曇花一現、鬧不起來。這說明了什麼呢？說明歷史中人心對君主制早有不滿，對所謂公天下早有認同取向，一切都只是待機而發、等待破土罷了。所以，一旦中國找到了歷史解決的方案，人心遂義無反顧、一去不回，而帝制亦再難以苟延。前人之所以忍耐，只是因為沒有辦法。只要找到了辦法，哪怕是嗅覺到，便再沒有回頭路可走。像這些歷史精神潛質，就屬於中國的可用資源。孫文說得很明白，過去人人想做皇帝，所以相爭不絕。為了不再有內戰，所以今後乾脆以民國、以民權為依歸。民國就是用人民做皇帝，用四億人做皇帝，這樣才能永遠避免帝王之爭的循環、輪迴。

　　但問題是，如果一個人成為人民，他也就成了皇帝。民權這個詞，總是與自由並稱。歐美三百年來沒幹別的，就是爭自由。但是這些理念傳到中國為時尚淺，所以在歐美一般民眾都懂得的，在中國只有學者懂得。孫文就是要改變這種狀況。他解釋說，在一個團體中能夠活動、來往自如便是自由。中國人只知道放蕩不羈，但放蕩不羈還不是自由。外國人對中國人有一種自相矛盾的指責：一方面說中國人一盤散沙太自由，一方面又說中國人沒有結合力、不懂自由。孫文說，民權就是爭自由的結果，歐洲人民對自由一詞的喻會，就好像中國人對發財一詞的喻會一樣。孫文說，中國為什麼要用三民主義做口號，不用自由做口號呢？這是很有深意的。美國革命的口號是獨立，法國革命的口號是自由。歐洲人民因為受專制的痛苦太深，所以一提倡自由便萬眾一心。中國人一盤散沙最自由，

沒有受過那種痛苦，如果拿自由來號召，沒有親身感受、切膚之痛，當然不理會。這就是說，只有像法國那樣經歷了千百年不是人的生活，才有可能企盼、嚮往自由。這就是反者道之動。孫文說，後來自由爭得了，又走向另一個極端，就是各人的自由太過。於是英國人彌勒出來定範圍——自由以不侵犯他人的自由為限，反之就不是自由。對照來看，二十世紀的中國史恰恰是：上半葉是安全問題，下半葉是自由問題。中國在不同的歷史時代，各項事宜總是不能兼顧，所以它是一個沒有長大的國家。而且，中國什麼時候能夠長大還不知道。孫文認為，中國自古沒有自由之名，而有自由之實。現在的青年學生、外國人不知中國史，而妄議中國之自由問題，這是不對的。我們看孫文講的這些，能夠說明什麼呢？這說明了名大於天的道理。縱有歷史之實，奈無歷史之名，也是被動、也是枉然，有亦形同烏有。另外也說明，孫文自己的重心意向不是很明確嗎？「便知道中國人有很多的自由」，「且極其充分不必再去多求了」。這樣一來，便可以一條心強調紀律性和組織化了。

孫文說中國人其實最自由，所以要緊的不是自由問題，而是富強問題。在二十世紀前半期，說這種話似乎有其現實依據。但是我們不能忘了，沒人管的所謂自由，其實是社會建制沒有到位、還不完備的表現。當然，如果富強完全不講，中國人即使得到了真自由，會不會還只是一個弱宋降清的局面，活得仍然不開心呢？這些都是顯而易見的。所以對中國來講，永遠都是一個「全」字當頭，也就是要全面、要得其全，遺落了哪一邊都不行，這是中國的宿命。拿二十世紀來說，國家安全防務成了大問題，連起碼的存在都不能保證了。後來國防暫時保住了，在一定範圍內不成問題，可人權又成了大問題。所以，中國這個國家總是在死亡線上掙扎。什麼時候能

夠活得寬鬆一些，才算達到了起碼的生存要求。孫文說：「中國革命的目的與外國不同，所以方法也不同。」「個人不可太過自由，國家要得完全自由。」可見民初的情勢，首先還是要為國家謀，其他諸事只得讓道。但是，這裏面卻含著一個世所共見的兇險，即「國家」這個東西最容易成為口實。孫文說：「到了國家能夠行動自由，中國便是強盛的國家。要這樣做去，便要大家犧牲自由：……」這就是孫文的國家主義。所以說，三民主義就是國家主義，是標準的國家哲學。由此可見，在孫文的學說中實際上埋著權威性，而且是明白說出來的。誠實地說，孫文的想法也並沒有什麼過分。只要還有國家，當然免不了國家主義、國家哲學。但同時也說明，孫文提出的三民主義只是一個套子、一個框架。隨著人類生活各個時代的推進，它需要不斷地補充進新內容、合理的內容和成分。比如民權，就應該是權力與權利之義都包含。而國家自由，也應該以不「侵略」個人的自由為限、為範圍。諸如此類，等等，都是不言自明的。完全不講國家，一個散放的人群將無由收拾。其實說穿了，除了兵權需要由國家直接控制以外，其他的一切方面都可以由社會自治、自理，這就是普遍分權制度。當然，在需要國家出面進行硬干預的領域，國家也是要履行它的分內角色的。比如說民間大亂，它坐在那裏看，說是不能干預國人彼此互相仇殺的自由，這當然不可以。由於孫文所處的時代人們急於改變中國次殖民地的狀況，所以孫文在在強調堅固的集合力、集團性，要求強化組織紀律性，這就一點不奇怪了。

　　但問題是，在孫文的思維深處，尚有一些需要指正的東西。比如他說：「當學生的能夠犧牲自由，就可以天天用功，在學問上做工夫。學問成了，便可以替國家做事。當軍人能夠犧牲自由，就能服從命令，忠心報國，使國家有自由。如果學生、軍人要講自由，

在學校內便沒有校規，在軍隊便沒有軍紀，那還能夠成為學校、號稱軍隊嗎？」我們說，學校與軍隊是根本不同的，這一點，在孫文似乎沒有作必要的分別。實際上，人類生活中唯一應該守紀律的區域就是軍隊（或者類軍事的場所）。不是因為別的，而是出於不得已。因為沒有紀律，軍隊就無法打仗。但學校應該是一個自由的場所、自由的空間，軍事院校另論。孫文講的管制，是培養幹部的方法，不是培養學者的方法，不是培養獨立思考的自由人的方法。要培養學者、自由人，只能用蔡元培的操作，而不能用孫文的。從這裏來看，孫文的思想需要補充、調整的地方還很多。我們只能說，在民初那個時代，孫文能夠拿出一套自圓的方案，這已經很不容易了，剩下的是要做具體的加工。從孫文的思維路徑我們也可以知道，後來的蔣中正、毛潤之確實是孫文的「學生」，雖然有一個學習好壞的問題。二十世紀從來就沒有空穴來風的事情，一切都是理勢之必然、當然與自然。那種倒來倒去、找來找去的「各邊倒」研究最沒有意思，充其量只是一種循環、輪迴。很多根子問題、根結問題其實都可以溯源於孫文學說。當然，這裏面還有一個輕重的情況。比如說從人民權力到人民民主專政，就是一個很值得研究的「過程」。二十世紀就沒有「無故者」，更沒有「無辜者」。從這裏來說，條絡、順序就是方法，逆序就是違法。

我們說過，孫文提出的三民主義只是一個毛胚，需要細化、優化的地方還不少。但從名權上來說，名目並不需要換來換去。因為無論什麼名目其實都是一樣的，弄不好都會亂天下。多易必多難，這種事情本來是越簡單越好。也就是說，只有名從傳統、名從主人，才能夠安人心。我們說過，看一個人的思想，首先是看他內心的根子，即思維。孫文不同意天賦權利說，也不贊成天賦平等說，他認

為一切都是歷史過程的，就能反映出一些問題。說到不平等，首先是自然不平等，其次是人為不平等。而人為不平等又把不平等加重了。一切革命，都是要打破人為的不平等。而天賦說就是為了打破天授論的。孫文講到，人類助長地求平等，即使勉強成功了，也是平頭的平等。這種平頭的平等乃是假平等，不是真平等，即所謂一刀齊。孫文這一真假平等論的論斷其實大有臺詞，因為裏面埋著的就是聖人論。他畫了三個圖，都成臺階狀。從民到男、子、伯、侯、公、王、帝，是外在的等級不平，這個容易反對。但聖、賢、才、智、平、庸、愚、劣卻是內在的不平。那麼，到底要不要聖、劣平頭呢？這是一個問題。所以從孫文的認同來看，無疑還是認為應該由優秀的人來領導不行的人。孫文特別談到，近來歐洲的政治經濟學東漸，中國人對其學理多是照本抄謄，這反映了華人不喜歡追問的根性。所以鼓吹自由平等，也是這種根性在起作用，其實並不切合中國當日的問題，脫離事實太遠。這種照搬到拿別人的問題當作自己的問題，顯然是荒謬已極。是不分析、缺乏追究的，那些人也不看看中國的實際情形是怎樣。但是在孫文的說論中，卻有很值得商榷的地方。比如他講近三百年來，一次發生英國革命，二次發生美國革命，三次發生法國革命。美國、法國的革命是成功的，英國革命不成功，因為英國沒有推翻王權，所以國體至今沒有改變。實際上，這是牽合到自己的一種論事習慣。不能因為孫文自己領導中國革命要推翻帝制，就從理論上說美國、法國成功，而英國不成功，學術是另外一回事。其實，英國的沒有推翻王權，正說明了英國的獨特政治素質，儘管很慢。在人類史上，除了英國，沒有任何一個國家可以從帝王制直接走到民主憲政，達成政治妥協。所以，其他國家都要經過暴力革命的大損害、大摧毀這一必然環節，受極大的

破壞。而英國卻可以選擇自由環節，把毀傷性壓到最低。中國正是因為清末立憲轉不過來，所以非經過暴力革命不可。而革命之後，必跟以持續的歷史動亂。因此，國家的宿命是各各不同的。從這一視角去看，我們對誰成功、誰失敗便有了不同的觀點。實際上，美國是英國的結果。沒有英國，就沒有美國。而法國則是另外一回事，是不可以與英美混淆比附的。法國是落後民族，動亂極多，暴力極盛，是不可以同日而語的。所有這些，都是問題。

　　孫文說：「中國的革命思潮是發源於歐美，平等自由的學說也是由歐美傳進來的。但是中國革命黨不主張爭平等自由，主張爭三民主義。三民主義能夠實行，便有自由平等。歐美為平等自由去戰爭，爭得了之後，常常被平等自由引入歧路。我們的三民主義能夠實行，真有自由平等。」又說：「人民要徹底明白我們的三民主義，是不是的的確確有好處，是不是合乎國情。」理由講得很清楚，意向也表達得非常明白。其實，我們對三民主義可以用一種很鬆動的態度去看，它只是歷史中的一個標誌，因為它是民國最早的方案，而且是由民國肇造者提出來的，僅此而已。我們應該尊重歷史的先後之序，所謂先到為君，後到為臣，並沒有特別複雜的意思。歷史應該整齊、應該整潔。三民主義並不能妨礙我們去講別的各種思想，除非三民主義想要違法。這其實就像注冊商標一樣，總得確定一個。孫文的邏輯是，民權一項就包含了平等自由。所以中國國民黨選擇用民權一名，而不用自由平等之名。從這裏我們可以看到，孫文作為國民黨黨魁，畢竟是政治家的一套思維。他怕不好統領，所以不沾自由之類的字眼。但是又還要兼顧到平等自由，否則也是不行的，實在是不容易。而當時中國的國情也確實是，必須首先解決國家的問題。

　　孫文對於平等，不是一種從下而上要求的態度，而是一種從上而下垂顧的態度。是政治家的態度，不是小老百姓的態度。所以他發明說，人類得之天賦者約三種——先知先覺者、後知後覺者、不知不覺者。先知先覺為發明家，後知後覺為宣傳家，不知不覺為「行家」。如果人人都以服務為目的，而不是以奪取為目的，聰明才力越大的，越應該能者多勞，服務、造福於千萬人。小一些的也應該服務、造福百十人，這樣社會就好了。至於全無聰明才力的，也能夠顧好自己一個人。這樣，雖然天生的聰明才力不平等，但是只要人的服務道德心發達，也能造成平等，而這就是平等的精義。顯然，這是典型的政治道德論，其思維完全是老的。我們說，為人民服務就是這種東西。所以孫文的思維，充其量是開明的思維。他的方案，是紆尊垂獎的方案。

　　我們說，孫文所用的民權一詞，認真追問起來，還是有不夠清晰、兩擺的缺陷，不能完全令人放心。民權到底是為了權力還是權利，抑或混講，總覺不大清楚。孫文說，歐美革命，人民所得的民權還是有限的。以美國為例，獨立戰爭是君權與民權鬥，結果民權勝利了。但是成功以後，民權的實行卻成了問題。當時有兩派意見相持不下，一種主張人性善，一種堅持人性惡。前者認為：人民如果有充分的民權，一定會使用得很好，做很多好事，國家事業能夠充分進步。而後者卻認為：人人都有充分的民權，就會拿去謀私，國事必然不可收拾，故而主張政權歸政府。這就是聯邦派的意見，所謂過去的君權要限制，現在的民權也要限制。後來聯邦派佔了勝利。孫文說，美國各聯邦合起來成立一個合眾國，公佈聯邦憲法，將立法權、司法權、行政權分得清清楚楚，彼此不相侵犯。這是自有人類以來，第一次所行的完全憲法。「美國就是實行三權分立的

成文憲法的第一個國家，世界上有成文憲法的國家，美國就是破天荒的頭一個。這個憲法，我們叫做美國聯邦憲法。」自此以後，美國國勢日盛，地方充分自治。可見，孫文的思想很大一部分是美國主義與本土的混雜，這與他留學的經歷有關。當然，孫文的思想成分是比較雜的，不像胡適那樣是單純的美國主義。從這裏也說明一點，二十世紀中國講現代化，其實就是美國化。雖然現代化是一個共名，美國化是一個別名，但是在這裏共名與別名的範圍卻相當了，即所謂共別合一。這是名理上的一種情況，這種情況值得我們留意。

孫文談到，美國的民權也是由有限制的選舉發展到普通選舉。由於普通民眾不知道運用政權，所以爭民權的結果只是得到了男女選舉權。我們說，孫文的不當之處在於，他把法國與美國的事情混講了，這顯然是沒有別同異。孫文說法國革命釀成了暴民專制，並以此來說明人民沒有政治能力，這顯然是不對的，更是不端的。因為我們說（這裏拋開大道理先不講），人類是有一個民性差異的。這種差異是實實在在的，不容否定。比如法國民性躁亂，與英國民性大異。所以在法國搞不好的事情，在英國未必就搞不好，那完全是另外一回事、另一番情景。歐洲學者公認，英國是最不容易波動的國家。法國大革命鬧得一團糟，波及歐洲各國，可就是不能動搖英國。所以英美的有序性、循序性、步驟性及自治力是一個單獨的問題，這是過去的人類史所顯示的。孫文一下串講到法國，一下又回到美國，這無異於用法國論證美國，拿法國為美國的證據，在名理上這屬於「狂講」，會把民眾的思緒搞亂、引偏。這是孫文的不足之處。而接下來更大的不足，是他論德國的民權思想——他把一切都歸之於俾士麥政治。孫文直接說，社會主義就是我主張的民生

主義。可以說，孫文的核心思想就是富強。所以他對力量、對紀律、對效益的信仰和崇拜是直言不諱的。孫文最終還是要求大家守紀律，所以，二十世紀中國的政治路線和命運是必然、當然而自然的，其端頭都在孫文，所謂功不唐捐。我們不能因為「變形」而就說「不是」。因此，對孫文的思想我們不必諱言，但是必須改進。

　　但是孫文虛晃了一下，好像他講美國、法國、德國，說了半天只是在談民權史。其實我們很清楚，孫文的去取意向是極為了然的。他說得很明白，中國是要拿歐美歷史做材料，從而駕乎歐美之上。所以中國的民權，要不同於歐美的民權。可見，孫文談歐美歷史，就是直接地抉擇其間而取用之。他說美國的民權開始只有選舉權，後來又有了罷官權、創制權、複決權。這後兩種權是人民對法律的——認為方便的可以創制，認為不便的可以修改。孫文說，歐美各國到了代議政體就算是止境。而國民黨講民權主義，卻是要造成「全民政治」的民國。這到底是一種輕易，還是一種篤實呢？此中大可觀察。

　　孫文說，近百年來，歐美文明的一日千里，大大震懾了國人。所以什麼東西都是學習國外，進入了一個拿來時代。但是對民權我們卻需要單獨去看，從民權史而論，本來是一個歷史發展的過程，其中產生了哪些流弊、碰到哪些障礙，都需要搞清楚。所以，中國只能走自己的路，無法以別國為標準。我們說，抽象地看這種話，固然沒有什麼不好，只要不填塞進特別的意圖目的就行。孫文說得很明白，物質機器是好學的，比如電燈，在什麼房間都可以裝用。但社會是不可學的，所以胡亂迎合世界潮流，只會使自己退化、危殆。孫文講到一個基本的矛盾——民權發達而政府無能，政府有能，民權又不發達。如何才能兼得呢？孫文暗示，首先人民要改變

對政府的態度。因為人民怕政府萬能無法控制，於是就防範政府而約束、限制之。那麼，孫文自己的方案是什麼呢？就是權、能分別。他說，這個辦法，歐美所有的學者都沒有發明過。

於是，孫文又回到了先知先覺、後知後覺、不知不覺論，重申說，三者是天生的，能夠達成一種合作，有發起、有贊成、有照行，這就是孫文的「知由論」。我們說，現實中權、能分離的情況確實是存在的。很多無能者用事，而有才者靠邊，造成許多歷史遺憾和人類損失。所以從道理上校論，確實應該推行能者多勞、當仁不讓的原則。但問題是，所有的人都會說自己行，那麼能者之爭勢不能免，由此，能之確正便成了大問題。可見孫文的權能論與德位理論是相通的，就是讓有能者行權。孫文說：「我們知道民權不是天生的，是人造成的，我們應該造成民權交到人民，不要等人民來爭才交到他們。」很顯然，這是一種以民權德天下的思維。很容易使人想到法國式的虛妄言語：誰不自由，就強迫他自由。好像誰拒絕了自由，就送他去巴士底獄似的，其無聊何極！我們說過，一個人的意識、思維根子才是決定一切的力源，所謂天生一副什麼腦筋。比如像人權這種東西，能夠用星火燎原的搞法嗎？我們要知道，孫文的學說毛病不少，所以，我們對三民主義的態度和立場，是歷史的態度和立場。客觀而論，三民主義，一是它的標誌意義，一是它的紀念意義。有了這兩樣，就可以作為國家哲學的帽子。這並不意味著我們推崇什麼，一切都是平常的，只是遵循時間順序的規則罷了。也就是說，一切按名分辦，尊重名權。就好比我們說某房產是誰的，只是一個（法律）事實認定，並不意味著更多的東西。以三民主義為民國的「象標」，也是如此。我們說過，中國是一個共名，它包括中夏邦國、中華帝國、中華民國等別名。中華帝國是共名，

它包括秦、漢、晉、宋、齊、梁、陳、隋、唐、宋、遼、元、明、清等別名。中華民國也是共名，它包括中華人民共和國等別名。所以共權之下，還有別權。共義之下，尚有別義。而別權又分兩種，即時權與域權。時權是按時間、時代分的，比如漢、唐。域權是按空間、區域分的，兩者都是整體事實中的一部分。所以名權是第一要緊的。

孫文說得很明白，「民權便是人民去管理政治」。「中國自革命以後，成立民權政體，凡事都是應該由人民作主的。所以現在的政治，又可以叫做民主政治。換句話說，在共和政體之下就是用人民來做皇帝。」可見他講民權主義，是以政治力為第一的。孫文有一個比喻：諸葛亮和阿斗，一個很有才，一個很有權。按照權能論，諸葛亮幫助（其實是代替）阿斗治理蜀國。於是孫文說，現在的中國四萬萬人，就是不知不覺的阿斗，所以他們（人民）雖然很有權（民權），但是需要「才人」代他們來管理和治理。以國人為阿斗，就好像父母說子女亂花錢，所以要替他們把錢管起來一樣。這就是孫文的國民阿斗觀，對此，胡適是非常批評的。二十世紀有很多滑稽得肉麻的名詞，像什麼國家的父親，人民的兒子，人類公僕，等等。是否還要搞出「球父」、「宇父」來呢？不知道。從孫文我們就可以知道，「人民」成為專用義是肯定的。孫文講到不少歷史先例，比如燧人氏以火德王，他比附說，這是廚子做皇帝。神農嘗百草是醫生做皇帝，軒轅是裁縫做皇帝，有巢氏是木匠做皇帝，這都是以「能」為君的實例，不是後來的打天下。我們是否也可以說，孫文就是要用「三民」王呢？用本主義德天下？顯然，孫文的權能論，其實就是從歷史中的德位論化來的。所以，我們也就可以看清楚，孫文講民權主義，就是要以民權德天下，同上古的

那些首領是「同構」的。孫文說，歐美國家就是沒有分清楚權與能，所以糾纏了兩三百年。現在歐美國家用專家治國，就像汽車修理，有專門修車的，不用自己勞之。政治家就是治理國家的專家，所以他們應該全權經理。從這裏來說，歷史中只有政客，沒有政治家。政治可說是人類生活中最晚成熟的專家領域。政治是一門學術、是一種學問，而不是爭鬥場，這個意思很好。但是我們說，事情有大小，安全是繫於大小去計較的。孫文用大汽車比喻國家，這同先秦用乘馬喻治國是一樣的。孫文說，政府官員就好像車夫，替大家開車。用孫文的話來講就是，要把大權交給大能的人。可以說，這種思想發明，在孫文不出事，在孫文的下一任也一定會出事。所謂三世而斬、五世而斬的規律就是這樣。我們也可以說，美言不過三世、五世，這是一切好思想、好學說的宿命。至於不好的，就根本不要說了。孫文說，民權主義的發明可以免去歐美那種紛亂，而實際卻是，中國在二十世紀的亂相達到何種地步，已經由事實說明了一切。

　　孫文說到，中國近代以來很多書籍是從日本翻譯的，所以語詞也受影響，比如機關就是機器的意思，行政機關就是行政機器。這就提醒我們一點，近代以來所產生的對西學理解、把握上的糾纏，都與貪求便宜從日本譯書有關。由於漢、和文字上的相似性，造成了似是而非的更難別同異。國人總是望文而解，流於猜度，結果妨礙很大。所以對中、西學，無疑有一個「正譯」的工作要做，這一工程、這一返工看來是免不了的。孫文說，製造機器在近代發展很快，因為物質機器易於試驗、易於改良。但是「人為機器」成立以後，便不易試驗、不易改良了，除非起革命。這就是為什麼「行政機器」進步很慢的原因。所以民權政治的機器，

一百多年沒有改變，只有一個選舉權，而這是不夠的。因此，孫文再次強調要行權、能分開的辦法。我們說，問題的根結其實就在這裏。試看二十世紀的中國，到底有沒有真正的選舉權呢？連選舉都做不到，遑論其他、遑論更高？必要都達不成，遑論充分？中國始終在為選舉權而奮鬥，所以我們說，孫文那種話是講不起的。實際上，選舉權本身就能夠很好地限制不良政治，在一定範圍內，選舉足夠是至少相對最不壞的辦法。孫文的所謂高明創意會不會是蛇足呢？這本身就要劃一個問號。為學日益，才能為道日損。所以「學」的表現，常常是損去，而不是增益。優化性往往不是表現為名目更多，而是更少。不是更繁，而是更簡。我們說民國應該用三民主義代表，也是出於這一「簡少」原則。讓它整潔，避免無聊的政治名目的紛爭和割據。簡簡單單的三個名：民族（中華民族）、民權（權利與權力）、民生（人民生活），只要不與這個扞格，其他的思想都可以講。不像某些學說，除了它是真理，其他全是非法、異端。所以，我們不是說三民主義有多好，而是說一名之立對國家也是必要的。開個運動會還要吉祥物，何況國家政治呢？大家都堅持自己最合理，這怎麼算？我們說，只有按歷史算、按名分算、按時間先後順序算，而謬論不算。除此之外，沒有更好的辦法，沒有更好的遊戲規則。

　　其實孫文所希望的是一種巨大的能量，一種能夠供自己隨意控制的能量。就像十萬馬力的機器，工程師只須動一動手指頭，想開就開，想停就停。要它運轉就運轉，要它癱瘓就癱瘓。一個人掌握了這樣的權力，當然是世界上最爽的。「想要怎麼樣便可以怎麼樣。」機器是能，工程師是權。「人民管理政府，」「也要像工程師管理機器一樣。」說得真好聽。但人不是機器，政府一旦具有了超能，還

會受人民的管理和控制嗎？而且孫文自己說過，中國人民是一盤散沙的不知不覺者，這種阿斗、愚民怎麼管理政府？由誰出來代行經理？所以一說開去，問題便成「級數」地增多。政治不是隨政要解釋的東西，孫文也不能想怎麼說就怎麼說。所以胡適、傅斯年評價說，孫文雖然是一個新人物，但全是舊特點。

　　拋開政治的一面說，還有文化的意結在孫文那裏起作用。就是他認為，中國數千年立國，用的都是自己的一套。所以，雖然近代以來中國須學習歐美，但政治路數上還是要有自己的家法，以駕乎歐美之上。如果照搬他人的東西，而沒有自己的，即使好了，也還是不爽。孫文將政治拆開來說，分政權和治權。政權屬人民，治權屬政府。「政權就可以說是民權。」照孫文的說法，政權是管理政府的力量。雖然孫文說：「人民有了很充分的政權，管理政府的方法很完全，便不怕政府的力量太大，不能夠管理。」「中國有了強有力的政府之後，我們便不要像歐美的人民，怕政府的力量太大不能夠管理。」但這只是一種願望、一種主觀許諾，只是一種單邊承諾，其實現本來是不可期的。更主要的是，代價太大。孫文談到，過去選舉出了官吏、議員，便不能夠再問，這種民權是間接民權。我們說，這裏有一個問題，就是任期制可以調衡一切。被選者即使任意胡為，到期了也會終結。但是選出來以後，在行權過程中，如果人們對其直接干預，則事情不可為矣。所謂將能而君不預，國民對選舉產生後的政府進行監控，只能夠用輿論等手段。也就是說，政府再為非作歹，也只能等到它任期滿了以後再說。這就是選舉的雙刃性，否則朝選夕廢，則不成體統矣。民初的總統任免就從來不穩定，連固定的任期和規定也沒有，所以國家政治搞得非常沒有體統。至於藉口政治不清明而橫加干預，名為民主，實際上是非法。

因為選舉就是交權，個人在法律上還享受有各種所有權的保護，何況一屆政府呢？任期就是其權力享受保護的時限，當然政府行權必須是服務性的。民主不表現為選出以後分權，而是體現在如何產生權力。所以，任何政治都是天賦風險性、伴隨一定賭博性的，選舉政治只是把這種東西壓縮到最低，而不是全免。對此，我們可以稱之為政治誤差，或者政治能耗、政治成本折舊，等等。也就是必然要消耗和付出的。

既然孫文說政府是替人民做工，那麼，政府怎樣替人民做工呢？這就是五權憲法。所謂五權，就是在行政權、立法權、司法權之外，再加上考試權和監察權。孫文說：「用人民的四個政權，來管理政府的五個治權，那才算是一個完全的民權政治機關。」這就是九權平衡（選舉權、罷免權、創制權、複決權；司法權、立法權、行政權、考試權、監察權）。惟其如此，民權問題才算真正解決，政治才算有軌道，這就是孫文的態度。很顯然，考試、監察二權有科舉、御史制度的影子。所有這些，都是為了造成「萬能政府」。「造成萬能政府，為人民謀幸福，中國能夠實行這種政權和治權，便可以破天荒在地球上造成一個新世界。」這個破天荒，就是孫文的趕英超美。

這就是孫文的政治桃花源，蔣中正、毛潤之都是「桃源書院」的學生。實際上，中國在二十世紀確實營造了一個人類沒有過的世界。孫文在這裏所擺的關係，諸如考試權與選舉權，等等，其實不應該是平列的關係，而應該是臺階的關係。因為人民選出政府，再由政府去具體安排考試辦法等事宜、事務。選舉本身就是賦予權力的程式操作。所謂選舉者，其實就是選權，由被選中的人來具體行權。所以考試等等只是權的具體內容，選是一個套子，它已經把各

種具體內容打包在其中了。所以說選舉和其他各項的關係應該是臺階的關係，而不是平列的關係。孫文總是說只有選舉權，但是除了選舉權，還需要什麼呢？一切原本只是選出來的具體操作。就像買東西，選中了哪一套系列就去照行。人類生活齊備到、完善到什麼地步，取決於參選者的想像力，也就是設計方案的角逐。所以孫文講的都可以打包在具體的設計當中。

　　須要說明的是，孫文顯然是主張大一統的。他強調，美國的富強不是由於自治，而是由於各邦擰成一股所產生的集合力，是各邦統一的結果，不是各邦分裂的結果。孫文這樣講，顯然是有時代指對性的。因為在二十世紀，有一群大談聯邦、邦聯的妄人，指斥一統觀是大國情結，妨礙地方權利與權益。殊不知中國自古就是一個大國，對此只能實事求是。像秦的統一是通過武力，而不是聯邦。但這只是統一途徑和方式上的不同，人群總體上趨向於整合卻是一致的。所以很多人正好把話說反了。試想，如果中國真的分成一個個、一塊塊的地方，那麼，馬上就會有人出來又想統一，如此禍連無窮，在秦代已經解決的問題，兩千年後卻要不斷地再過、糾纏牽扯，這種損耗完全是沒有道理的。民初軍閥混戰，所以人們討論聯省自治。但是謀求地方權利、利益的平衡和國家安穩，應該用得法之方，而不能用不得法的辦法，否則只是糊塗。假設上海是一個城邦國家，蘇州是吳國首都，從蘇州到上海要辦簽證、出入境手續，那當然是很滑稽的。可以說，中國一旦分散，地區平衡就沒有了，「鄰強」必然入主。所以，從其他國家的戰略意願來說，肯定是高興中國耗散的。其策劃、想望都是如此。所以孫文說：「中國原來既是統一的，便不應該把各省再來分開。」而唯一具有分離中國可能性的，恰恰就是中國人。

民生主義

　　孫文說的民生，是包括各種社會問題的。比如人民的生活、社會的生存、國民的生計、群眾的生命，等等。民生問題的發生，是因為近一百幾十年來機器大發展，所以工人失業的很多。要解決這個吃飯的問題，就成了當務之急。孫文說，為什麼我們不學外國那樣講社會主義，而要講民生主義呢？首先是因為，歐美各國對社會主義還沒有找出一個解決方法，還在爭；其次是因為民生主義與社會主義的分別。社會主義的最大問題是社會經濟問題，也就是人的生活問題。「所以社會問題之發生，原來是要解決人民的生活問題。」因此，社會問題就是民生問題。民生主義是社會主義的本題，扣住這一本題，就絕不會跑題。孫文說，社會主義分兩派，一是烏托邦派，一是科學派。烏托邦派是專從主觀理想上把社會來改良，有子虛烏有的寄託。科學派是專從科學方法去研究社會問題之解決，像胡適講科學方法，顯然是屬於這一派。我們說，二十世紀問題與主義之爭，主義派顯然是烏托邦情結的，問題派顯然是科學認同的。更進一步說，英美是科學派的，歐（洲大）陸是烏托邦派的。孫文的特點是，他總是橫跨在中間，而且還經常倒向歐陸路線，所以在歷史上，實際上是孫文啟開相爭之源。後來的胡適、毛潤之之爭，顯然就是科學派與烏托邦派的爭持。

　　我們說孫文開啟相爭之源是有充分根據的。孫文說：「故馬克思求出解決社會問題的方法，就是科學的社會主義。」這是很糊塗的，我們不能因為馬克思之學有學術研究的形式，就說那是科學。我們都知道，馬克思是烏托邦的代表，是從空想到空想的典型。正如胡適早就指出過的，馬克思經濟學對美國沒用。孫文講

到馬克思的物質決定論的人類歷史觀，認為很不充分。他以為，歷史的重心是民生，不是物質。因為社會問題才是歷史的重心，而社會問題又以生存為重心。民生問題就是生存問題，所以民生為社會進化的重心。而社會進化為歷史的重心，所以歸結到最後，唯有民生。

　　孫文說，馬克思專門注重物質，所以先要研究生產。生產是用工人和機器，資本家與機器合作，再利用工人。生產所得，資本家得大分，工人得小分，所以二者在利益上常常起糾紛。衝突不能解決，便生出階級戰爭。馬克思認為，人類史就是階級戰爭史。階級戰爭是社會進化的原動力，這就是階級戰爭的因果律。對不對呢？孫文說，階級戰爭不是社會進化的原因，而是社會當進化之時發生的病症。歐美近來之經濟進化可分為四種，一是社會與工業之改良，二是交通運輸收歸公有，三是直接徵稅，四是分配社會化。這些社會經濟事業都是用改良的辦法進化出來的，以後也只會日日改良、日日進步。所以，社會進化是由於社會上大多數的經濟利益相調和，不是由於有衝突，調和的原因就是因為要解決人類生存的問題。所以社會進化的定律、原因是人類求生存，人類不能生存才起戰爭。由此看來，馬克思的哲學是一種鬥爭哲學。而鬥爭性乃是德意志民族最根本的民性，所以世界戰爭一定要由德國來發動。沒有德國，也就沒有世界大戰了。孫文一針見血地指出，「馬克思研究社會問題所有的心得，只見到社會進化的毛病，沒有見到社會進化的原理，所以馬克思只可說是一個社會病理家，不能說是一個社會生理家。」病理與生理，孫文作為一個醫生分得很清楚。馬克思的哲學行用於中國，就造成了一個鬥爭不斷、疾病無窮的國家，成了一個有病理沒生理的國家。所以馬克思哲學是人類最大的負思想。

孫文批評其階級戰爭說，馬克思謂資本家的盈餘價值都是從工人的勞動中剝奪來的，把一切生產的功勞全歸於工人的勞動，忽略社會上其他各種有用份子的勞動，這實際上是反人類。因為即使是純消費，也是在為社會做貢獻、進一職責。如果沒有人買東西，很多人就會失業。這些是諸如馬克思之類的原始經濟家所不能瞭解的。馬克思研究社會問題，只求得一部分的毛病，沒有發明社會進化的定律。所以馬克思哲學是落後思想。孫文說得很明白，人類求生存才是社會進化的定律，這是美國學者發明的。可見，孫文最後還是選擇了英美路徑。由此對症下藥，才能解決社會問題。

孫文對馬克思學說詳細地批評，是因為當時它已經成為世界上蠱惑煽動性很大的一種社會思想。馬克思斷言，弄到最後，社會上只有兩種人，一是極富的資本家，一是極窮的工人，所以必然要起革命，而資本制度和國家歸於消滅。但是當代歐美各國的事實情形，正好與馬克思的斷言相反。我們要知道，孫文講的所謂歐美國家，其實就是以英美為主。因為東歐國家是很貧窮、很落後的，拉丁國家也很亂，進入不了孫文的參照視野。孫文說：「馬克思的判斷既然是和事實不對，可見我的學說知難行易是的確不能磨滅的。」所以馬克思學說是前資本主義的學說。孫文講得很明白，民生是政治、經濟、人類種種歷史活動的中心。從前錯認物質為中心，所以有了種種的紛亂。現在要改過來，以民生為中心，一切社會問題才有解決的辦法。

孫文說，國民黨對民生問題定了兩個辦法：平均地權和節制資本。照這兩個辦法就可以解決中國的民生問題。而馬克思派則主張農工專制，用革命手段來解決一切，這當然是瞎搞。俄國就是這種搞法。但俄國是軍事國家，它不會搞經濟。而且說白了，俄國也不

可能有高形態的經濟，它根本不需要經濟。從歷史根性來說，俄國就是熱兵器時代的蒙古，所以俄國是一個極度簡單的國家。是蒙古、突厥、斯拉夫的三合一。孫文指出，中國人只有大貧與小貧之別，沒有特殊階級。但這只是民初的情況，後來經過無產革命，中國產生了階級。孫文指出，中國現在只有地主，沒有嚴格意義的大資本家（擁有大機器者）。所以此時來解決土地問題是很容易的。要思患預防，不要等到將來社會貧富不均，大毛病出現了就不好辦了。孫文說，中國今是患貧，不是患不均，所以真正的民生主義就是孔子所希望的大同世界。

民以食為天，所以第一個重要的是吃飯問題。孫文說，要做到耕者有其田，那才算是我們對於農民問題的最終結果。因此，從技術上說，機器、肥料、換種、除害、製造、運送、防災七大問題就成了首要。民生主義就是要解決國人衣食住行的問題，行有餘力，才可以再做其他的。所以不僅要研究學理，還要注意實行。尤其是要杜絕遊民，使其成為生產之份子。唯有國家盛強，才不至於利權外流。我們說，孫文講的這些當然沒什麼不對，都是常識。但是孫文的學說可利用性是很高的，比如他說人民當皇帝，後來就真的有人通過人民來當皇帝。可以說，二十世紀的政治革命、革命政治的主脈都繫於孫文，從他這裏肇端。對此，我們須有清晰的觀察。

梁啟超說過，孫文這個人，為達目的、不擇手段，應該是客觀的。據茅家琦等著《孫中山評傳》披露的史料，孫文也賣國，他想同日本達成聯盟而未果，所以後來孫文的對俄舉動乃是必然的。以上只是講了孫文的主要方面，並非全部，這一點是需要說明的。我們對孫文絲毫沒有揄揚、推崇的意思，僅僅是中性地去說。

第二節 北美路線

陳寅恪說過：「竊疑中國自今日以後，即使能忠實輸入北美或東歐之思想，其結局當亦等於玄奘唯識之學，在吾國思想史上，既不能居最高之地位，且亦終歸於歇絕者。其真能於思想上自成系統，有所創獲者，必須一方面吸收輸入外來之學說，一方面不忘本來民族之地位。此二種相反而適相成之態度，乃道教之真精神，新儒家之舊途徑，而二千年吾民族與他民族思想接觸史之所昭示者也。」（〈馮友蘭中國哲學史下冊審查報告〉）可以說，二十世紀中國的政治文化道路無外乎三條路線：本位思想的、自由主義的和共產唯物的。所謂北美及東歐之思想，即指美國、蘇聯而言。而英美路線的代表就是胡適。

思想的方法

胡適說：「我的思想受兩個人的影響最大：一個是赫胥黎，一個是杜威先生。赫胥黎教我怎樣懷疑，教我不信任一切沒有充分證據的東西。杜威先生教我怎樣思想，教我處處顧到當前的問題，教我把一切學說理想都看作待證的假設，教我處處顧到思想的結果。這兩個人使我明瞭科學方法的性質與功用。」（〈介紹我自己的思想〉）這就是等待證據的科學方法。胡適的思想，可以說是進化論時代造成出來的，是進化論思想的「延續」，其改進論的性質特別明顯。「實驗主義從達爾文主義出發，故只能承認一點一滴的不斷的改進是真實可靠的進化。」（〈介紹我自己的思想〉）胡適這樣評價達爾文說：「他在思想史的最大貢獻就是一種新的實證主義的精

神。他打破了那求『最後之因』的方法，」「漸漸的把上帝創造的物種由來論打倒了，」（〈演化論與存疑主義〉）這就是胡適說的達爾文的真精神。「那就用不著一個有意志的主宰來計畫規定了。」（〈演化論與存疑主義〉）達爾文就是打破了有意志的天帝觀念。胡適指出，對於習慣了自然論的中國人來說，也許感受不到達爾文理論的重要。而對宗教傳統深厚的歐西人文來說，達爾文學說卻是革命性的。雖然達爾文研究的是生物，但是在哲學方法上卻有重要的貢獻，這就是存疑主義。「只有那證據充分的知識，方才可以信仰。凡沒有充分證據的，只可存疑，不當信仰。這是存疑主義的主腦。」（〈演化論與存疑主義〉）胡適說，達爾文所用的武器，只是他三十年搜集來的科學證據。所以存疑主義說穿了也就是「拿證據來」。胡適說，證據是科學的唯一武器，是思想解放與革命的唯一工具。「自從這個『拿證據來』的喊聲傳出以後，世界的哲學思想就不能不起一個根本的革命——哲學方法上的大革命。於是十九世紀前半的哲學的實證主義就一變而為十九世紀末年的實驗主義了。」（〈演化論與存疑主義〉）胡適講了很重要的一段史實，「基督教當十六七世紀時，勢焰還大，故能用威力壓迫當日的科學家。葛里略受了刑罰之後，笛卡兒就趕緊把他自己的《天論》毀了。從此以後，科學家往往避開宗教，不敢同他直接衝突。他們說，科學的對象是物質，宗教的對象是精神，這兩個世界是不相侵犯的。三百年的科學家忍氣吞聲的『敬宗教而遠之』，所以宗教也不十分侵犯科學的發展。」（〈演化論與存疑主義〉）

　　精神與物質作為宗教概念，從宗教史的觀點來說是一種讓步處理，緣於一種調和論。所以二唯論、二元論等等都是無聊的爭論。因為一切原本都只是宗教上的一種事情。嚴格來說，宗教可以作為

一種人類情感，而不適合於作為一種人類統治。達爾文的理論一出世，宗教與科學兩不相犯的局面就打破了。雙方不能不正式宣戰，而大戰的結果是（科學）證據戰勝了（宗教）傳說。於是科學方法的精神大白於世界。達爾文多病，不喜歡紛爭，所以有很多論辯都是赫胥黎完成的。須要說明的是，達爾文的演進理論是指對宗教創世說的，所以其思想上的交戰與中國原來並沒有什麼關係。但是其中的「拿證據來」被胡適轉化使用了，這種「轉用」是二十世紀中國思想操作的一個關鍵。由此更揭出了一點——二十世紀的一個大問題是：很多學人出於改編思想的需要，進而對世界人文進行「遮詮」，這樣是否安全、是否正直呢？雖然胡適並沒有編造什麼。

　　胡適說：「自從中國與西洋文化接觸以來，沒有一個外國學者在中國思想界的影響有杜威先生這樣大的。」「在最近的將來幾十年中，也未必有別個西洋學者在中國的影響可以比杜威先生還大的。」（〈杜威先生與中國〉）二十世紀，中國普遍學習西洋，凡能知道的，幾無不吸納，這也是一時代之趨勢使然。胡適是杜威的學生，他這樣說是否過當呢？中國歷來最重師法，故每有標榜之事。杜威在「五四」前到中國，在中國呆了兩年多，演講十一省。從活動上來說，當時只有羅素能與之相比。羅素是英國哲學的代表，而杜威是美國哲學的代表，他們的這種歷史條件和對比優勢，以後的西洋哲學家已很難具備。所以胡適講的也並沒有什麼不實，他舉了兩個理由。第一，「杜威先生最注重的是教育的革新，」第二，「他只給了我們一個哲學方法，」「他的哲學方法，總名叫做『實驗主義』；分開來可作兩步說：」「一、歷史的方法——『祖孫的方法』」，「二、實驗的方法」。（〈杜威先生與中國〉）胡適講實驗主義，一生欲為國人之導師，都是承繼了杜威的衣鉢。所以杜威的思想，也就

是胡適的思想。從這裏來說，胡適的思想主要是一種繼承運用——
以一個哲學方法去解決各種特別的問題。所以胡適所做的各個具體
工作都是應用題意義上的，是「用」的思想。

胡適希望「歷史的觀念」與「實驗的態度」成為思想界的風尚
與習慣，這是他一生的信條。他說：「實驗的方法至少注重三件事：
（一）從具體的事實與境地下手；（二）一切學說思想，一切知識，
都只是待證的假設，並非天經地義；（三）一切學說與理想都須用
實行來試驗過；實驗是真理的唯一試金石。」（〈杜威先生與中國〉）
這就是懷疑主義的態度和精神。實際上，無論攻訐胡適的人怎樣
多，後來都以別種不同的方式印證了胡適所講過的。「注意具體的
境地——使我們免去許多無謂的假問題，省去許多無意義的爭論。」
「一切學理都看作假設——可以解放許多『古人的奴隸』。」「實驗
——可以稍稍限制那上天下地的妄想冥思。實驗主義只承認那一點
一滴做到的進步——步步有智慧的指導，步步有自動的實驗——才
是真進化。」（〈杜威先生與中國〉）

對中國來說，二十世紀是一個學習模仿的世紀，它要為後來之
預備。在談杜威的思想影響時，不能不先關注胡適對杜威哲學的述
評，因為這直接牽涉到胡適對哲學本身的基本態度。他對哲學為什
麼會一直抱持偏冷的姿態，難道當年不是胡適自己要棄農學哲的
嗎？這裏面肯定還是認識上的變化為主導原因。胡適這樣說：「杜
威在哲學史上是一個大革命家。為什麼呢？因為他把歐洲近世哲學
從休謨和康德以來的哲學根本問題一齊抹煞，一齊認為沒有討論的
價值。一切理性派與經驗派的爭論，一切唯心論和唯物論的爭論，
一切從康德以來的知識論，在杜威的眼裏，都是不成問題的爭論，
都可『以不了了之』。」（〈實驗主義5・杜威哲學的根本觀念〉）在

杜威眼裏，也就是在胡適看來。胡適有「新哲學」與「舊哲學」
的說法，顯然杜威的哲學屬於新哲學，而休謨、康德等人的舊哲
學都可以作罷了。「從前哲學的大病就是把知識、思想當作了一種
上等人的美術賞鑒力，與人生行為毫無關係；所以從前的哲學鑽
來鑽去總跳不出『本體』、『現象』、『主觀』、『外物』等等不成問
題的爭論。」(〈杜威哲學的根本觀念〉)明白了這一層，我們就能
夠理解胡適後來對哲學的基本看法。哲學既然註定了成為歷史的
文物，那麼胡適也就不可能在玄理上保持怎樣濃厚的興趣和關注
了。杜威受生物進化論的影響最大，所以其哲學完全帶著生物進化
學說的意義。這樣，杜威對經驗的看待把握和理解較以前的哲學便
有了很大的差別。在杜威看來，經驗不是記賬本，而是指向未來、
是向前的開口狀的東西。也就是——從「哲學家的問題」一變而為
「人的問題」。所以經驗是人與生活環境的交接，而思想是最重要
的工具，即「創造的智慧」。

　　胡適說：「杜威先生的哲學的基本觀念是：經驗即是生活，生
活即是應付環境。」「知識、思想是人生應付環境的工具。」所以
他自己又說：「知識、思想是一種人生日用必不可少的工具，並不
是哲學家的玩意兒和奢侈品。」(〈實驗主義 6・杜威論思想〉)從
這裏我們可以看到胡適的平民主義和平民精神。胡適說，杜威哲學
的最大目的是怎樣使人養成創造的思想力。對此，我們可以理解為
想像力上的事情，也就是以既知開新和出新。思想的動力來源於疑
難，所以荒謬對知識學的推動比情理對知識的推動大得多，這也就
是必然的和一定的了。這就是反者道之動的道理。胡適說，杜威一
系的哲學最注意假設，並在經驗中小心地求證、求解決。這也是胡
適所一直信守的律條。

　　說到這裏，我們就可以明白，胡適的思想是以當時的美國新派哲學為基礎和依託的。而他對英、德兩系哲學的看法、態度與選擇也就包含在其中。關於英、德兩系的思想，胡適有過明確的論定。他說：「從前陳獨秀先生曾說實驗主義和辯證法的唯物史觀是近代兩個最重要的思想方法，他希望這兩種方法能合作一條聯合戰線。這個希望是錯誤的。辯證法出於海格爾的哲學，是生物進化論成立以前的玄學方法。實驗主義是生物進化論出世以後的科學方法。這兩種方法所以根本不相容，只是因為中間隔了一層達爾文主義。達爾文的生物演化學說給了我們一個大教訓：就是教我們明瞭生物進化，無論是自然的演變，或是人為的選擇，都由於一點一滴的變異，所以是一種很複雜的現象，絕沒有一個簡單的目的地可以一步跳到，更不會有一步跳到之後可以一成不變。辯證法的哲學本來也是生物學發達以前的一種進化理論；依他本身的理論，這個一正一反相毀相成的階段應該永遠不斷的呈現。但狹義的共產主義者卻似乎忘了這個原則，所以武斷的虛懸一個共產共有的理想境界，以為可以用階級鬥爭的方法一蹴即到，既到之後又可以用一階級專政方法把持不變。這樣的化複雜為簡單，這樣的根本否定演變的繼續便是十足的達爾文以前的武斷思想，比那頑固的海格爾更頑固了。」（〈介紹我自己的思想〉）可見，胡適與陳獨秀表示了一正一反兩種歷史判斷。胡適的哲學判斷是明確而徹底的，也是清晰而簡單的，沒有任何曖昧迴旋的餘地。他對黑格兒哲學的論斷，認為是前達爾文思想的某種東西，由此條理脈絡順下來，胡適也就不可能同情二唯論一類的東西了。這是從根本處說，這裏就是胡適對整個哲學的最終看法和基本把握。

　　胡適的思想是以自己的哲學觀作基礎的，他討論任何問題都是一樣，從來不離開自己的哲學。胡適說：「國內正傾向於談主義，我預料到這個趨勢的危險，故發表『多研究些問題，少談些主義』的警告。」「『目的熱』而『方法盲』，迷信抽象名詞，把主義用作蒙蔽聰明停止思想的絕對真理，」（〈介紹我自己的思想〉）這些就是走錯了思想的路子。簡單地說，胡適的思想就是「拿證據來！」和「為什麼？」因為「人同畜生的分別，就在這個『為什麼』上。」（〈介紹我自己的思想〉）胡適說：「我認定民國六年以後的新文化運動的目的是再造中國文明，而再造文明的途徑全靠研究一個個的具體問題。」（〈介紹我自己的思想〉）這是胡適強調「問題」的原因，也是他對新文化運動的根本看法：新文化運動就是文明再造運動。胡適的問題主義使我們想到了朱子的格物學說，所謂今日格一個、明日格一個，研究一個個的問題的精神正與此相近。通常，思想上的事情，大致都可以有一個兩分法，我們稱之為抽象論和具體論（或者抽象派與具體派）。胡適顯然屬於具體的一邊，所以他論事考察問題從來都是具體的。胡適說，張三的社會主義與李四的社會主義就不同，王五的社會主義又不同。由此可見，主義只是一個空名。在胡適看來，主義就是中國思想界破產的鐵證，就是中國社會改良的死刑宣告，是自欺欺人的夢話！為什麼談主義的人那麼多而研究問題的人那麼少呢？因為研究問題極困難，要以統計材料為基礎；而高談主義卻很容易。「這都由於一個懶字。」「高談主義，不研究問題的人，只是畏難求易，只是懶。」（〈問題與主義〉）實際上，胡適指出了中國知識人的「惰根性」。正是這種根性，說明了中國學人不力的歷史事實。學人不力，社會改進幾乎就是空談。胡適並不是不講學理，他只是想指明主

義的危害，尤其是對中國社會。「主義的大危險，就是能使人心滿意足，」（〈問題與主義〉）自以為找到了包治百病的根本辦法，不再費心研究具體問題的解決法了。胡適說：「凡是有價值的思想，都是從這個、那個具體的問題下手的。」「不如此，不算輿論家，只可算是抄書手。」「現在輿論界大危險，就是偏向紙上的學說，不去實地考察中國今日的社會需要究竟是什麼東西。」「要知道輿論家的第一天職，就是細心考察社會的實在情形。一切學理，一切主義，都是這種考察的工具。有了學理作參考材料，便可使我們容易懂得所考察的情形，容易明白某種情形有什麼意義，應該用什麼救濟的方法。」（〈問題與主義〉）

胡適指出：「第一，空談好聽的主義，是極容易的事，是阿貓阿狗都能做的事。」「第二，空談外來進口的主義，是沒有什麼用處的。」「第三，偏向紙上的主義，是很危險的。」（〈問題與主義〉）因為一切主義都是某時某地的有心人對當時當地的社會需要的救濟之方，所以主義根本就不具有普適性。外國的主義對中國的現實就是格不相入的，相去十萬八千里。更主要的是，主義很容易被無恥政客利用來做種種害人的事。直白地說，誰談人類，是想行騙。「一切好聽的主義，都有這種危險。」（〈問題與主義〉）這就是胡適歸結的「主義的性質」。當然，胡適何嘗不是談實驗主義？老子說信言不美、美言不信，誠哉斯言！胡適說：「凡主義都是應時勢而起的。」（〈問題與主義〉）社會到了一定的時候，有心人想出救濟的法子，這就是主義的「原起」。主義原來只是具體的主張，為了傳佈的簡便，用一兩個字來表示，於是主張便成了主義。而「主義的弱點和危險，就在這裏。」（〈問題與主義〉）所以胡適很明確地提出一個口號：多研究些問題，少談些主義！唯有這樣，才能打破人

類對抽象名詞的迷信。而學者、輿論家的使命，正在於可憐人類的
這一弱點。問題、主義之爭，是中國二十世紀的根本爭論，不明了
這一層，就不能把握二十世紀的基本脈絡、找出歷史的病因。

　　胡適的問題與主義之論在當時就引發了爭議。比如李大釗說，
問題與主義原是交相為用、並行不悖的。主義是對解決社會問題的
一個理想驅動，所以必不可少，不能偏廢。李大釗還說：「我可以
自白：我是喜歡談談布爾什維克主義的。」「不過我總覺得布爾什
維克主義的流行，實在是世界文化上一大變動。我們應該研究他、
介紹他，把他的害象，昭布在人類社會；不可一味聽信人家，為他
們造的謠言，就拿兇暴殘忍的話抹煞他們的一切。」（〈問題與主
義〉）對李大釗等人的評議，胡適很不客氣地回應說：「我常說中國
人有一個大毛病，這病有兩種病徵：一方面是『目的熱』，一方面
是『方法盲』。」「只管提出涵蓋力大的主義，便是目的熱；不管實
行的方法如何，便是方法盲。」（〈問題與主義〉）這就是胡適對「不
負責任的主義論」的態度。其實胡適的意思很簡單，就是要對症下
藥。否則亂治一氣，只會加重病情。更重要的是，胡適對輸入學說
（和思潮）談了幾點關鍵的意見，他始終不離開具體還原法。胡適
認為：輸入學說時應該注意發生這種學說的時勢情形，還有「論主」
的生平事實和他所受的學術影響，以及每種學說已經發生的效果。
這是一種務實的態度和觀點，也是考問與追問的眼光。用胡適的話
說，就是「歷史的態度」。唯有歷史的態度，才可以避免一知半解、
半生不熟、生吞活剝帶給人類慘劇。客觀地說，主義、意識形態等
宗教的東西極大地蠱惑和危害了人類社會，其所造成的敵營對壘負
面性將遺毒長遠。胡適與李大釗等人的分歧，也可以說是「問題主
義」與「主義主義」的分歧。

人生觀

胡適的人生信念，都在他的不朽觀裏。這裏面既有古人立功、立德、立言的意思，又有西方社會思想的影響。所謂「種什麼得什麼」，都是卑之無甚高論的責任信條。胡適說：「善亦不朽，惡亦不朽。」（〈介紹我自己的思想〉）所以「不朽」乃是一個中性概念，關鍵是繼之者善也。胡適是無神論者，他只相信社會責任與義務。所以說：「個人雖渺小，而他的一言一動都在社會上留下不朽的痕跡，芳不止流百世，臭也不止遺萬年，」「今日的世界便是我們的祖宗積的德，造的孽。未來的世界全看我們自己積什麼德或造什麼孽。世界的關鍵全在我們手裏，」「我們豈可錯過這絕好的機會，放下這絕重大的擔子？」（〈介紹我自己的思想〉）可見這裏面包含著自我決定論的信心，所以胡適的思想是以自我主義為底襯的。無論懷疑精神，還是「不朽教」，等等，無不是以這一個「我」為條件。「他的一切作為，一切功德罪惡，一切語言行事，無論大小，無論善惡，無論是非，都在那大我上留下不能磨滅的結果和影響。」「我們應該說：說一句話而不敢忘這句話的社會影響，走一步路而不敢忘這步路的社會影響。這才是對於大我負責任。能如此做，便是道德，便是宗教。」（〈介紹我自己的思想〉）所以胡適不相信宗教，而篤信由自我的實行來造成一個理想的世界。「我不信靈魂不朽之說，也不信天堂地獄之說，故我說這個小我是會死滅的。死滅是一切生物的普遍現象，不足怕，也不足惜。」（〈介紹我自己的思想〉）這是胡適的達觀態度。人們總喜歡談論什麼天堂和地獄，其實這個世界不好的部分就是地獄，除此以外，哪裏還有什麼格外的地獄呢？所以胡適的生活觀是樸實的，也是實用的，他要的只是一

種新生活。什麼是新生活呢？「新生活就是有意思的生活。」「凡是自己說不出為什麼這樣做的事，都是沒有意思的生活。」（〈新生活〉）反之，凡說得出為什麼這樣做的都是有意思的生活。「生活的為什麼，就是生活的意思。」（〈新生活〉）這是一種追問的生活態度，可見「有意思」的背後乃是「為什麼」。胡適的社會思想也在這裏，就是要大家在日常生活中養成一種追問的精神和追究的習慣。人與動物的區別就在於這個「為什麼」，也就是說，做每一件事都要回得出一個為什麼才行。「我為什麼要幹這個？為什麼不幹那個？回答得出，方才可算是一個人的生活。」（〈新生活〉）

　　胡適早期受易卜生的文學及人生觀影響較大，他說，易卜生主義其實「只是一個寫實主義」。（〈易卜生主義〉）那麼，胡適具體是怎樣理會和體認所謂易卜生主義的呢？簡言之，就是一種健全的個人主義，也就是健全的個人主義的人生觀。「救出自己的唯一法子便是把你自己這塊材料鑄造成器。」「把自己鑄造成器，方才可以希望有益於社會。真實的為我，便是最有益的為人。把自己鑄造成了自由獨立的人格，你自然會不知足，不滿意於現狀，敢說老實話，敢攻擊社會上的腐敗情形，」「這也是健全的個人主義的真精神。」「這便是易卜生主義。」（〈介紹我自己的思想〉）努力把自己鑄造成人，特立獨行，敢向惡勢力作戰，這就是胡適的理解。「歐洲有了十八、九世紀的個人主義，造出了無數愛自由過於麵包，愛真理過於生命的特立獨行之士，方才有今日的文明世界。」「現在有人對你們說：犧牲你們個人的自由，去求國家的自由！我對你們說：爭你們個人的自由，便是為國家爭自由！爭你們自己的人格，便是為國家爭人格！自由平等的國家不是一群奴才建造得起來的！」（〈介紹我自己的思想〉）因為易卜生最可代表

十九世紀歐洲個人主義的精華，在民國七、八年間能有最大的社會興奮作用和解放作用，其個人主義在當日確是最新鮮又最急需的一針注射，所以易卜生主義的流行是很自然的。（〈介紹我自己的思想〉）人生的大病，在於不肯面對現實。所以易卜生主義就是「批判社會主義」。比如家庭的不堪，法律、宗教、道德的不濟，等等。易卜生原來是個無政府主義者，晚年有向世界主義的傾向。胡適講易卜生主義，其真實意思是想表明：個人的自由發展乃是社會必要的抗體。否則，「那種社會國家絕沒有改良進步的希望。」（〈易卜生主義〉）把自己鑄造成器就是對群體最大的負責，這是胡適的核心意思。

胡適不僅僅從權利上去說人生問題，科學論更是他理論上的根據。胡適說，中國自從講維新變法以來，大家都不敢輕詆科學。第一個站出來說科學不是的是梁啟超。梁啟超說：我不承認科學萬能。但是梁啟超的批評流到社會上，卻成了科學破產論。對此，胡適說，這都是玄學家的誣衊。胡適的考慮很簡單：科學在歐美已經紮了根，但在中國還沒有起步。這時候來叫科學破產論，對中國的前途是很危險的。因為中國的一切營建都需要依靠科學工具，如果是出於文化心理、人文較量的原因和動機而犧牲科學，顯然是最荒謬不過了。實業、交通，哪一個方面離得開科學？所有這些，都得靠科學去達成，包括人生觀。胡適說，中國人只有《太上感應篇》的人生觀，「中國人的人生觀還不曾和科學行見面禮呢！」（《科學與人生觀序》）所以胡適對科學的辯護，完全是一種時代的主張，也是一種實學的態度。明白了這個，「我們方才可以明白這次大論戰在中國思想史上佔的地位。」（《科學與人生觀序》）這就是胡適對科學與人生觀論戰的看法。

　　胡適認為，科學與人生觀的論戰是中國現代思想史上一次標誌性的事件。但是論戰的雙方都有一個通病，就是參與者對什麼是「科學的人生觀」根本沒有一個交代和界說，便吵作一堆。這充分說明當時的學者普遍缺乏名理的訓練，中國以這樣的知識界引領，天下能無危亂乎？沒有起碼的學理基礎，徒爭科學能不能解決人生觀問題，科玄論戰（科學與人生觀的論戰）完全成了「狂說」。而另一個潛在的原因是，主張科學的人自己也沒有底氣和信心公然承認那具體的「純物質、純機械的人生觀」為科學的人生觀。但論戰的社會功用卻是實際存在的，那就是，論戰使人們知道了科學人生觀問題的重要，「這件功勞真不在小處！」（《科學與人生觀序》）實際上，我們在胡適要求給出清晰的概念和定義的意向裏，可以看到他一貫的問題與主義的思維的原則。在胡適看來，只有對人生切要問題的解答，才會有結果，才是有的放矢。「只有這種具體的人生切要問題的討論才可以發生我們所希望的效果——才可以促進思想上的刷新。」（《科學與人生觀序》）所以他特別推尊吳稚暉的「新信仰的宇宙觀及人生觀」。在胡適看來，這只是很謙遜地避去「科學的」之尊號。吳稚暉的話說得很俗也很白，就是宣佈他的漆黑一團的宇宙觀和人欲橫流的人生觀。但是吳稚暉明確而勇敢直截，立說態度毫不曖昧，這正是胡適看中的。胡適的意見是：科學的人生觀可以來做人類人生觀的最低限度的一致。但是為了避免無謂的糾紛，胡適稱之為「自然主義的人生觀」。於是胡適提出了自己的新信仰、新人生觀的輪廓，一共有十點，都是用科學說話。可見胡適的人生觀完全是科學主義的。胡適公開說自己是無神論者，他的理念是「人類宗教」。而那些替個人謀死後的宗教，卻都是自私自利的宗教。

中西文化

胡適的文化批評論，實際上含著一種「怒」。他說得很透徹：

> 我很不客氣的指摘我們的東方文明，很熱烈的頌揚西洋的近
> 代文明。
>
> 人們常說東方文明是精神的文明，西方文明是物質的文明，
> 或唯物的文明。這是有誇大狂的妄人捏造出來的謠言，用來
> 遮掩我們的羞臉的。其實一切文明都有物質和精神的兩部
> 分：材料都是物質的，而運用材料的心思才智都是精神的。
> 木頭是物質；而〔誇刀〕木為舟，構木為屋，都靠人的智力，
> 那便是精神的部分。器物越完備複雜，精神的因數越多。一
> 隻蒸汽鍋爐，一輛摩托車，一部有聲電影機器，其中所含的
> 精神因數比我們老祖宗的瓦罐、大車、毛筆多得多了。我們
> 不能坐在舢板船上自誇精神文明，而嘲笑五萬噸大汽船是物
> 質文明。
>
> 但物質是倔強的東西，你不征服他，他便要征服你。東方人
> 在過去的時代，也曾製造器物，做出一點利用厚生的文明。
> 但後世的懶惰子孫得過且過，不肯用手用腦去和物質抗爭，
> 並且編出「不以人易天」的懶人哲學，於是不久便被物質戰
> 勝了。天旱了，只會求雨；河決了，只會拜金龍大王；風浪
> 大了，只會禱告觀音菩薩或天後娘娘。荒年了，只好逃荒去；
> 瘟疫來了，只好閉門等死；病上身了，只好求神許願。樹砍
> 完了，只好燒茅草；山都精光了，只好對著歎氣。這樣又愚
> 又懶的民族，不能征服物質，便完全被壓死在物質環境之

下，成了一分像人九分像鬼的不長進民族。（〈介紹我自己
的思想〉）

　　胡適說：「這是我的東西文化論的大旨。」（〈介紹我自己的思
想〉）我們要注意一點，就是胡適的話語絕不是籠統的。他通常只
說西洋近代文明，並不用全稱指謂，不用印象派的大概念，在胡適
那裏並不存在西洋文明的籠統泛指，一切都是具體的、要求精確
的。這些都說明，在胡適的思考裏有一個清楚的稱量。可以說，只
有近現代以來的物質文明的進展（物力大發展）才足以震懾國人。
胡適說：「今日最沒有根據而又最有毒害的妖言是譏貶西洋文明為
唯物的，而尊崇東方文明為精神的。」（〈我們對於西洋近代文明的
態度〉）胡適的態度是一貫的，簡單而明確，完全是一種社會的態
度。那就是：事實勝於雄辯。民初東方文化論盛行，究其原因是因
為：殖民數百年的歷史，東方民族受了壓迫，容易產生某種心理病
變；加上一戰以後歐洲對自身文明的逆反情緒，都容易助長一種誇
大狂的心理。所有這些都是病態的。那麼，所謂的東、西「物質文
明」與「精神文明」的討論有沒有共同的標準做基礎呢？胡適給出
了三條：

　　第一，文明是一個民族應付他的環境的總成績。
　　第二，文化是一種文明所形成的生活的方式。
　　第三，凡一種文明的造成，必有兩個因數：一是物質的，包
　　括種種自然界的勢力與質料；一是精神的，包括一個民族的
　　聰明才智、感情和理想。凡文明都是人的心思智力運用自然
　　界的質與力的作品；沒有一種文明是精神的，也沒有一種文
　　明單是物質的。（〈我們對於西洋近代文明的態度〉）

　　文明與文化是兩個糾纏不清的概念，二者總是發生混淆。胡適在這裏的界定可謂明確而徹底，此處表達了胡適的基本態度：一切憑實力對比說話、憑創造成績說話。這也是胡適的文化態度，是他在文化論上的基本態度。胡適最反感東方精神文明、西方物質文明的論調。在他看來，這就是不折不扣的自欺欺人。坐在小劃子上面，沒有資格嘲笑萬噸巨輪。現代物質世界是西洋創造出來的，這是鐵的事實。只能說，人類在每一件事情上的原創權都只能歸屬於一、兩個「少數者」，這是理勢之必然，是沒有辦法的事情。正如中國在歷史中有很多原創一樣，既有之原創權已足夠讓中國自豪、傲然獨立於人類人文史，絲毫沒有必要再作那種不實的、不必要的文化之爭和辯護（嚴格來說是回護），那樣做反而是一種不自信。胡適說，真正的「大仁」不是看見萬民在生存線上拼盡全力地掙扎，就給他們吃樂天知命的精神藥，而是要用一些實在的利用厚生的成績改進人類的生活。否則，「人生觀變成了人死觀，」（〈我們對於西洋近代文明的態度〉）人類真是「何棄之有」了。充分承認物質享受的重要，這種合理性，只有西洋近代文明能夠誠實地面對。胡適歸納了三點：

　　　第一，人生的目的是求幸福。
　　　第二，所以貧窮是一樁罪惡。
　　　第三，所以衰病是一樁罪惡。

　　胡適說得很滑稽：「西洋近代文明能夠滿足人類心靈上的要求的程度，遠非東洋舊文明所能夢見。」（〈我們對於西洋近代文明的態度〉）科學求真是西洋近代文明精神方面的第一特色。近世宗教、道德經不住拿證據來的拷問，終於走上了社會化的道路，而西洋社

會遂為之巨變。胡適指出，西洋近代文明是建立在幸福論的基礎上的，所以它有超越的根性。這種超拔才是真正的精神文明，在不斷的上進中所享受到的精神樂趣是東方懶惰主義所永世不得夢見的。胡適說：「不要上他們的當！不要拿耳朵當眼睛！睜開眼睛看看自己，再看看世界。我們如果還想把這個國家整頓起來，如果還希望這個民族在世界上佔一個地位，只有一條生路，就是我們自己要認錯。我們必須承認我們自己百事不如人，不但物質機械上不如人，不但政治制度不如人，並且道德不如人，知識不如人，文學不如人，音樂不如人，藝術不如人，身體不如人。」「肯認錯了，方才肯死心塌地的去學人家。不要怕模仿，因為模仿是創造的必要預備工夫。」（〈介紹我自己的思想〉）這是胡適對東方論、對文化主義者們的根本意見。青年人唯有用自己的腦筋思考，不受文化論者們的蠱惑（當然也包括一切各種思潮理論的蠱惑），才能真正的立住自我，不做思想的奴隸。胡適在〈東西文化的界線〉一節中說：

> 我離了北京，不上幾天，到了哈爾濱。在此地我得了一個絕大的發現：我發現了東西文明的交界點。
>
> 哈爾濱本是俄國在遠東侵略的一個重要中心。當初俄國人經營哈爾濱的時候，早就預備要把此地闢作一個二百萬居民的大城，所以一切文明設備，應有盡有；幾十年來，哈爾濱就成了北中國的上海。這是哈爾濱的租界，本地人叫做「道裏」。現在租界收回，改為特別區。
>
> 租界的影響，在幾十年中，使附近的一個村莊逐漸發展，也變成了一個繁盛的大城。這是「道外」。
>
> 「道裏」現在收歸中國管理了，但俄國人的勢力還是很大

的，向來租界時代的許多舊習慣至今還保存著。其中的一種
遺風就是不准用人力車（東洋車）。「道外」的街道上都是
人力車。一到了「道裏」，只見電車與汽車，不見一部人力
車。道外的東洋車可以拉到道裏，但不准再拉客，只可拉空
車回去。

我到了哈爾濱，看了道裏與道外的區別，忍不住歎口氣，自
己想道：這不是東方文明與西方文明的交界點嗎？東西洋文
明的界線只是人力車文明與摩托車文明的界線──這是我
的一大發現。

人力車又叫做東洋車，這真是確切不移。請看世界之上，人
力車所至之地，北起哈爾濱，西至四川，南至南洋，東至日
本，這不是東方文明的區域嗎？

人力車代表的文明就是那用人作牛馬的文明。摩托車代表的
文明就是用人的心思才智製作出機械來代替人力的文明。把
人作牛馬看待，無論如何，夠不上叫做精神文明。用人的智
慧造作出機械來，減少人類的苦痛，便利人類的交通，增加
人類的幸福──這種文明卻含有不少的理想主義，含有不少
的精神文明的可能性。（〈漫遊的感想〉）

　　胡適的一切說話都是以事實為根據，也就是以證據講話。我們
說過，人力車、鴉片煙都是外來的事物，但後來也成了中國的劣根
性了。我們在要求厘清的同時，是否也應該想一想，這種事情是什
麼使然的？其原因何在？可以說，固有的稟性才是接引的根源。單
純指責外來是不夠的，那些只是皮相。有什麼樣的稟性，一定會接
受什麼樣的東西。不好的東西，對應著不好的性根。反正不是這個

也會是那個，這才是本質。胡適要說的，也是這個意思。稟性的規定性決定一切。

胡適說到：「美國是不會有社會革命的，因為美國天天在社會革命之中。」（〈漫遊的感想〉）胡適列舉說，美國實行所得稅不過是十四年來的事，但已經成了國家稅收的大宗。巨富的家私有納稅百分之五十以上的，社會化的現象隨處可見。所以馬克思派的經濟學對美國沒用，革命只能在落後國家爆發，而不是可以在落後國家先搞。垂死論其實只能「夠著」資本主義的初級階段。馬恩理論講資本必然全歸極少數人，在美國便完全是相反的情形。比如國民股權的普遍化，使大家都成了有產者。所有這些加起來，以至於美國的勞工代表也說二十世紀是最好最偉大的時代。但是這些僅僅只限於美國，世界如何普遍做成這個樣子，是根本不可期的。所以胡適說美國的進步才是真正的社會革命，他成為一個美國主義者也就是有根有據的了。

胡適赴英開會途經俄國時，一些中共朋友勸他多呆陣子。崇拜蘇俄的一些人，如馮玉祥、李大釗等，都希望胡適能夠改變。但胡適卻勸他們往西去，「即使不能看美國，至少也應該看看德國。」（〈漫遊的感想〉）並講了一件有趣的事：胡適和日本經濟學家福田德三談話，福田說，除了馬克思派和資本主義，沒有第三條路。胡適說，也許你到美國會發現第三條路。福田說：「美國我不敢去，我怕到了美國會把我的學說完全推翻了。」（〈漫遊的感想〉）胡適覺得這個日本最有名的經濟學家很可憐。他說，世界上的大問題絕不是一兩個抽象名詞所能包攬的，最要緊的是事實。現在許多人只是高談主義，不看事實。「然而拿一個『資本主義』來抹殺一切現代國家，這種眼光究竟比張作霖、吳佩孚高明多少？」「我們之中

卻有許多人絕不承認世上會有事實足以動搖我們的迷信的。」（〈漫遊的感想〉）可見胡適是事實主義的，研究問題就是只講事實。除了事實，什麼都不迷信。一切事實說話。

美國使館商務參贊安諾德曾用圖表指出當時中國的一些根本問題，胡適認為非常重要。概括起來就是：中國人口分佈不均是最大的問題。邊省地區極不發達，這樣在戰略上就很危險，很多地方容易丟失。所以中國的問題不是人口太多，而是人口畸形。另外「工業經濟」方面百事待興，而在國際地位的問題上中國更是不容樂觀。所以最急切的三件事就是：趕緊建成全國交通幹線，擴大機器的普及，養成個體的公共心——保管責任理念。否則就夠不上、就不是一個現代國家。應該說，這些要求在二十世紀沒有能夠實現。後來中國在二戰吃虧就是最嚴重的後果。胡適很沉痛地舉例說：

> 前年北京開全國商會聯合會，一位甘肅代表來赴會，路上走了一百零四天才到北京。這樣的國家不成一個國家。
>
> 雲南人要領法國護照，經過安南，方才能到上海。雲南匯一百元到北京，要三百元的匯水！這樣的國家絕不成一個國家。
>
> 去年胡若愚同龍雲在雲南打仗，打得個你死我活，南京的中央政府有什麼法子？現在楊森同劉湘在四川又打的個你死我活，南京的中央政府又有什麼法子？這樣的國家能做到統一嗎？（〈請大家來照照鏡子〉）

知道了這些，我們才能論民初思想。不以這個為底子，沒有發言權。其實胡適就是「國諍」，這才是他一生扮演的角色。胡適的一個基本態度就是：我們自己要認錯。國內迴護的聲音越高，越是

刺激胡適的批評。這也是為什麼後來有很多人指責胡適的根源所在。因為胡適強調一種社會的心理建設，他稱之為新覺悟、新心理。也就是要勇敢地直面「百事不如人」這一點。現在看來，胡適的要求毫不過分。連一點起碼的、必須的勇敢都沒有，還怎麼趕上去呢？勇敢本身就是自信。比如漢武帝能下罪己詔，其他帝王就做不到。因為一般的帝王沒有漢武帝有力度。所以悔過越晚，「再起」的進程就越是往後拖延，而這是胡適最怕的。很多「不能」，其實只是「不肯」的藉口，這是胡適最恨的。同時他也提示了一點，就是真正關切中國的人士，如果對他們的才智善加利用，可以幫助中國省去很多力氣。胡適的思想是一種社會思想，不是哲學思想。胡適僅僅是學習過哲學、瞭解過哲學，利用他在思考上的訓練來觀察事情、衡論事情而已。胡適思想的歷史重要性不是別的，就是他的常識性。也就是說，胡適把凡屬常識的部分、應該說的都說到了，後人在「常識」這件事上盡可以受用、享受現成。可以接著常識繼續下去，省卻不少功夫。這常識不是一般的常識，而是中國人文史上的空白的常識。說出來沒有什麼神奇，但是不說，人文就是另一個樣子。所以胡適做的最大工作，就是以他的「說」填補了中國人文史的根本空白──常識的空白。也就是說，胡適把中國所需要的基本常識配齊了。齊全的常識可以作為國家守則和社會守則，這正是胡適對中國最大的貢獻。這種貢獻能夠使中國的國家安全大大加強和鞏固。當我們認識到其中的「有」與「沒有」之間的深切利害時，就不能不對胡適這樣的民國學者表示感謝。也只有這種態度才是公正的、歷史主義的。

　　我們說過，二十世紀思想的兩個核心關鍵語就是：中國怎麼辦？華文化怎麼辦？對此，胡適也早有明確的說法。他說：「請大

家認清我們當前的緊急問題。我們的問題是救國，救這衰病的民族，救這半死的文化。在這件大工作的歷程裏，無論什麼文化，凡可以使我們起死回生、返老還童的，都可以充分採用，都應該充分收受。我們救國建國，正如大匠建屋，只求材料可以應用，不管他來自何方。」（〈介紹我自己的思想〉）我們在看前人這一段思想的時候，須知那是一個諸事未備的時代，所以有很多問題還沒有資格去談，而只能著力於基礎建設。胡適的思想，正是在這種時代的一個批評提醒、一種建議，一個建設性意見。所以，胡適的思想是一種具體的思想。對胡適的思想只宜作社會實用主義的觀照，而不宜存太多超時代、一般化是非對錯的糾纏。畢竟二十世紀的各種思想和意見是伴隨著具體時代情節的，胡適的學說尤其明顯。

中國文學

二十世紀的思想，胡適影響最大。這種影響最初來自於他對文學改良的倡議，雖然胡適並不以文學家自居，而自認為是文學革命運動者。他說：「我的文學革命論也只是進化論和實驗主義的一種實際應用」，（〈介紹我自己的思想〉）就表達了這個意思。胡適認為自己有三點貢獻可以說：「（一）我指出了『用白話作新文學』的一條路子。」「（二）我供給了一種根據於歷史事實的中國文學演變論，使人明瞭國語是古文的進化，使人明瞭白話文學在中國文學史上佔什麼地位。」「（三）我發起了白話新詩的嘗試。」（〈介紹我自己的思想〉）從這裏來說，與其說胡適做的是文學工作，不如說他做的是語言工作。文學與語言二者經常連在一起，所以容易混淆。說到語言問題，比如白話文運動，我們應該怎麼看呢？歷史中

不是沒有白話文，而且歷史中的白話還達到了很高的水平，尤其是中古以後。像《朱子語類》等大量理學著作就是用白話記錄的，這是學術方面。至於文學方面，《紅樓夢》等小說的寫作就更不例外了。我們要問的是：為什麼歷史中不提倡白話運動，而到了二十世紀，白話文運動卻搞得那樣如火如荼呢？我們的意見是：文言是帝國文體，而白話則是民國文體。從規定性上來說，文言為主體的時代，並不妨礙白話的並行使用。而白話的使用量無論多麼大，也不意味著古人就要作文言本位上的改變。正如白話時代文言也可以使用，但卻不再居主體地位一樣。至於先秦時代所使用的則是自然實用文體，所以很多人說先秦文字就是當時的白話，我們今天看也不吃力。其實這只是說明了文體出於自然，正如六書出於自然，一切都是出乎自然的。明白了這一層，我們就知道歷史中的事物什麼是勢所必然的，是不必多去糾纏的。白話在提倡之初，自然會經歷一番拉扯緊張。但一切都會過去，後人來看這一段，只具有復述的意義。在當代，各種反覆也是不稀奇的。文言的繼續使用，表達了歷史交際處人們的感情方向。正如古代也不是沒有白話，我們只能看其主體規定性。帝國文體在以後只是一種修養，民國文體的流行使用是不可回復的，所以語言問題正好全息地反映了中國歷史的宏觀分期。

　　胡適認為，白話應該成為標準國語，他對國語有兩點界定：一、通行最廣的方言。二、它產生的文學最多。胡適說，一切方言，都是候補的國語。像現在的英語，就是從倫敦周近的方言而來。中國的最大方言，就是所謂「普通話」。有一種觀點認為，白話是古文的退化。胡適說：「白話是古文的進化呢？還是古文的退化呢？」（《國語文法概論‧國語的進化》）這是國語運動的生死關頭！其實

這裏面有一點需要澄清的，就是：大白話人人會說，只要能說就能
寫，除非不識字。說得通自然寫得通，說與寫一一對應。但是古文
卻需要專門的訓練，文言能夠勝任愉快的，文字功夫一定更高。所
以在這裏，「水平論」與「進化論」在概念上必須分清，不然是很
礙事的。胡適明白提出，雅俗一類標準不能作為文字進化還是退化
的標準，而應該以歷史的態度為准。胡適的標準是：「表情達意的
能力增加嗎？紀載人類經驗更正確明白嗎？還可以做教育的利器
嗎？還可以作共同生活的媒介物嗎？」（《國語文法概論‧國語的
進化》）這幾種用處增加便是進步，減少便是退化。可見胡適的態
度和標準乃是公共社會的，而不是紙上談兵的。簡單的說，文言以
後只適合於作為一種儀式語、面子語，而不是日常性的實用語。但
是話說回來，假如全國連一篇像樣的古文也寫不出，以至於紀念慶
典性的勒石立碑活動也不能夠進行，那麼也會有國家面子的問題。
因為不是所有場合都適合於用大白話的，在很狹小的範圍內也會有
應用文言的需要。所以古文雖不能通行，但也不能絕對不保存，這
是顯而易見的。現在的中國已經拿不出一篇像樣的古文了，這正是
歷史的必然結果。所有這些當然都是問題。白話的進化是為了滿足
廣泛的實用要求，而這正是文言不方便的地方。

　　說到中國語文，當然會觸及到文法學問題。胡適說，中國的文
法學在世界上發育最晚，直到馬建忠的《文通》出世（1898 年），
才有了中國文法學。究其原因，胡適認為有三點原因：一是中國的
文法本來很容易，所以沒有急切的需要。二是中國的教育不普及。
三是沒有別種高等語言文字來作比較參考，這一點最要緊。中國歷
史語文當然是以文言為主，從這裏我們就可以看到，中國語文是最
簡單的（這源於華文化至簡的特性）。另外，這種簡單性與漢語自

身的種種性質也有直接的關係。比如時態、語態、動詞變位等等，很多東西中文都沒有。因此，即使建立中國文法學，以漢語之靈活，也很難機械地籠括之。所以陳寅恪等人批評馬氏《文通》有種種的不通，就是因為傳統的漢語言有很多極難處理的東西。由於這些客觀的因素，初創的《文通》自然會「格不相入」了。胡適一直很推重《文通》，他提出了三種研究文法的方法：歸納的研究法、比較的研究法和歷史的研究法。從中國文法學的晚熟我們也可以知道，華文化是最難用公式、條律、定理、定律等等去框之的。它只能「例之」，也就是體例。中國並非沒有通則，只是它的通則是最大而化之的。

國語早已經產生了偉大的第一流文學，為什麼還沒有得到全國的公認呢？胡適認為有兩個原因。「一是科舉沒有廢止，一是沒有一種有意的國語主張。」（《五十年來中國之文學》）為什麼沒有有意的主張，這個是關鍵。胡適對文學的態度，始終只是一個歷史進化的態度。他說，文學革命已經過了討論期，以後完全是新文學的創造期了。他指出幾個要點：白話詩走上了成功的道路；短篇小說漸漸成立；白話散文進步了；但是戲劇和長篇小說的成績很壞。白話運動就是要建設新中國的活文學，其唯一宗旨是：國語的文學和文學的國語。按照胡適的觀點，中國歷史上有生命的文學都是白話做的。而死文字——文言則不能產生活的文學。「若要活文學，必須用國語。」（〈建設的文學革命論〉）那麼國語從哪裏來呢？只有以中國歷來的白話文學為教科書。所以這裏有一個「白話文學＝標準國語」的關係。真正的國語，都是文學家造成的。為什麼胡適要講國語呢？因為需要一種民國語言的時代到來了。胡適提出了一個根本的問題：

我常問我自己道：「自從施耐庵以來，很有了些極風行的白話文學，何以中國至今還不曾有一種標準的國語呢？」我想來想去，只有一個答案。這一千年來，中國固然有了一些有價值的白話文學，但是沒有一個人出來明目張膽的主張用白話為中國的「文學的國語」。有時陸放翁高興了，便做一首白話詩；有時柳耆卿高興了，便做一首白話詞；有時朱晦庵高興了，便寫幾封白話信，做幾條白話札記；有時施耐庵、吳敬梓高興了，便做一兩部白話的小說。這都是不知不覺的自然出產品，並非是有意的主張。因為沒有「有意的主張」，所以做白話的只管做白話，做古文的只管做古文，做八股的只管做八股。因為沒有「有意的主張」，所以白話文學從不曾和那些「死文學」爭那「文學正宗」的位置。白話文學不成為文學正宗，故白話不曾成為標準國語。

我們今日提倡國語的文學，是有意的主張。要使國語成為「文學的國語」。有了文學的國語，方有標準的國語。（〈建設的文學革命論〉）

　　胡適認為，新文學的實做，就是要以白話為工具，並注意文學的方法。中國的舊文學都有精神上的懶病，不注意結構佈局。具體地說，就是要有材料和經驗，要有可寫的東西。真正的文學，不是感同身受是寫不出來的。否則，寫出來也是狹窄的、胡編的故事。有了切身經驗，才能描寫。而當務之急就是翻譯，只有學習西洋文學名著，才能創造出新文學。這些意見現在來看可能不覺得什麼，因為它早已成為事實。但是我們要知道，現在的事實都是當初各種倡導之功的歷史結果。像商務印書館譯介西書，中華書局整理古

籍，基本上都是民初整理國故、紹譯西籍的主張和思路的兌現。所謂功不唐捐，我們現成享受的就是歷史的果實。胡適對自己的主張是身體力行的，雖然他創作不多。胡適寫詩主白描工夫，要求言之有物，也就是尚樸實一路。胡適自己說，「歷史的文學進化觀念」是他文學革命的基本理論。所謂《嘗試集》，其實就是「文學的實驗主義」。所以從理念上來說，胡適的文學是科學主義的文學，是進化論的東西。最開始胡適很孤立，以至於他說「白話詩的試驗室裏只有我一個人」。（《嘗試集自序》）胡適的文學革命論，全在一點試驗的態度和實驗的精神。因為他認定：死文字絕不能產生活文學，這就是提倡白話的原因。

　　胡適談文學進化是與中國戲劇結合著說的，他講得很明白，主張舊戲的人，明擺著是沒有歷史進化的觀念，「同是缺乏文學進化的觀念。」（〈文學進化觀念與戲劇改良〉）這個觀念有四層意義。第一，生活決定一切，文學當隨時代。第二，文學的進化，有各種的情況。但都是從極低處到完全發育。西洋戲劇是自由發展的進化，而中國戲劇只有局部的自由。胡適這話是不錯的，因為中國戲劇始終不曾脫離音樂的元素。所以它無論如何發展，都不可能最終不隔著一層。而且在歷史中，音樂往往還是居本體與主導地位的。這種戲劇規定性，註定了中國戲劇只能是一種混雜藝術，或者稱之為綜合藝術。獨立的戲劇本體，單獨的戲劇規定性不容易確立和成立（當然是以話劇為座標，是否的當另論）。這是最根本、最關鍵的問題癥結所在。所以中國戲劇的改革，就是規定性上的變換和正名。但這並不意味著舊戲劇──戲曲的禁止，所以戲劇改革最終還是一個加法問題。亦即，將話劇這種單純形式補加進來、補充進來。民初用舊戲曲排演許多新戲，都是時代的一種調和的表示。話劇與

戲曲的差別，從京白和韻白中就能看出。胡適指出，從昆曲到俗戲
（以京劇為代表）的興起盛行，是中國近世以來戲劇的大趨向。但
是俗戲帶來了大量的惡習，亟需改正。所以中國戲劇的將來，就是
「使他漸漸自然」（〈文學進化觀念與戲劇改良〉），完全地發育。第
三，文學的進化，總是帶著以前時代的舊原始性的遺留。中國戲劇
中原始性的保留尤其多，比如臉譜、把子等等。但是這裏有一個問
題，就是在戲劇，文學從來是不獨立的。也就是說，戲劇的文學性
無論多強，「戲」本身都是用來看的，而不是用來閱讀的，「讀」只
是其中的對某一部分的揀取接受，並不是戲的原始初衷。另外，從
重複欣賞性來說，話劇趕不上歌劇也是顯然的。音樂是最不怕重複
的，音樂本身就是重複性的，所以音樂總是週期性地重複搬演。而
閱讀文學卻是生活中很狹小的一部分，而且文學閱讀只屬於一部分
人。在論衡中國戲劇時，這些因素要充分考慮才行，否則會走題。
說到這裏，我們就要揭出胡適的本意和真實意向——他並不是對戲
劇本身多麼感興趣，而只是考慮的社會進化問題。胡適是一個很淡
的人，他對任何事，無論有多好，都沒有過分的興趣和嗜好。但是
有一點，胡適對中國社會的進化最關心，可以說這也是他唯一關心
的。知道了這一層，其他的便都是皮相，只有這個才是本質。我們
對胡適所說的就能夠具體地理解，不至於胡亂苛責了。民初的時
代，提倡新文藝是各種社會「到位」中的必要環節，所以無論詩歌、
美術、戲劇等等，都必須動作。當時是以硬體建設為主，所以不能
多糾纏於一般是非。這就是民初思想、民初文化的歷史的過程性。
所以對民國初年的東西，不能作普通論理的對待，這是一條基本原
則。只能進行揭示還原，不能糾纏於是非對錯，否則會跑題。這也
就是胡適總說的歷史的具體的態度和視點。第四，文學的進化（包

括文化），一定要有別種區域高形態的東西相攻錯。中國千百年來文藝（形式）上受西域的影響極多，比如京劇的胡琴。但是西域文化其程度有限，不可能對中國有根本的終極的提升。孔子說君子無友不如己者，文化上亦然。更何況西域文化只是一些風俗上的事情呢？所以胡適論事還有一個最大的關鍵的意思，就是對水準的關注。胡適認為，只有近代西洋能為中國提供這種水平上的參照，這不是簡單崇拜，而是比較出來的。為什麼胡適不提倡印度文化，並且還多有批評，正說明了胡適的選擇性，即只好不壞的原則。負文化、負思想當然都在汰除之列，胡適對待俄蘇就是這樣的。所以諸如世界、域外等等概念並不能說明任何問題。換句話說，「建設性勢利」是一層非常必要的保護。

胡適指出，中國人缺乏悲劇精神，迷信大團圓，這是思想薄弱、精神說謊作偽劣根性的鐵證。「故這種團圓的小說戲劇，根本說來，只是腦筋簡單、思力薄弱的文學，不耐人尋思，不能引人反省。」（〈文學進化觀念與戲劇改良〉）胡適提了兩條意見：悲劇的觀念和文學的經濟（避免汗漫）。像我們後來所熟悉的莎士比亞戲劇，等等，在胡適的時代還在做劇情故事方面的介紹。這裏有一點要辨明的，就是：到底戲劇是文學中的一類，還是文學是戲劇中的一類呢？戲劇與劇本是兩個概念，戲劇是綜合的，劇本是書面的。文學可以作為戲劇的一元素，但是戲劇不能作為文學的一元素（劇本除外）。因此談戲劇改革，就不能也不是單純地談文學改革，而是要談一種綜合改革。比如說表演改革，表演與文學就是平齊的。但是所有這些問題現在來看都顯然太老了，因為胡適講的中、西戲劇無論哪一方都怕一個宿命——現代影視。影視一興起，戲劇本身就成了完全古代的東西（或者就是給影視打工）。而

傳媒、賣點遂主宰一切、作成一切。所以胡適的意見還是一種最後的古代的東西。

整理國故

關於整理國故，胡適說：「第一，用歷史的眼光來擴大研究的範圍。第二，用系統的整理來部勒研究的資料。第三，用比較的研究來幫助材料的整理與解釋。」（〈介紹我自己的思想〉）這是胡適的方法總論。說到歷史的眼光，就要看是否包含大歷史的觀點。所以，無論是《紅樓夢考證》，還是別的題目，甚至《水經注》專題在內，都只是胡適歷史考證方法下的應用題而已，只是一些具體的「例子」。「我的幾十萬字的小說考證，都只是用一些『深切而著明』的實例來教人怎樣思想。」而「這不過是赫胥黎、杜威的思想方法的實際應用。」（〈介紹我自己的思想〉）胡適的《紅樓夢考證》，就是要展示一種「考證學的方法」，因而也是例題意義上的東西。他說：「我在這篇文章裏，處處想撇開一切先入的成見；處處存一個搜求證據的目的；處處尊重證據，讓證據做嚮導，引我到相當的結論上去。」這就是「創造科學方法的《紅樓夢》研究！」（《紅樓夢考證》）胡適是紅學研究的開拓者，他的紅學研究是為了用來說明科學方法的。不僅《紅樓夢》研究如此，胡適的其他一切專題研究都貫穿著科學方法這一主線。所以說，《紅樓夢考證》只是很典範的一道例題，只是一道科學方法的應用題罷了。

胡適對整理國故是有一個通盤的計畫和構想的，他提出了三點：一、整理古書。二、發現古書。三、發現古物。並指出國故學的缺點是：一、研究的範圍太狹窄。二、太注重功力而忽略了理解。

三、缺乏參考比較的材料。因此，國故學要注意擴大研究的範圍，
注意系統的整理、博采參考比較的資料。胡適說到，索引式的整理，
是要人人能用。民國編定的大量引得，可以說是這方面的成績。檢
索方便了，才能人人用古書，國學才能得到提倡。而結賬式的整理，
則是為了要人人都能讀。比如說《十三經注疏》，便可以節省人的
精力、方便普及。所以《十三經注疏》在歷史上非常重要，這也就
是集成式的做法。至於專史的整理，比如政治史、經濟史、文學
史等等，各種門類的齊備，也都是必然的歷史成果。所以民初的
學者，他們所做的都是分類學的工作，也就是基本的搭架子，否
則一切便無以附著。胡適自己就實幹了不少，所以胡適的思想不
是空想，而是入手去做的。他說：「最淺陋的是用『附會』來代替
『比較』。」（〈國學季刊發刊宣言〉）這是二十世紀國學研究最根本
的問題，比較總是搞成了比附。所以胡適的主張是比較的，而不
是比附的。他說：「第一，用歷史的眼光來擴大國學研究的範圍。
第二，用系統的整理來部勒國學研究的資料。第三，用比較的研
究來幫助國學的材料的整理與解釋。」（〈國學季刊發刊宣言〉）比
較的觀點十分清楚。

　　因此，治學的材料與方法相輔相成，偏一不可，否則人類人
文的進展終會受到限制。胡適認為，中國的樸學，方法完全是科
學的，就因為材料始終是文字的，所以導不出西洋近代實物科學
的宏偉局面，最終限於故紙堆。「這條故紙的路是死路。」（〈治學
的方法與材料〉）胡適在這裏講的材料其實就是研究對象。樸學研
究處理的對象僅限於文科領域，並沒有進入自然物理之域，如何
能導出近代西式科學呢？而實驗就是對實物的經驗，所以同樣是
科學方法，中西卻有文、理之別。當然這是從現象上說。為什麼會

如此，構成了人文反思的一大問題，而且也是關鍵問題。我們當然不能從書面上來看這件事，因為它直接決定於人文本體規定性。中國古代的自然之學雖然也很盛，但始終是以文科為主體的。中國的傳統是實學的，不是科學的。實學傳統異於神學傳統，而實學對科學的推進沒有神學猛。因為神學是反科學的，反者道之動，只有反科學的才能真正推動科學、作它的原動。所以，為什麼近代科學不由僅一步之隔的中國來導出，其原因就是這樣簡單。知識分類弄清楚了，所有的問題就不成其為問題。我們看牛頓、愛因斯坦搞的都是物理神學，便能明白其中的「鍵鈕」。這些其實並不費解，只是百年來學人沒有說透、說到點子上去。這樣，問題的根結自然也就不能被揭破了。

在胡適的學說中，整理國故問題實際上是與新學說、新思潮的輸入相關聯的。胡適說，報上關於新思潮的文章，「不能算作新思潮運動的真確解釋，」（〈新思潮的意義〉）那麼什麼是真確解釋呢？胡適有四點提法：研究問題、輸入學理、整理國故、再造文明。可見四者是一體的，整理國故只是再造文明的預備，是提供礦料。胡適指出，陳獨秀等人有一個簡單的公式：要擁護民主科學就不能不反對國粹與舊文學，這顯然是有毛病的。胡適認為：「新思潮的根本意義只是一種新態度。這種新態度可叫做『評判的態度』。」（〈新思潮的意義〉）具體地說，對風俗、古訓，以及社會習性，都要追問其現在的價值。胡適說，新思潮無論怎樣不一致，但「評判的態度」是共同的，這就是所謂真確的解釋。在評判的精神下，很多以前的大問題，後來不成其為問題了，這都是研究問題的結果，也是新思潮運動的大教訓。胡適說：「新思潮的精神是一種評判的態度。」「新思潮的手段是研究問題與輸入學理。」「新思潮的將來趨勢，」

是研究人生社會的切要問題。而新思潮對舊學術的態度，是反對盲從與調和，並整理國故。「新思潮的唯一目的是什麼呢？是再造文明。」（〈新思潮的意義〉）所謂再造文明乃是一個具體的工作，也就是這個那個、一點一滴的問題的研究與解決。可見，胡適的思想是一種社會思想，而不是玄學思想。不是思辨的，而是實用的。胡適從來不空談哲學，他只是利用哲學上的訓練為工具來具體地做事情。這就是我們對胡適思想的基本定位。

當然，民初的學者在國故問題上有過一些失誤，比如說古史討論的問題，這是那個時代所不能免的。關於古史討論，胡適提到了兩個基本方法，「一個是用歷史演變的眼光來追求傳說的演變，一個是用嚴格的考據方法來評判史料。」（〈介紹我自己的思想〉）胡適認為，古史討論與科玄論戰在中國思想史上同樣重要。但是，顧頡剛等人的「疑古」已經在考古面前完全崩潰、瓦解了，疑古早已過時。我們在復述民初那一段時，可以窺見當時史學研究方面的一些歷史逆反性。後來顧頡剛晚年有苦難言，也是情理之中的事。黃以周曾說：「實事求是，莫作調人。」（〈古史討論的讀後感〉）這句話很可以為二十世紀戒。

「尼采說現今時代是一個『重新估定一切價值』的時代。」（〈新思潮的意義〉）其實這話是有問題的。德國人講這種話是想要興起，只要試想一下，沒有歷史的又談何重新呢？所以這裏面的臺詞只能是：別人的「重」就是德國的新。於是重新估定一切價值被抽象地繼承了，很多文化遭到了損害。胡適說到小腳、鴉片，等等，其實我們看民國史，它的事情是很簡單的。就是要在原有的歷史人文軟體不被破壞的情況下，加進來一個工業硬體便可以了。這就是加法原則，也就是逐條逐項的社會改進論。只要統計一下，真正亟待解

決的問題大項其實是很有限的。諸如放足、鴉片、人力車、一夫多妻、婚禮雅化、喪禮簡化，等等，這些問題，有些是本土滋生的，有些是外緣造成的（比如英國傾銷毒品和日本的人力車）。對此都需要我們有一個清晰精確的統計習慣，而不是印象派的。可以說，中國近、現代犧牲軟體換硬體的歷史才是它最大的損失，是最大的破壞。由此，中國也就失去了世界的機會。關於這些，杜威來華講演時也談到過（當時由胡適翻譯），比如公所問題等等。

胡適本質上是一個非常簡單的人，用他自己的話來說，只是要做一個不受人惑的人，而這就要靠科學精神、科學態度和科學方法。也就是說，懷疑、存疑是一點防身的本領，這樣去做學問，可以無大差失；這樣去做人，不至於被人蒙著眼睛牽著鼻子走。「科學精神在於尋求事實，尋求真理。科學態度在於撇開成見，擱起感情，只認得事實，只跟著證據走。科學方法只是『大膽的假設，小心的求證』十個字。沒有證據，只可懸而不斷；證據不夠，只可假設，不可武斷；必須等到證實之後，方才奉為定論。」「證實是思想方法的最後又最重要的一步，不曾證實的理論，只可算是假設；證實之後，才是定論，才是真理。」（〈介紹我自己的思想〉）胡適一生的思想，用他自己的話來說，乃是「抱著無限的愛和無限的希望」。（〈介紹我自己的思想〉）

對於胡適的識見，同時代學人也是誠心肯定的，熊十力便有很明白的評價。他說：「第一次世界大戰，梁任公、湯濟武諸人，都無先見之明。獨嚴又陵謂德國必敗，且預言戰後世界必有一番群眾運動。吾國地大人眾，如非自覺自主，則國覆種奴之痛，殆難免云。第二次大戰，當倭人肇禍時，英美皆置若罔聞。美且以資源助倭弗輟，吾儕頗引為憂。其時胡適之於《獨立評論》有一文，謂美人性

情，刺之亦不易動。及刺之過深，必一動而不可禦。爾時閱者多不注意，後乃果驗。竊歎適之與又陵同一前識。」(《十力語要》) 應該說，二十世紀的歷史本身已經說明，中國在現代有一種特別的命運：它只能以世界為內容。很多國家可以只以自己為限、不超出自己這個區域，但是中國不行，它必須以世界為對象。這就是中國歷史自近世以來由「自為」向「為他」的轉變。

附錄

陳獨秀

　　胡適、陳獨秀曾經是朋友和同志，但是後來他們走了兩條路。在兩人的選擇中，我們可以看到很多對比性、比較性。陳獨秀和胡適都是對五四新文化運動有重要影響的人物，陳獨秀在〈敬告青年〉中說：「社會遵新陳代謝之道則隆盛，陳腐朽敗之份子充塞社會則社會亡。」這是陳獨秀的基本思想，透露出他的社會事功思維——冀望中國能夠「脫胎換骨」。陳獨秀要的是新鮮活潑的青年，而不是未老先衰、暮氣沉沉的青年。所以今世之「爭存」，應該是敏於自覺、勇於奮鬥的青年的使命。在這裏，陳獨秀明白表露了利刃斷鐵、快刀理麻的激進路線。這也是因為當時的中國陋習層出不窮，所以很多人難免產生躁急的思想和認同。從理勢上說，這些都是必然要發生的，只是看誰來出任其中的角色罷了。陳獨秀陳說了六義：自主的而非奴隸的、進步的而非保守的、進取的而非退隱的、世界的而非鎖國的、實利的而非虛文的、科學的而非想像的。這些激進的思想，與社會新陳代謝之論，等等，顯然都是那一時代人們受進化理論影響而遺留下的痕跡。陳獨秀也認為，近世歐洲的歷史就是解放的歷史。比如，破壞君權是政治的解放，否認教權是宗教的解放，均產是經濟的解放，另外還有女權解放，等等。這樣，陳獨秀就必然會拿出「解放」一義作為信仰的核心。他的定義是：解放就是脫離奴隸的羈絆，完成自由自主的人格。所以這裏就包含著

兩個面向：既不受他人奴役，也絕不奴役他人。這一原則是不能逾越的。由此，一切傳統的所謂道德標準就都成了抨擊的對象。比如忠孝節義是奴隸的道德，輕刑薄賦是奴隸的幸福，歌功頌德是奴隸文章，拜爵賜第是奴隸的光榮，豐碑牌坊是奴隸的紀念物，等等。始終不曾脫離「奴隸」這一關鍵字，這種聲調已經是全盤否定的了。無論當時的情況如何，陳獨秀在現代歷史中確實是一位反傳統的主將。並且他還援引了尼采的思想：尼采把道德分為兩類，獨立勇敢的是貴族道德，謙遜服從的是奴隸道德。這當然是一種書面的幼稚對待，因為我們不止一次說過，德國民族是有著奴性和顛覆性兩重性質的。像尼采的思想便是一種要求破壞的、破壞主義的東西。因為當時的德國不能安於「無所有」的歷史現實，所以從歌德時代以來，德國始終表示著某種胡來的傾向和搏動。正是一種「歷史同應性」感應了民初的中國，所以德意志式的詩性政治玄想、所謂貴族的什麼什麼，更加吊起了國人突進的胃口。也是在這一點上，陳獨秀的歐陸理路與胡適的英美路線自始便存在著根本的分野。胡適絕不會像陳獨秀和魯迅那樣親近尼采，而陳獨秀也不具備胡適那樣的美國新派哲學的背景和基礎。

　　國家政治哲學在陳獨秀的思想中留下了深刻的影響，他認為宇宙的根本法則就是「在路途中」。所謂「無日不在演進之途，萬無保守現狀之理。」「以人事之進化言之，篤古不變之族，日就衰亡；日新求進之民，方興未已。存亡之數，可以逆睹。」所以陳獨秀的態度完全是與時俱進的。「世界進化，駸駸未有已焉。其不能善變而與之俱進者，將見其不適環境之爭存，而退歸天然淘汰已耳，」出於這樣實際的考慮，在文化與現實之間，陳獨秀便不能不作出選擇。也就是說，寧可犧牲文化，也要保存種族。「舉凡殘民害理之

妖言，率能徵之故訓，而不可謂誣，謬種流傳，豈自今始！固有之倫理、法律、學術、禮俗，無一非封建制度之遺，」「尊重廿四朝之歷史性，而不作改進之圖，則驅吾民於二十世紀之世界以外，納之奴隸牛馬黑暗溝中而已，復何說哉！於此而言保守，誠不知為何項制度文物，可以適用生存於今世。吾寧忍過去國粹之消亡，而不忍現在及將來之民族不適世界之生存而歸削滅也。」陳獨秀舉例說，巴比倫在古代就滅亡了，他們的文明還有什麼用呢？皮之不存、毛將焉附？連種、連族都沒有了，所謂文明更有何意義？所以實體的保存才是首要的和優先的，這就是陳獨秀的思維。所以我們說，陳獨秀的思想形成，完全來源於對現實的批評，而不是什麼既定的哲學。

所以陳獨秀說：「夫生存競爭，勢所不免，一息尚存，即無守退安隱之餘地。排萬難而前行，乃人生之天職。」「退隱為弱者不適競爭之現象。歐俗以橫厲無前為上德，亞洲以閒逸恬淡為美風，東西民族強弱之原因，斯其一矣。此退隱主義之根本缺點也。」「自好之士……實與遊惰無擇也。」這裏直以清高之士為無用之人，徒消磨社會銳氣而已。可見陳獨秀醉心於激進抗爭哲學，自然會蔑視社會中的清流人物。「人之生也，應戰勝惡社會，而不可為惡社會所征服；應超出惡社會，進冒險苦鬥之兵，而不可逃遁惡社會，作退避安閒之想。」在陳獨秀的激進思想中，我們的確能看到其「輕易」的一面，儘管陳獨秀的思想根源與當時中國所面對的殘酷時代處境相關。

陳獨秀說到，今日之世界，已非古代所謂絕國殊域可比。各國影響相聯，不啻牽一髮而動全身。所以「立國於今之世，其興廢存亡，視其國之內政者半，影響於國外者恆亦半焉。」「萬邦並立，

動輒相關，無論其國若何富強，亦不能漠視外情，自為風氣。」「於此而執特別歷史國情之說，以冀抗此潮流，是猶有鎖國之精神，而無世界之智識。國民而無世界知識，其國將何以圖存於世界之中？」從一般道理上來說，這也是常識。陳獨秀謂，近世物力大發展，凡思想哲學上無裨於現實生活的虛文空想，全都吐棄殆盡，這是當代的潮流。所以陳獨秀自己的思想認同是完全實際的。不如此，「則國力莫由昭蘇，社會永無寧日。」在他看來，凡事不切合、無利於社會個人實用的，都是一文不值。也許正是在這種實用主義的思想上，陳獨秀與胡適曾達成過一點共同的努力。陳獨秀明言：「國人而欲脫蒙昧時代，」「當以科學與人權並重。」

　　陳獨秀給出的方案、辦法在〈吾人最後之覺悟〉一文中有比較集中的反映，他寫此文正值一戰，所以發論有時代的新的色彩。可以很明顯地看到，陳獨秀的推論有一個十分步驟性的次第，這個次第是按照歷史來進行的。可以說，陳獨秀在思維上親和於社會發展史一類思想，是很自然的事情。簡言之，陳獨秀從歐化輸入的七個分期開始，切入政治的覺悟與倫理的覺悟兩大問題，層次非常整齊。在當代，這樣的論說很容易使人們覺其有理，這是不爭的事實。陳獨秀說：「吾敢斷言曰，倫理的覺悟，為吾人最後覺悟之最後覺悟。」可見陳獨秀當時的認識，是以倫理上的覺悟為最終覺悟的，倫理覺悟還放在政治覺悟之後。可以說，這種從文化根本上用力的傾向，其層次已不能算淺。正因為如此，陳獨秀等人發動的新文化運動，其破壞力、其毀傷程度也就不可能不大。所謂舊倫理者，是指「三綱」等等而說的。實際上，陳獨秀觸及的問題，是「帝國倫理」怎樣轉為「民國倫理」的問題（正如我們以前所做的宏觀三期劃分）。當時陳獨秀的思維，還是循著「非此即彼」的邏輯路線，

最反對調和。陳獨秀對調和非常敏感，以為調和最壞事。這裏有一些問題，當然是用今天的拉出的觀點來看。比如說君臣倫理，在英國就沒有作廢。因為英國是王國，英國對王室在政治上和在社會中是要求普遍尊重的。君主與首相之間的關係就仍然屬於君臣倫理的範疇，無論這種倫理在現代政治中怎樣變形和變性，其正名性是不可改變的，而這就是正名的作用。是當初（政治史上）約定、說好了的。而父子倫理、夫妻倫理則不能從階級性上去定位或者定性，無論這兩種倫理在具體的歷史社會、現實利害中怎樣拂人之性。父子倫理與夫婦倫理這兩重內容在人類常態生活中會長期存在，一時不可能去掉，所以它只應該作一個歷史演變、變化史的問題來討論和對待。但是在陳獨秀的論述中，三綱卻是與階級放在一起說的。「三綱之根本義，階級制度是也。」不論這裏概念的用法如何，正如很多學者所指出的，中國歷史社會是一個無階級的、非階級性的社會，所以中國的歷史倫理也不是階級倫理。從這一點來說，英國的歷史社會倒是階級社會，所以其歷史倫理倒是階級倫理。我們可以說中國的歷史社會什麼時候等級森嚴，但卻不能用階級來化約，造成概念混亂，這樣在知識類性上就搞得完全錯亂了。西方近代政治，主要是英國政治，正是因為階級利益的平衡，打開了民主史的缺口。所以陳獨秀當時的立說、說法，不是「成因論」的，而是「現成論」的。「近世西洋之道德政治，乃以自由、平等、獨立之說為大原，與階級制度極端相反。此東西文明之一大分水嶺也。」後來牟宗三、唐君毅等人都詳細論述了中國缺乏階級而開不出西式近代政治的成因，正可以參看。

　　陳獨秀為什麼最專注於倫理呢？這與他的步驟層次觀分不開。陳獨秀明言，西洋文明輸入中國，最早使本土相形見絀的是學

術方面，其次是政治，最後是倫理。而倫理方面存在的問題，國人仍然懷疑莫決。這一層「最後的覺悟」如果不覺悟，那麼前面的覺悟都是不徹底的，都不是真正的覺悟。即使是今天，我們也不能說陳獨秀當年的觀察與思考沒有深度，儘管陳獨秀走了很偏頗的一條道路。像倫理這樣極軟的東西，它對人類的無形的操控是最深巨的。所以陳獨秀說：「倫理思想影響於政治，各國皆然，吾華尤甚。儒者三綱之說，為吾倫理政治之大原。」我們說過了，帝國倫理與民國倫理，在民初的時代，是水火不相容的。因為在當時，君臣、父子、夫婦關係不是像現在那樣比較一般化、抽象化，而是很具體的時代情節。所以陳獨秀當時的話語場景與現在完全兩樣，這一點是不能不分明的。「吾人果欲於政治上採用共和立憲制，復欲於倫理上保守綱常階級制，以收新舊調和之效，自家衝撞，此絕對不可能之事。蓋共和立憲制以獨立、平等、自由為原則，與綱常階級制為絕對不可相容之物，存其一必廢其一。倘於政治否認專制，於家族社會仍保守舊有之特權，則法律上權利平等、經濟上獨立生產之原則破壞無餘，焉有並行之餘地？」說得非常清楚。

　　所以我們反過來推著看，陳獨秀從倫理覺悟這一底座進而到政治覺悟，就是一種自然延伸。而陳獨秀所謂的政治覺悟分三步：第一是要知道國家為人民公產，人類為政治動物，而不是像過去那樣──政治是與我無關的、是少數人的事情，自己只是取中立旁觀的態度。這是政治參與論。其次是政體優劣論，即由專制政治趨於自由政治、由個人政治趨於國民政治、由官僚政治趨於自治政治，否則就不能在地球上生存。國民政治能否成功，取決於國民是否普遍自覺其為主人翁的意識。只有居於主人的主動地位，才能自行建設政府、自立法度而服從、自定權利而尊重。如果政治上的主動地位

只屬於官方而不屬於國民，那麼國民與國家政治就不能結合為一體，就不能造成休戚相關的切身的政治。這是很簡單的道理，但就是這一個簡單的道理的覺悟，對當時的中國國民來說卻是不容易的。陳獨秀認為，所謂善良政府、賢人政治，其實都是奴性思維的表現。現代政治、共和立憲不是一兩個偉人「大老」或者黨派能夠建立起來的，必須靠多數國民的自發、自覺和自動。否則只能是偽共和、偽立憲，只是政治的裝飾品。

陳獨秀的七期劃分是這樣：明中葉，西教、西器初入中國，信之者僅徐光啟一人。清初，火器、曆法入朝，群儒非之，是為中西相爭之始。毒品戰爭以降，朝野辦洋務、講西學，核心是鐵路問題。甲午戰後，戊戌變法，庚子國變，遂由行政制度問題一折而入政治根本問題。辛亥之役，共和取代帝制，革命戰勝改良，中國進入新紀元。護國戰爭期間，保共和反復辟。最後是民國憲法實行時代。陳獨秀謂，政治根本解決問題待吾人最後之覺悟。這種覺悟不能是少數人的覺悟，而應該是國民的普遍覺悟。應該說，中國及其文化遭到二十世紀的這種對待也是其自身所致，並不很冤枉。中國在歷史上所行的諸多劣跡的確也足夠令人髮指。

陳獨秀對絕口不談政治是深不以為然的，所以他積極參與政治，這應該說是二十世紀知識份子中難得的優點。也就是說，不論陳獨秀最後走了怎樣的具體的道路，在作為公共知識份子這一點上，他具有同時代其他人所不及的一些優點。陳獨秀說，政治絕不是爭權奪利的勾當可以冒牌的，也不是拿行政和做官弄錢就可以當作政治的。政治有政治的價值，除非人跡不到，政治總會找到你。用陳獨秀的話說，就是要站在社會的基礎上造成新的政治。而且說，要在社會上造成自然需要新憲法的實質，憑空討論形式是無益

的，這比具體現成的憲法還重要。應該說，這是一種深入的意見，陳獨秀還是看到了很多根本問題的。也就是說，他很清楚現代中國政治不應該是一個從上到下的灌溉，而應該是一個從下到上的要求。那種以民主德天下的做法是註定了要破產的，國人沒有自己一定要民主的自發要求終歸是不行，民主絕不是誰好心來替人們作出要求可以搞得好的。

　　陳獨秀說，學界的張東蓀、胡適是不談政治的代表，商界也是不談政治的。另外無政府主義者也是不談政治的，不如說無政府主義是反對一切政治組織，包括民主政治。實際上，這是政治虛無主義。治理不好的群體和社會，虛無主義特別容易發達。陳獨秀說，胡適、張東蓀那些人主張不談政治是一時的，他們只是反對冒牌政治。這話說對了，後來胡適、張東蓀都參與了政治活動。正像胡適說的：我們本不願意談實際的政治，但實際的政治卻沒有一時一刻不來妨害我們。其實從這樣的話語我們也能夠看到，不談政治反映了中國知識份子的某些問題。政治是人類群體基本的公共生活，是應該主動歡迎的。而結果卻是搞得似乎還有些羞澀、需要著意地解釋什麼，這絕不是現代國家的素質。一方面人們抱怨政治太壞，另一方面，自己又全無公共責任心，而只有一己的利害心，或者是深於政治利害。這樣構成的所謂知識份子群體，實際上根本不能為公共和人類承諾什麼，去傳統的學、仕之士要差得遠。中國二十世紀學人缺乏應有的擔待，也是一個巨大的問題。學人不力，很明顯的一個就是公私不分。在對無政府黨的批評中，陳獨秀特別指出，古代的社會契約和中世紀的自治都市，是人類政治組織還沒有進化到近代國家的狀態。無政府黨否認國家政治，最終當然行不通。陳獨秀的想法可以從這樣的話語窺見，「但是將來的國家和政治，將來

的勞動階級的國家和政治，何人能夠斷定他仍舊黑暗、絕對沒有進步的希望呢？」（〈談政治〉）這是要說什麼呢？就是：禁止掠奪的國家、排除官僚的政治、廢止資本家財產私有的法律。這就是陳獨秀參與政治、從政的理想和願望。

可以看到，在陳獨秀的思維中有一種對強制性的信仰，他說：

> 我們應該要問：世界上的事理本來沒有「底」，我們從何處「徹」起？所以懂得進化論的人，不應該有徹底不徹底的觀念。第二、我們應該要問：強權何以可惡？我以為強權所以可惡，是因為有人拿他來擁護強者、無道者，壓迫弱者與正義；若是倒轉過來，拿他來救護弱者與正義，排除強者與無道，就不見得可惡了。由此可以看出強權所以可惡，是他的用法，並不是他本身……人類的強權也算是一種自然力，利用他也可以有一種排除黑暗障礙的效用。因此我覺得不問強權的用法如何，閉起眼睛反對一切強權，像這樣因噎廢食的辦法，實在是籠統的、武斷的，絕不是科學的……現在若不問強權底用法如何，但只為強權而反對強權，或者只為強權而贊成強權，也未免陷於同一的謬誤。（〈談政治〉）

陳獨秀認為，世界上最不平的事，就是少數資產階級利用國家機器把勞動階級壓迫在下面。所以只有勞動階級自己站在國家地位，利用國家機器把資產階級完全征服，才能掃除這種不平等。所以，如果不主張用強力，不主張階級戰爭，天天空想好社會，不要國家、不要政治、不要法律，再過一萬年，勞動階級也沒有翻身的機會。法國的工團派就是教訓。所以資產階級最怕的是階級戰爭的學說，而不是自由社會的學說。勞動者從來沒有國家政權，所以千

百年來才總是處於被支配壓迫的地位。反之，資產階級卻有千百年的知識、經驗，很難對付。所以一方面要利用政治強權防止陰謀活動，一方面又要用法律強權管束、矯正他們。所以沒有強力，馬上就會有復辟。如果否認政治是徹底的改造，迷信自由主義萬能，豈不是睜著眼睛走錯路？所以陳獨秀說：「我因此深信許多人所深惡痛絕的強權主義，有時竟可以利用他為善；許多人所歌頌讚美的自由主義，有時也可以利用他為惡，萬萬不可一概而論。」（〈談政治〉）從這裏來說，陳獨秀的主張也是一種時代思想。在當時的人類處境中，確實有很多需要打翻的東西，至少有很多「打爛」的強烈要求。二十世紀的急速變化，實際上跨越了好幾個世界，這是不誇張地說。所以對民初的很多想法，我們也不能用一般化的標準去「繩量」。在陳獨秀的思想中，本來就有一個性惡論的根據。他說：「我們要明白人類本性的確有很惡的部分」，這些絕不是單單改造社會制度就可以根本剷除的。就是不好的社會制度造成的人類第二惡性，也不是制度改變了就可以消滅的。陳獨秀謂，「工銀勞動制度實在不應該保存，」但是這樣一來，社會勞動就成了大問題。即：強迫勞動肯定是無濟於事的，而且反人類。陳獨秀也看到了這些問題，但是他沒法說出個究竟，只能講到政治法律的強權和裁制為止。陳獨秀的態度是把國家、政治、法律看做一種改良社會的工具，「工具不好，只可改造他，不必將他拋棄不用」。（〈談政治〉）

　　陳獨秀說，不經過階級戰爭，不經過勞動階級佔領權力階級地位的時代，民主必然永遠是資產階級的專有物。他專門講到了修正派的問題，說他們主張的國家社會主義，名為社會民主黨，其實並不要求社會的民主主義，也不要求產業的民主化，只主張把生產工具集中在現存的國家手裏。所以這種國家社會主義說起來只可叫做

國家資本主義。陳獨秀批評說，德國的國家社會主義，就是普魯士的國家社會主義。它的理想就是軍國的、地主的、員警的國家，它所最厭惡的就是民主主義。在這種國家社會主義的國家裏面，一切只會變得更加變本加厲。陳獨秀說：「我承認人類不能夠脫離政治，但不承認行政及做官、爭地盤、攘奪私的權利這等勾當，可以冒充政治。」「我承認國家只能做工具，不能做主義。」（〈談政治〉）陳獨秀說到了一個很重要的情況：「古代以奴隸為財產的市民國家，中世以農奴為財產的封建諸侯國家，近代以勞動者為財產的資本家國家，都是所有者的國家。」（〈談政治〉）從城邦到封建小國、小邦，是歐洲社會的發展軌跡。正是這種對人的「奴有」，造成了發展史上的可能性——才會有一個「人的獨立」史。而那種比較一步到位的格局（比如古代中國社會）反而不容易造成發展史的局面，從而是夾生的、缺乏連續性的，最後倒不容易完成人的最終的、最徹底的一步規定，這就是勢。關於這一層問題的考慮，對知識份子來說並不是很普遍，但也不是沒有人覺察到，比如新儒家的唐君毅、牟宗三，他們論歐洲社會之階級性問題，就是對此問題的敏感的把握。只是此問題並沒有飽和，還可以走得更遠。人的獨立性、中國歷史社會中夾生的獨立性，正應了陳獨秀所舉論的情況。只是中國歷史社會的「夾生性」這一點，多少人都沒有論說透。

　　陳獨秀說，所有者的國家的政治法律，都是掠奪的工具。「但我承認這工具有改造、進化的可能性，不必根本廢棄他，因為所有者的國家固必然造成罪惡，而所有者以外的國家卻有成立的可能性。」「我雖然承認不必從根本上廢棄國家、政治、法律這個工具，卻不承認現存的資產階級（即掠奪階級）的國家、政治、法律，有掃除社會罪惡的可能性。」「我承認用革命的手段建設勞動階級（即

生產階級）的國家，創造那禁止對內、對外一切掠奪的政治、法律，為現代社會第一需要。後事如何，就不是我們所應該、所能夠包辦的了。」（〈談政治〉）這是什麼話呢？只製造結果而不負責嗎？陳獨秀認為中國具體的問題，第一是軍人害，即官土匪。他們破壞政治、法律及一切社會生活。第二是官僚害，即一生只在混官生活的人，完全成了一種職業。他們對社會一概不問也不管，反而毒害之、敗壞之。第三是政客害，此等人不過是與軍人、官僚沆瀣一氣而隱藏更深的傢伙罷了。「中國若不除去這三害，政治能有清寧的日子嗎？」（〈除三害〉）怎樣除呢？一、國民要有參預政治的覺悟。二、社會中堅份子應該組織政黨。這就是說，國民要形成社會輿論力量，中堅份子挺身而出，組織有政見、有良心、依賴國民為後援的政黨，掃蕩無政見、無良心、依賴特殊勢力為後援的「狗黨」。實際上陳獨秀也是身體力行的，這是他與胡適的不同。胡適參與政治，但是自己不組黨。只是有一點，二十世紀的一些知識份子在政治上已經不再棄權。

　　陳獨秀的歷史影響，當然要包括文化方面。他對新文化運動給過一番界說，因為沒有明白的界定，便容易產生誤解和流弊。「要問新文化運動是什麼，先要問新文化是什麼；要問新文化是什麼，先要問文化是什麼。」「新文化是對舊文化而言。文化底內容，是包含著科學、宗教、道德、美術、文學、音樂這幾樣。新文化運動，是覺得舊的文化還有不足的地方，更加上新的科學、宗教、道德、文學、美術、音樂等運動。」陳獨秀說：「科學有廣狹二義：狹義的是指自然科學而言，廣義是指社會科學而言。」（〈新文化運動是什麼？〉）我們可以注意到，在陳獨秀的話語中，有很多與胡適「相共鳴」的地方。我們不妨抄引一段，這很能說明問題。文曰：

社會科學是拿研究自然科學的方法，用在一切社會人事的學問上，像社會學、倫理學、歷史學、法律學、經濟學等，凡用自然科學方法來研究、說明的都算是科學；這乃是科學最大的效用。我們中國人向來不認識自然科學以外的學問，也有科學的威權；向來不認識自然科學以外的學問，也要受科學的洗禮；向來不認識西洋除自然科學外沒有別種應該輸入我們東洋的文化；向來不認識中國底學問有應受科學洗禮的必要。我們要改去從前的錯誤，不但應該提倡自然科學，並且研究、說明一切學問（國故也包含在內）都應該嚴守科學方法，才免得昏天黑地烏煙瘴氣的妄想、胡說。現在新文化運動聲中，有兩種不祥的聲音：一是科學無用了，我們應該注重哲學；一是西洋人現在也傾向東方文化了。各國政治家、資本家固然利用科學做了許多罪惡，但這不是科學本身底罪惡；科學無用，這句話不知從何說起？我們的物質生活上需要科學，自不待言；就是精神生活，離開科學也很危險。哲學雖不是抄集各種科學結果所能成的東西，但是不用科學的方法下手研究、說明的哲學，不知道是什麼一種怪物！杜威博士在北京現在演講底〈現代的三個哲學家〉：一個是美國詹姆士，一個是法國柏格森，一個是英國羅素，都是代表現代思想的哲學家，前兩個是把哲學建設在心理學上面，後一個是把哲學建設在數學上面，沒有一個不採用科學方法的。用思想的時候，守科學方法才是思想，不守科學方法便是詩人底想像或愚人底妄想，想像、妄想和思想大不相同。哲學是關於思想的學問，離開科學談哲學，所以現在有一班青年，把周秦諸子，儒佛耶回，康德、黑格兒橫拉在一起說

一陣昏話，便自命為哲學大家，這不是怪物是什麼？西洋文
化我們固然不能滿意，但是東方文化我們更是領教了，他的
效果人人都是知道的，我們但有一毫一忽羞噁心，也不至以
此自誇。西洋人也許有幾位別致的古董先生懷著好奇心要傾
向他；也許有些圓通的人拿這話來應酬東方的土政客，以為
他們只聽得懂這些話；也許有些人故意這樣說來迎合一般朽
人底心理；但是主張新文化運動底青年，萬萬不可為此囈語
所誤。「科學無用了」，「西洋人傾向東方文化了」，這兩
個妄想倘然合在一起，是新文化運動一個很大的危機！（〈新
文化運動是什麼？〉）

　　這麼說，是為了建立一種新信仰。陳獨秀認為，「宗教在舊文
化中佔很大的一部分，在新文化中也自然不能沒有他。」所以陳獨
秀是明確主張宗教的，他不反對宗教。陳獨秀以為，人類的一切行
為都是因為外部的刺激，內部發生了反應。知識不及本能的力量
大，而宗教就來源於人類本能的感情衝動。「知識和本能倘不相並
發達，不能算人間性完全發達。」所以社會還是需要宗教的功能以
為人類生活之平衡，因此從根本上就不應該反對宗教。這可以視為
人文實用主義的態度。所以接下來，最要緊的是選擇優化的新宗
教。從這裏我們可以看到陳獨秀思想中的雜陳因素，即：他不認為
有什麼固定的絕對價值。但是陳獨秀的想法並不複雜，他認為去除
了迷信就算是新宗教。而且還辯駁說，有人嫌宗教是「他力」，但
是知識學說、音樂美術，哪一樣免得了他力？「又有人以為宗教只
有相對價值，沒有絕對的價值，請問世界上什麼東西有絕對價值？
現在主張新文化運動的人，既不注意美術、音樂，又要反對宗教，

不知道要把人類生活弄成一種什麼機械的狀況！這是完全不曾瞭解我們生活活動的本源，這是一樁大錯，我就是首先認錯的一個人。」（〈新文化運動是什麼？〉）

陳獨秀說：「我們不滿意於舊道德，是因為孝、弟底範圍太狹了。」所以舊倫理的直接的不足就是社會化的愛不夠。「所以現代道德底理想，是要把家庭的孝弟擴充到全社會的友愛。現在有一班青年卻誤解了這個意思，他並沒有將愛情擴充到社會上」，「這種人豈不是誤解了新文化運動的意思？因為新文化運動是主張教人把愛情擴充，不主張教人把愛情縮小。」（〈新文化運動是什麼？〉）所以陳獨秀對儒家愛有差等的說法非常不認同。從這些地方都可以看到，陳獨秀有一種宗教化的社會革命的意結，而共產革命作為宗教化社會革命，正切合陳獨秀的思維與認同。其實社會愛心只是一種輔助性，它屬於人類情分，而不屬於人類本分。愛有差等是事實，愛無差等是「人想」。心想與事實怎麼可以混淆和代換呢？陳獨秀（包括胡適）等講「新化」的人物，在思維上其實無處不是舊特點。所以他們自己往往又轉回到自己所批判、抨擊的對象上，這是不奇怪的。

關於白話文，陳獨秀說，歡迎白話文的人是因為它通俗易解。但是如果僅僅是止於通俗，那麼白話文只能算是通俗文，因此必須注意其文學價值，這也是新文化運動中一個容易被誤解的問題。其實陳獨秀講白話、講文學革命的邏輯很簡單，就是事功，不是單純藝術上的事情。他認為，今日莊嚴燦爛之歐洲乃革命之賜。包括政治革命、宗教革命、倫理道德革命、文藝革命等等方面，是全息的。所以中國也要革命，包括文學革命，道理就這麼簡單。只有革命了，才能新興、才能進化。近代歐洲文明史就是革命史。相形之下，中

國社會黑幕層張、垢污深積，其根本原因乃在意識深處。故倫理道德及文藝革命實際上是起一個洗腦、換腦的作用。所以，文學革命根本上和藝事無關，而是政治的東西。這就是所謂從規定處看問題。胡適的朋友陳獨秀舉起「文學革命軍」大旗，其直接落實處就是要實現和完成文學的社會化，即所謂國民文學。如果說倫理道德革命的核心問題是孔教問題，那麼文學革命的核心問題就是古代文學問題。陳獨秀指出，中國古典文學被一些有習氣無進化的東西竊據，這是中國文學最大的不幸。在古代文學中，根本沒有宇宙、人生、社會思想的發育，僅僅昭示著一種醜陋的國民性。所以陳獨秀說：「今欲革新政治，勢不得不革新盤踞於運用此政治者精神界之文學。」（〈文學革命論〉）可謂一語道破。

　　陳獨秀談到，歐美社會的娛樂很多，可以陶養人，不像中國社會生活的偏枯乏味和單調，貧乏得只知道在打麻將上鬼混。這些都是社會軟體上的差距，說明中國的文化與文明還不夠正規化，還需要進一步地「陶範」。也就是說，當時中國社會的生活內容很貧乏，音樂、美術、體育運動一樣都沒有，所以中國的社會整個是乾枯的。陳獨秀引蔡元培的話說，新文化運動不能忘了美育，這才是關鍵。所以在中國社會生活面前，陳獨秀有一個讓步層次的思維。比如說打麻將總比抽鴉片好，有戲看總比什麼也沒有好，否則國人真要悶死、閒死。東方文化到了這步田地，只可一哭。像美術，本來是激發人類心靈的。心靈遲鈍麻木，便不能激發出最高情感，而宗教正是反映人類最高情感的東西。所以陳獨秀認為美術的缺乏乃是現代中國的致命傷。因為知識可以向人去借，而美術只能自己造。美術可以代宗教，美術潤化一切。中國的種種東西都是乾枯的，所以中國的心靈已經閉鎖了。這個軟缺陷才是最大的問題。我們說，陳獨

秀的這一觀察還是很有見地的，因為它觸及到了國民性的深處狀
況。那就是——無生命性，即人文對生命的滋養不夠。可以看到，
在陳獨秀的論說中有一道清晰的邏輯線條：美術是尋求美的，而美
是人類的最高情感，所以美術就是「發宣」人類最高情感的通道。
這就是為什麼會有「美術可以代宗教」一說的原因。沒有美的人文，
或者人格被壓抑的人文，一定是乾枯的人文、畸形的人文。

　　陳獨秀明言，新文化運動中存在一些誤解和缺點。他認為有三
件事應該注意，就是：新文化運動要注重團體的活動和創造的精
神，並要影響到別的運動上面去。陳獨秀指出，中國人最缺乏公共
心，因而毫無組織性和組織力。這都是私欲、私心的歷史性根和積
習在作怪。所以十個人以上的團體就要內訌，三、五年就渙散。所
以新文化運動要想成功，就要用公共心組織團體的活動，造成新集
合力，否則終歸是失敗，或者就是效力極小、極有限。陳獨秀認為，
妨礙中國人公共心的不是個人主義，而是家族主義，也就是為兒孫
做牛馬，個人權利和社會公益都做了家庭的犧牲品。所以熊十力也
說，家庭乃萬惡之源。《增廣賢文》說，兒孫自有兒孫福，莫為兒
孫做馬牛，可謂一針見血。從這裏就可以看出，陳獨秀講政治倫理
的覺悟，也是希望一個配套的全面的改換。他說：

　　　創造就是進化，世界上不斷的進化只是不斷的創造，離開創
　　造便沒有進化了。我們不但對於舊文化不滿足，對於新文化
　　也要不滿足才好；不但對於東方文化不滿足，對於西洋文化
　　也要不滿足才好，不滿足才有創造的餘地。我們盡可前無古
　　人，卻不可後無來者；我們固然希望我們勝過我們的父親，
　　我們更希望我們不如我們的兒子。

新文化運動影響到軍事上，最好能令戰爭止住，其次也要叫他做新文化運動底朋友，不是敵人。新文化運動影響到產業上，應該令勞動者覺悟他們自己的地位，令資本家要把勞動者當做同類的人看待，不要當做機器、牛馬、奴隸看待。新文化運動影響到政治上，是要創造新的政治理想，不要受現實政治底羈絆。譬如中國底現實政治，什麼護法，什麼統一，都是一班沒有飯吃的無聊政客在那裏造謠生事，和人民生活、政治理想都無關係，不過是各派的政客擁著各派的軍人爭權奪利，好像狗爭骨頭一般罷了。他們的爭奪是狗的運動，新文化運動是人的運動；我們只應該拿人的運動來轟散那狗的運動，不應該拋棄我們人的運動去加入他們狗的運動！（〈新文化運動是什麼？〉）

　　這裏言詞的激烈是不用說的。雖然在具體的思想情節上陳獨秀與胡適有種種的不同，但他們對科學、民主的認同卻都是明確的和完全的。陳獨秀說，西洋人因為科學民主不知道流了多少血，所以為了二者在中國成立，一切阻隔都可以不顧。「我們現在認定，只有這兩位先生可以救治中國政治上、道德上、學術上、思想上一切的黑暗。」（〈新青年罪案之答辯書〉）陳獨秀指出，當時反對《新青年》的那些人理由很簡單，就是因為《新青年》破壞舊事物，包括孔教在內。對此，陳獨秀直認不諱：他要擁護民主、科學，要擁護便不得不反對。陳獨秀說，守舊派真要反對的話，就乾脆反對科學、民主，不要只是攻訐《新青年》。顯然，這裏有一個非此即彼的邏輯。在陳獨秀的邏輯中，舊文化是與民主科學對立的，勢不兩存。這與後來新儒家的態度顯然相異。新儒家認為華文化與科學民

主並不扞格，只是以往注意得不夠。我們說，如果把這兩派意見還原到具體的時代情節中去，那麼雙方其實都有道理。陳獨秀也只是出於一種時代急功罷了。平心而論，中國文化中確實缺少反科學的機制（比如說宗教壓迫，等等），這正是它開不出科學來的一個關鍵原因。另外，二十世紀的學者喜歡糾纏為什麼中國開不出現代社會這一問題。客觀地說，這其中一個真實的原因，就是因為中國缺乏殖民史那樣的「外動」，很多事情沒有外動是不行的。可以說，如果沒有殖民史為外動力，那麼人類近現代世界的格局無論如何造不成，這正是「現代」的殘酷性。如此殘酷的、大歷史的成因論，卻要「架坐」在中國這樣的小小一隅的「某個對象」上，這不是「狂原」又是什麼呢？說白了，現代世界的真正原動及成因，就是地球的「大圈地運動」。盎格魯‧撒克遜把世界當作它的大羊場，把自己的圈地運動、羊場擴而充之放大了。也正是從現代性這裏來說，中西人文最後其實都輸了，因為兩者都同樣面臨一個痛心做人的問題──二十世紀就是人類之惡集大成的世紀。

第三章
社會思想

　　所謂的社會思想就是指，但凡對中國社會進行研究、討論、觀察、分析，形成學說，並對中國社會提出改進方案的，都屬於社會思想。包括從域外介紹進來的各種相關學說。二十世紀各種社會思想繁複多歧，但都不能脫離「優化」主題，也就是中國社會的優化。潘光旦的優生論即是其中典型的一例。

第一節　優生論與族群優化

　　潘光旦說：「良以優生一學，以生物為體，以社會為用，採遺傳選擇之手段，以達人文進步之目的，實與『人文生物』之意義，最相吻合故耳。」（《優生概論・敘言》）潘光旦的優生學，我們可以看作是天演論的歷史性自然延續和延伸。潘光旦說：「殊不知適者生存之自然律，初不因人力而異其趨或殺其勢。其行使之效力，縱不足以及個人，猶可以及種族，而生物界之所謂優勝劣敗強存弱亡者，固始終以種族為單位者也。」（《優生概論》）我們可以很清楚地看到潘光旦解釋的過程：人類的優勝劣汰、適者生存是一個從

個人、小群體為單位到大群體為單位的過程。根據這一條理，就可以很自然地導出「天演的國家哲學」，並為之理據。潘光旦述優生學云：「而自然選擇之外，治生物學者漸瞭解人工選擇之效用，知其所根據之原則大要與天擇者無殊。由動植物之人工選擇，進而推論人類之文化選擇，於是言文化之選擇效用者乃遝出，」「知人類不能超越優勝劣敗之自然律，知自來文化有種種反選擇的效用，知精質之綿續不變，知遺傳有法則可循，知循行天擇之大原則而作人工選擇之不為不可能——於是優生之學說以起。」（《優生概論》）這裏所謂反選擇是相對於選擇而說的，即選擇的配偶、選擇的生產、選擇的死亡和反選擇的配偶、反選擇的生產、反選擇的死亡。前者是側重自然的，後者是偏重人為的。

潘光旦自定義說：「優生學為學科之一，其所務在研究人類品性之遺傳與文化選擇之利弊，以求比較良善之蕃殖方法，而謀人類之進步。」又說：「可知優生學所從事者不外三大端焉。其一為人類一切品性之遺傳問題。」「二為文化選擇或社會選擇之利弊問題。」三「即如何提倡、如何推行一種比較良善之蕃殖方法？」「此三端者，其一為純粹的研究的，著力於生物的遺傳。其二為積極的批評的，著力在社會與文化的遺傳，即一切意識的環境之分析與估價是。其三為實地的施行的，則教育、政治、及其他社會事業之分內事也。」（《優生概論》）可見潘光旦的優生論地道是一種社會思想，屬於社會改良論的範圍。社群品性與品質的改進當然與其生存直接相干，同時也決定著類群的生存質量。從改進論的思維來說，凡屬不好的部分都應予汰除，文化與社會也絕不能例外；很多文化和社會消失就最好地說明了這一點。潘光旦舉「女子無才便是德」為例來說明擇優法則：「若此之社會將繼續不以女子教育為重，而低能

庸懦之女子乃得假借而嫁人產子，以散佈其惡劣之品性，重為社會種族之殃禍。『女子無才便是德』一類觀念，由此方面以觀，即為一種反優生的文化勢力，而有剷除之必要。」（《優生概論》）

　　由此可知，中國歷史上對女性不僅不進行優化，還進行劣化。其實不僅潘光旦厭惡這些，胡適也屢屢講到女性問題，十分生氣。比如他在〈女人纏足〉一文中說，唐代女子的鞋有七寸半，到南宋就成三寸金蓮了。就優生學範圍的問題，潘光旦舉出了歐美學者較廣義一派的意見，似可注意。他說：「此派認清精質與體質不為一事，而優生之『生』乃指精質而非體質的，種族的而非個人的，是治本的優生，而非治標的衛生，視遺傳為重而環境為輕。但環境中勢力之『足以』直接或間接影響及精質，因而牽動遺傳者，若煙毒、酒毒、花柳病之類，則亦在研究範圍之內。他如性的衛生、婦女解放等問題，直接與生殖現象有關，亦頗受注意。」（《優生概論》）

　　從潘光旦的論述中我們可以知道，遺傳是有一個普泛可能的。比如，人類德性的高下也可以借遺傳而逐代傳遞，甚至出現遺傳的積重難返情況。好比慣於說謊的人，其後代有可能天生喜歡說謊，而且是出於本能的不自覺就說謊。於是，經過若干代的傳遞累積，這樣的一類人或一群人就有可能回不到誠實的常態水平上去了。而且道德是需要人為主觀努力的，即使主動努力回返於誠實，也還是需要經過若干代的營為；假如連主觀的願望、要求也不能產生，那麼人群就會永久性地滑落了。所以，為什麼有的人群永遠不可能進入善的區域，顯然是有遺傳方面的因素在起作用。換句話說，古人認為氣質之性是主控一切的，而遺傳、優生所講的，首先就是氣質性方面的問題。所謂來多少去多少，不容易養成和造成的，一旦成了，也就不容易回復。

在潘光旦的敘述中，不僅論列了優生學是什麼，而且羅列了優生學不是什麼。這是因為，優生學本身容易使人們產生心理上的疑慮，而出現一些負面的東西。因此，如果簡單地概括優生思想的初衷，那就是，要在人類社會生活中建設一些好的方面，一些正面的東西，但這並不意味著對人類就要採取怎樣一律的行動。也就是說，這裏僅僅是一個只好不壞的想法。潘光旦說：「優生學之目標，在增加體格健全，性情良善，操行穩稱，從公忠恕，資質聰穎之社會份子。此亦屬教育制度之目的，」（《優生概論》）而所謂精質者，主要是從整體質量的改良去立說的。「精質進步之意義有限。」「精質之演進非絕對的，而為相對的。」「天演進化論者論突變品性與變異品性之分，謂變異品性似與精質之結構不相干，因而不遺傳；突變品性則與精質之結構有直接之因果關係，因而遺傳。」（《優生概論》）簡單地說，所謂的優生，就是為了人群的總體優化，其理想是只好不壞，而且是越來越好、不斷改良。潘光旦講得也很具體，他說：「然則就社會教育一方面立論，優生學之任務：不外使人人瞭解婚姻之舉不特為個人之『終身大事』，亦為種族之『終天』大事；而生男育女，不僅家庭之禍福攸關，亦社會之安危所系；及時加以精密之考慮，以為行止進退之方已耳。」（《優生概論》）可見婚姻質量直接關係到種類優化，從這裏也能夠看出，優生論是可以直接接入兵家的。

我們看潘光旦（早期）的論述，還有來回說話不徹底的情況，究其原因，和他正、負兩方面的顧慮太多不無關係，也就是怕社會誤解。潘光旦說：「優生學者謂環境之改造為一事，種族之競存又為一事，二者雖不乏積極的相互關係，要萬萬不宜混為一談，」（〈西化東漸及中國之優生問題〉）顯然，種族競存屬於中國怎麼辦的問題。潘光旦對身處的時代是有一個宏觀描述的，這裏面涉及東西文

化和中國社會的問題，很可參考。潘光旦總結說：「絕對的國粹派之標準為一『土』字，其對待為一『洋』字。」「以土繩洋，即以土為常，以洋為變之標準，」「此種標準之不適當，一望可知。」（〈西化東漸及中國之優生問題〉）那麼，潘光旦的標準是什麼呢？「別有一標準焉，作者不知何以名之，姑名之曰環境改造力之標準。」（〈西化東漸及中國之優生問題〉）

　　西化東漸之影響，到底利弊如何，對這個問題，潘光旦認為時代還未能有一個沉潛的追問和思考。「則數十年來，國人兢兢於追步，竟無暇顧及。」（〈西化東漸及中國之優生問題〉）而更壞的是，文化論上的交戰，更有一個引偏主題關注的作用。「其旁觀而始終持懷疑態度者固不乏人，但大多數又為成見滿胸之前輩，欲以國粹論彌蓋一切者：其懷疑態度既屬偏倚，其所發言論大率不為時流所重；其影響及於抱急進心之青年尤劣——不特無糾正調劑之功，反使其急進心、仇舊心變本加厲焉。」（〈西化東漸及中國之優生問題〉）這就把當時人文逆反心理的情況說得很明白，國粹論顯然沒有發生好作用。

　　但是對西洋文化，潘光旦也說得非常直率：「然西方文化之不盡佳，其佳者又或逾淮為枳，未必盡能移植於中土；此稍有思想者皆承認之。西方文化中良善份子之合乎土宜與否，則移植後始知之，非事前之推論所可確定；然何者為良善份子，何者為不良善份子，則不難於移植前加以觀察、評價，而定取捨。」（〈西化東漸及中國之優生問題〉）

　　潘光旦談到，國人對於西化大致上可以分兩個時期。第一期是囫圇吞棗期，即不加追問的照搬。當時出洋的，不是學政治經濟就是學海陸軍。第二期是剖分期，就是只要被認為對中國有用的都吸

納。這是從事文化運輸事業的人的態度。在潘光旦的說論中，有一個中國文化選擇與民族生存的主題。自然選擇為天擇，社會選擇、文化選擇為化擇。此二者不特迥異，且往往是南轅北轍。比如說結核病，如果任病人死亡，其實對群體有好處。但是出於人道的考慮，卻必須救治病人。患者被醫好了，照樣可以娶妻生子，由此可見化擇力的強大。其實，這樣做對人群沒好處，因為壞的因素會傳播。所謂本質頑劣者，於社會有害無益，無論生理上還是教育上，都是如此。實際上，從潘光旦的意思來看，他還是相信人的優劣有一個根本的不等齊，不是教育可以劃一的。所謂教育的均齊劃一之效，除可作理論「勸勉語」外，其實相信的人很少。實際上，潘光旦提出了一個種族競存標準。他說，個人主義對家族主義固然是很反對，二千年來，為人子者受盡委屈，事誠有之。但在種族方面（比如中國），卻得一源遠流長之絕大保障，也是事實。所以從個人來講，自身雖不自由，但是宗祚卻得以延續。簡單地說，就是為了種族競存，個人幸福得作重大犧牲，這是中國歷史社會的實情。所以義務、責任觀念人皆有之，但權利意識薄弱。

比較來看，西方宗教強低能、病廢之輩匹配好人，還美其名曰天作之合，這顯然是反種族優生的。傳統上，中國人的婚姻屬於早婚型，也是功能型。傳宗接代、侍奉家長，這是結婚的兩大目的。所以有一種說法，謂中國傳統上其實是優生婚姻。因為家長的選擇是理性的、擇優的，而個人的選擇卻是一時的、血氣的。比如門當戶對，就是一種擇優的表現。從潘光旦所論來看，他對傳統還是有相當的承認。而且有其理據，比如說傳統型婚姻發生問題的少。潘光旦舉例說，中國各時代某族或某數族人才之盛，絕非偶然。這種情況直到現在還是一樣的，比如說江南錢姓，學者輩出，人才之盛，

有目共見，這些都與婚姻優選有關。潘光旦說，中國人之家庭倫理道德，尤在使子女得一穩稱之發育地盤。他談到，一夫多妻雖然不好，但那是道義上的。從生物性、生理性上論之，一夫多妻有其客觀優選性。為什麼富家往往有血統良善的，這與一夫多妻很有關係。從生殖率和死亡率來說，中國的人口狀況並不理想。理想的人口狀況應該是，低生殖率與低死亡率並行。像英美這樣的西方社會，其上流階層往往少生或者不生孩子，這樣就造成很多問題。那就是，高素質的人反而不延續，而低素質的多生、超生，這就影響了整個人群的質量。從舉拔人才的辦法來說，科舉制度是中國獨有的。潘光旦特別指出，科舉考試與文官考試制度不同，儘管後者是從前者而來。科舉是普通的，而文官考試是專門的。做官只是科舉的一部分結果，科舉主要還是為了獎勵後進、提拔人才。所以從這裏來說，科舉的立義與立意更具有一般的、普泛的人文精神。只是在近古，由於科舉具體的操作辦法不好，影響了其名譽。可以說，中國文化吃了朱元璋很大的虧，現代又吃毛的虧。照潘光旦所說，從社會優選原理而論，科舉不應該廢，何況科舉的產生本來就是二千年人文的成果。

請注意潘光旦的語言：國家人才選舉「影響出」國民婚姻選舉。在古代，一般選婿者都重視科甲出身。正是這種民族習性，使很多優越品質長保不衰，以至於歷史中出現了許多科舉世家。這些就很自然地會刺激出人才地理學——屬於人文地理學的範圍。像哪個地方出多少人才，出什麼類型的人才，種種問題，都深可研究。潘光旦說，他之所以要論科舉，乃是針對社會上對科舉的不當攻擊。因為世人沒有分清楚：原理與辦法、制度與節目是根本不同的。胡亂歸咎，「於理未順。」（〈西化東漸及中國之優生問題〉）比方說

八股文不好，那麼換一個辦法好了。或者考自然知識，但還是科舉。為什麼中國會有科舉這些東西呢？其成因何在呢？因為中國社會自古分類不分階級。比如說士農工商，就很難說那是階級。像農事，在士大夫階層就成了一種田園生活，是精神的而不是經濟概念的。潘光旦提到「歸農運動」的問題，這是因為現代社會的城市化積重難返，聰明之士疲於奔命，只能顧自己，這對群體的優化顯然是沒有好處的。而鄉間生活卻有益於人的身心健康，可以保養人的優良質素。所以歸農運動初為經濟的考慮，以後則一定會是社會的考慮，即優生的和衛生的考慮。其實，潘光旦講的這些說明每個人都需要城鄉二元生活的滋養，雙（多）戶籍制也許可以解決這一問題。

潘光旦說，中國農民的本質不劣，患在沒有適當的教育啟迪之。潘光旦對新文化運動顯然還是有意見的，他說：「目下運輸西方文化之方法既錯亂，標準又偏狹，因循不改，則其結果殆可預測。」（〈西化東漸及中國之優生問題〉）當時的中國一意效法歐美，但是歐美社會文化選擇的程度較深，所以不言天擇而言化擇。像美國，社會學家十有六七主環境說，深信改良環境可以促進社會永久進化。潘光旦認為這種理論非常偏狹，這是因為，美國為新進國，天惠既厚，人群較容易生活，所以認同樂觀。但問題是這樣一來，醫療不顧體質，教育制度不問天資，慈善事業不加限制，等等事項，都被視為當然。潘光旦認為，這些顯然是不適宜的。而問題恰恰是，當時的中國急於改進，對此類思想尤其容易趨步。其實環境論與個人主義、社會主義，與民主都不能脫出人權平等理念。潘光旦說到，個人主義與社會主義，均與中國原有的家族單位主義背道而馳。由此可見，潘光旦也說到了傳統中國社會的基礎是家族單位的，而不

是家庭單位的，這是很多學者的意見。對中國人來說，家庭生活是二十世紀以後的事情，此前都是家族生活。像一夫一妻制就是 1950 年以後的事。所以古人講修齊治平，齊家就像治理好一個小邦國，正好是對治理邦國的一個微縮演練。因為中國的家、國性質本身提供了這樣一個可操作的基礎，這是它的社會性質──大家與小國之間本來就不懸殊。應該說，個人主義與個性發展不同。個性發展是教育的目的，亦為優生的有機部分。但是個人主義弄不好，其流弊卻可能危及群體。比如說只顧自己活得快活，不想成家受束縛。如果每個人都這樣，人類肯定會絕種。潘光旦說：「社會主義之目的在社會全般之安全，」（〈西化東漸及中國之優生問題〉）所以社會主義與優生學不發生衝突。這是潘光旦的理解，所以他說蘇聯是一種歪曲的東西。「社會主義之在中國，自新思潮運動以來，頗有發展之勢；但其影響所及尚不深，作冷靜之研究者雖不乏人，作熱烈之宣傳者猶有所待，所望者際此過渡時期，從事之者能於其大前提詳加考慮，不為過甚之理想所移，致蒙蔽事實耳。」（〈西化東漸及中國之優生問題〉）潘光旦說，民主與社會主義所根據之原則相同，只不過一為經濟的，一為政治的。但問題是，如果不考慮、顧及中國歷史社會自身的實情，一律鼓吹，那麼民主的形式越縝密，對中國社會的削割就越大。亦即，會造成反自然的損害性，這個不可不注意。雖然潘光旦行文非常簡略，但他的觀察是有根據的。他說，機會均等、人人盡性發育，這是一切社會改革家所公認的。但負面作用卻是，由於強調均等，社會中真正優秀的份子會受整齊劃一的連累，漸至於淪滅。這種情況在西方已經局面半成，在中國轉型的社會中正在醞釀。潘光旦說的這個情況是現代社會的大問題。比如說有些天資異稟的小孩，其性情特點就不適合於一般化的學校教

育，否則會搞壞，心理上、身體上都會由於人為的因素而發生疾病。所以，對另類兒童極宜單獨教養。比方說，天才人物都孤僻不合群，那麼就由他去好了，不必強迫。這種人如果能夠搞出什麼來，說不定對大家、對人類都有好處。百事不管，到時候坐收現成，這種無為而教不是最劃得來嗎？所支付的成本、提供的條件無非是不干擾他罷了。但人類的心理往往是不潔的，很多人不是出於愛才的情懷、扶植的耐心，而是出於種種的不平，希望天才完蛋而後快。而天才一般都很敏感，容易摧折。尤其一般人、老百姓都是窮人的孩子早當家的思維和念頭，只想造就能幹人。而能幹人通常只能夠忙生活，不能深造於精神之域。凡此種種，一旦社會化一刀切的制度普及於天下，則天才存活於此人間世，第一個感覺就是極度的不舒服。所以從這裏來說，傳統的中國社會較之西方社會就有很多優化合理的地方。也就是說，中國社會的出路和渠道是多元的，而非單一管道化。比如教育，就有家學，有師承，有自修，有書院，有太學，有私塾，有科考，有集社，有師傅帶徒弟等等，近代還有學校。凡此種種，只要是具備了個人水平和魅力的，最終都能出頭。可是現在卻只有單一化的學校應試教育，比如高考，其餘的方式、渠道盡廢，只剩下格式化的行政操作，因此人才結構大變。

潘光旦說，現代醫療設施大發展，人口死亡率下降，而出生率不減，這必然會造成人口問題。尤其像中國這樣人口早已飽和的國家，更是要提前準備。像美國，人口還遠沒有達到飽和，所以人群生活可以很寬鬆，這是中、美不同的國情。所以，婚姻限制與生育限制在不同的地方情況是暫時不同的。但是當情勢逼迫到那一步時，限制就是必然的。因此鼓勵還是限制，這只是一個輕重問題。潘光旦認為，這種種的情況和因素都會影響到優生。從潘光旦的論

述來看，他撑出的每一個問題，與現代社會，尤其是中國轉型期的社會相扣是非常緊的。潘光旦說，現代中國人的婚姻觀大變，以個人主義與自由戀愛為核心。但這樣做的效果是往往導致極端的行為——或者流於兒戲，或者獨身主義。結果是上流務名，中流逐利，生育成了下流社會的事。這是危亡之道，是種族不祥之兆。潘光旦堅持，這絕不是危言聳聽。他舉例說，好比胡適這樣的人，如果不願意生育，那麼優秀份子就會斷絕。這種人一多，對種族必然沒好處。但是這裏面也有一個問題，就是，如果只是男方好，而胡亂找一個女的來交配，生育結果能優化嗎？胡適是包辦婚姻，他當然不願意和江冬秀一起生活，這是現實問題。潘光旦談到了一點最重要的，就是城市化問題。他說，農本生活的對象為城市運動，城市運動在西方已將成為過去，在中國卻方興未艾。工商業一發展，人口必隨之播蕩。中國有百分之八十三的農民，他們當中必然會有一部分麇集於少數中心點，比如京、廣、滬等地，這是關心中國人口問題的人最應該注意的。可見，在潘光旦的認識中，人口數量只是最外表皮的問題。更重要的是人口層次、結構、安排、佈局等方面的問題，這才是更內在的。否則會帶來一系列的城市化綜合症，而社會的優化也就成了空談。我們說，中國歷史城市的發育和分佈本來是全世界最合理的。從南到北、自西到東都有重鎮，而且都是在歷史中自然生成和形成的。剩下來的工作其實就是因著已經有的歷史家底和資源把每一個城市經營好、管理好、做精緻，而不是人為胡亂規劃。可二十世紀的中國是亂世，人們根本顧不上理會這些。所以，潘光旦的預見遂成為二十一世紀中國社會尾大不掉的痼疾。

　　我們可以發現一個規律，就是在二十世紀但凡給出了明見思想的，多係留美背景。因為美國社會是現代最發達社會，所以，但凡

在美國呆過、觀察思考過的有心人都會不自覺地預前考慮一些問題，以為盡可能一步到位之規劃。他們希望中國儘量避免美國已經出現和正在發生的問題，使中國免於重複性損失。這些人比其他人能夠提前很多個步驟看問題，思索、考慮得更遠。惜乎這部分人是絕少，而最不能成氣候。但凡思想落後，或者思想糊塗的，都是沒有出洋，或者留學落後國家的人。比如德國、法國、俄國、日本等等，不一而述。由此可見，孔子說里仁為美，擇不處仁，焉得智？乃是至理名言。而孔子周遊列國，也是為士必不可少的修身環節和功課。近代學人因為留學不善選擇而沾染落後思想，或者因為經濟條件而不能周遊的，對國家社會與後人造成了很多損害和麻煩，難辭其咎。這是二十世紀最深切著明的教訓，所謂近先進者先進，近落後者落後，就是這個原理。

潘光旦指出，人類近代以來存在著一律化的謬誤，而中國亦蒙其害。近二、三百年對中國來講可以說是競存史。在這競存史中，大概可以分出三期：第一為隔離期，所謂閉關自守是也。第二為順應期，即當代。以後還應該有一個選擇期，「胡亂順應而不加選擇，則西方之覆轍，即中國之覆轍也。選擇二字於此實含有二義。西方各種化擇力之取捨，擇其善者而從之，不善者而去之，一以種族之競存為指歸，一也。得化擇二字之真義，識其利害之所在而形成若干新觀念新組織，宣傳之以教育，實蹈之以政治，使種族日躋於優良健全之域，二也。所謂中國之優生問題，如此而已。」（〈西化東漸及中國之優生問題〉）可見，潘光旦的思想始終是社會改進論、優化論的，是一種典型的社會思想，關係到中國群體的改善。所謂君子無友不如己者，中國與落後國家的文化往還要特別當心。

談優生就不能不涉及到性教育。潘光旦講到，當時有一種《新文化》雜誌，主編的人提出一說，認為中國人種之所以衰弱，不及歐美人種，是因為華人性交時女子不出第三種水。所以要講優種，就得從第三種水入手。潘光旦說，這是胡說八道。其實所謂第三種水就是巴多淋液。「簡言之，即中國人種之不振，由於女子不出巴多淋液！」（〈今日之性教育與性教育者〉）這顯然是謬論。潘光旦認為，「色情亢進」與排卵是兩個不相干的現象，由此，自然優種與第三種水也就沒什麼牽扯了。潘光旦舉了很多統計為據，應該是可靠的。但是這裏面也有一些問題，那就是，潘光旦說雜誌主編不知是何居心？從前面潘光旦的學術討論來看，其傳統的觀念意識還是很重的。這樣，我們對潘光旦的意見也就不能不多一些保留。比如他經常講到，中國過去的「家」有很多辦法如何可取、如何客觀。現在問題是，即使雜誌主編具體講出來的知識、找出來的原因是錯的，但是我們推開來看，傳統社會中的性問題是不是很大、很多呢？比如中國人的性壓抑、性畸形等等，恐怕也是不爭的事實。至於像小腳等臭烘烘的趣味，在性上、在種上肯定是導向羸弱路線的。所以中國社會的性教育乃是當務之急，性盲對群體絕對沒好處，會發生一連串的社會問題。因此，從這裏來說，潘光旦所指證的只是具體的知識錯誤，至於原則上的事情還要另論。綜合來看，民初性刊物的激增乃是自然、當然而必然的。

潘光旦說，性教育者的資格是很要緊的，首先是他們的精神生活要健全，精神生活與性有著密切的關係。一個人要是性教育不完全、性生活有欠缺、性經歷受過什麼重大打擊，都會導致身心、人格不健全，而這種人又尤其喜歡談性。其所談之可靠程度與他的不健全程度有著固定的比例關係。所以，不好的性刊物在效果上與淫

書差不多，或者是在感情方面誘惑讀者，或者就在事理方面欺罔讀者。其次，教育上的訓練也至關重要，這方面最有資格的是生物學家和醫生，而生物學家尤其適宜。醫生有兩點不足，一是醫生的性知識雖然多，但都是和病人打交道，所以病理學的東西多而生理學的東西少，容易偏頗。二是醫生是一種職業，社會的擔待弱，沒有那麼大的關懷。所以，關於性教育的資格，第三點就是要有社會道德的動機。「性欲這個題目」，「健全的社會生活裏，是沒有他們的地位的」（〈今日之性教育與性教育者〉），因為它對社會安全沒好處。

由此可見，潘光旦的頭腦還是相當傳統的。其實，中國古人對性早已經講得毫無餘地，所謂食色性也，短短三個字，說出了一切。沒有東西吃人會餓死，沒有性生活人會憋死，所以性的正當性與吃一樣，都是天經地義的。性與吃其實是一回事，都是生物生活的必須。沒有誰會把絕食與道德標準掛在一起，但是絕性在人類生活史中卻很普遍，且以為當然。對此，我們不能用道德學的對待，而只能用社會學的對待。唯一要注意的就是衛生。談性色變的清教教育是無處不在的。為什麼人類會有無盡的道德指控呢？這是因為人的佔有欲。自己無法沾邊的，就通過指責他人來表達出來。所以道德恰恰不是表現良知，而只是顯示心性的暗區。故所謂道德者，其實就是口實化的謾罵。

「性教育實在是家庭教育的一部分。」（〈今日之性教育與性教育者〉）潘光旦說這話，實在有道德預防的意味，因為變態心理對社會治安沒好處。潘光旦尤其著重地談到了誇大狂（偏執狂）的危險性。他說，患誇大狂的人，思想理路歷久不壞，議論鑿鑿，邏輯性強。這種人有兩大特點——自誇、猜疑。他們總覺得世界和他人是對立面，專和自己過不去，而且是拉幫結夥地與自己為仇作對。

他們的大前提是：我是偉大人物！只要別人承認其大前提，其他的便都沒有問題了、一切好說。無奈人們就是不願意承認。歷史中，法國的盧梭是這種病症的典型病例。潘光旦說，普通人患誇大狂也倒罷了，如果是政治、文化上出現這類人，危害可就大了，其壞處簡直不可估量。尤其是在標準和規範還不健全的社會，殃禍格外大。偏執狂往往以真命天子自居、自命，而且著書立說，自視為專家，欺罔一般社會。世人覺其有理，還以不世出之狂易天才看他。二十世紀的中國政要大概都有這個病，所謂不帥非好兵、不病非英雄。不過潘光旦說得非常隱晦，國家前途一旦繫之於精神病患者，其情可想而知。「嗚呼！智識饑荒之中國社會人士，其慎之哉！」（〈今日之性教育與性教育者〉）我們要問的是，會不會只要是有些自我的人，多少都有這種病候呢？僅僅是輕重程度不同罷了。所以從這裏來說，只要是個人，就有這樣那樣不同程度的精神病，這一假想絕不是空穴來風。古今中外，誇大狂、偏執狂屢見不鮮。其最卓越之表現，在於精神政治。而只要是精神政治，即使不是精神病政治，也一定是准精神病政治。

第二節　鄉土中國

　　關於中國社會的性質，費孝通在《鄉土中國》一書中給出了基本的說明，這些說明對我們是非常必要的。《鄉土中國》說，「從基層上看去，中國社會是鄉土性的。」（〈鄉土本色〉）費孝通加了「基層」這一限定，顯然是出於謹慎。我們說，人類的一切社會原本都

是農村社會、都是鄉土性的，也就是所謂的農業國。英國不在人類史上原創出工業性，世界就不可能離開鄉土基層。所以「土」這個字有著很好的概括力，費孝通也談到了。我們說，二十世紀的比較習慣是喜歡孤立比較現成的少數幾國之間的差異，比如只比較當下中國與美國的同異，這當然是一種狂比，絕不能看到人類的大分類。由此得出的自我判斷、包括對他者的判斷，也就是誤差很大的了。費孝通從「土地」上說農業、遊牧和工業的不同，顯然也是狂舉。事實是，農、牧及工業都同樣離不開土地，只不過它們的取資性質具體有別罷了。比如遊牧的人逐水草而居是靠自然，那麼農業的種植就是靠人為。而工業則需要直接從大地獲取原料，以及場地等等。所以農、牧、工同樣以「地」為必要條件，僅僅是具體情節不同罷了。其實費孝通要說的是，農業人口的流動性最差。老農要照顧莊稼，這是很顯然的。「以農為生的人，世代定居是常態，遷移是變態。」（〈鄉土本色〉）除非是遇到災荒、戰亂，引起人口的流動，但那也是很有限的。農耕的分工要求很淺，所以「農」對人群聚居的刺激也就不大，這也是為什麼農村社會比較散放的原因。但是費孝通特別談到了美國鄉下和中國鄉下的不同特點，就是人戶的多少有差別。在美國鄉下，經常是單家獨戶自成一個單位。這與殖民拓荒時代地多人少有關係。另外，人種的性質也是不能不考慮的因素。中國鄉土社區的單位是村落，小自三家村，大村數千戶，很不平均。以村為單位，村與村之間孤立隔膜，這就是鄉土社會的地方性。對此，費孝通總結了幾個原因：一、每家所耕面積小，聚在一起住，住宅和農場不會離得太遠。二、水利上的合作，聚居更方便。三、安全考慮，容易保衛。但最重要的還是中國人的繼承習慣，繼承權平均容易使人口積加起來，形成相當大的村落。因為鄉土社會的固

定性，或者說穩定性，所以它是一個「熟悉」的社會。也就是說，在生活的「場境」中老是這些人，彼此都很熟悉，沒有陌生的。

　　費孝通講「熟悉」是有臺詞的，就是說，他已經準備給出解釋和原因。也就是——自己找到的解答方案。現代以來，學人（包括一般人）總是會習慣性地關心和發問：中國社會是怎麼會這樣子的？於是各人的說法不一。實際上，在費孝通所講說的意思中，一個關鍵的核心就是所謂「套路」。也就是說，中國社會（包括其歷史社會和現代、當下的社會）已經形成了各種各樣的套路，這些套路就是其可行性及一切運轉的保證。用現在的話來說就是各種社會軟體。費孝通有一個基本的兩分——禮俗社會與法理社會，這是兩種不同性質的社會。有的社會有明確的意向性，有的並沒有。費孝通說：「在一個熟悉的社會中，我們會得到從心所欲而不逾規矩的自由。這和法律所保障的自由不同。規矩不是法律，」（〈鄉土本色〉）規矩屬於禮俗，簡單地說也就是套路。它雖然不像法律那樣實體化明文規定，但它是一種潛在的制約，而且這種約束十分有效，可以維持長久，也就是「約定的遊戲規則」。比如江湖中說道上的規矩，雖然不像成文的法典那樣，但是誰也不敢輕易觸犯，否則會受懲治。所以看上去很軟的潛規則，實際上卻很硬，這就是中國傳統社會（尤其是民間社會）的特點。像字據，便是契約化的表示。但傳統社會中的熟悉卻成了現代社會的阻礙，因為現代社會是由陌生人組成的。費孝通討論這些問題，實際上就是尋求答案。所謂熟悉，就是信用到了不加思索的可靠性。因此，雖然沒有書面的規定，但套路卻是一種本質的遊戲規則。只是在人們沒有素質玩這種遊戲、規則得不到保證時法律才會進一步大幅度地滋生，也就是什麼都要明文規定。這也是一種完備，屬於硬完備，有別於軟完備。所以，社會無

套路不立，只是看得見的套路與潛套路表現有所不同罷了。所以中國社會之過去與現在很多是表現上的問題，並不是有無的問題。

　　熟悉的環境、熟悉的範圍，以及熟悉的知識、經驗與應世之道、處世哲學等等，這些都與陌生性的急速變遷中的現代社會格不相入，從而處處產生流弊。這就是費孝通討論熟悉的意思所在——中國社會正當一個轉變期。費孝通指出，如果說鄉下人不瞭解城裏，城裏人不知道鄉下，「那是知識問題，不是智力問題，」（〈文字下鄉〉）所以諸如識字等等是社會問題，不是智力問題。鄉土社會的基本表現，就是它的熟悉性。從這裏來說，當時的城市生活，也還是相當程度鄉土社會的。而且有很多鄉土社會的基本元素，恐怕也很難脫去。這種熟悉的社會，也就是面對面的社群。費孝通的論說，有時會給人迂迴的感覺，這是因為在他想要搭建的社會理論中，需要鏈結起來的地方和東西太多。比如他論文字、語言一事，顯然就與現代化問題掛搭，鄉土社會問題就更不用說了。「在現代化的過程中，我們已開始拋離鄉土社會，文字是現代化的工具。」（〈文字下鄉〉）說得非常明白。費孝通認為，文字沒有語言直接，語言是以聲音為質料。但語言也不是在所有情境下都必須的，因此，文字、語言不能成為鄉土社會、親密社群的衡量標準，甚至不具有說明性。這樣導出的看法和意見就是：對於鄉土社會，文字、語言的必須性得另論。費孝通認為，我們對鄉土社會的論衡要建立在多重性考慮之上，語言、文字只是其中的一重——只是諸多個解中的一個而已。「我要辨明的是，鄉土社會中的文盲，並非出於鄉下人的『愚』，而是由於鄉土社會的本質。而且我還願意進一步說，單從文字和語言的角度中去批判一個社會中人和人的瞭解程度是不夠的，因為文字和語言，只是傳情達意的一種工具，並非唯一的工具；

而且這工具本身也是有缺陷的，能傳的情、能達的意是有限的。所以提倡文字下鄉的人，必須先考慮到文字和語言的基礎，否則開幾個鄉村學校和使鄉下人多識幾個字，也許並不能使鄉下人『聰明』起來。」（〈文字下鄉〉）鄉土社會的本質，這才是關鍵話語。也就是說，中國農村社會並不需要那麼多的文墨就能運轉得很好，它是自身飽和的。只是在與外間發生接觸以後，這種自身飽和、平衡被打破了，於是很多問題才成為問題。比如掃盲、建設新農村等等。從這些我們也應該思考，一個社會作為自身完足的單位，我們對它的各種考論標準、考評標準，到底是循其自身而行的，還是在以其他社會措置某個社會、以一個社會與另一個社會之間的比較關係為思維定式的呢？從費孝通並不簡單地把文化落後等等就看成鄉土社會的什麼什麼，我們便可以知道，在他看來，先進、落後一類的評價意見是太落入俗套了。建設性、必須性、可行性，這些從來都不是單一的。

　　「鄉土社會是個面對面的社會，」（〈再論文字下鄉〉）費孝通談到，鄉土社會這樣的環境，其經驗不是「累積」，而是「保存」，因為生活所需的基本經驗就那麼多。他舉了一個例子：小時候老師逼他記日記，結果每天的生活都是一樣的，沒什麼可記，但是老師不允許重複，於是便只好說謊。這說明，人類生活的內容和樣子都是大同小異、相似雷同的，這就是有限可能論。所以，無限論的歷史哲學往往是一種意圖目的論的陰謀。鄉土社會有大量不需要的東西，比如身分證等現代城市生活的玩意兒。所以，費孝通揭示的一個關鍵點就是——鄉土社會的不需要性。我們在衡論中國社會時，一定要充分考慮和估計這種不需要性，否則主觀便缺乏基礎。對鄉土社會來說，包括語言文字、甚至社會制度、法律等等在內，多是

不需要的。這說明：任何一個社會，它所有的一切都來源於自然，都出乎自然，而且也要、也應該自然。我們不能不正派地以一個社會措諸另一種社會，那麼做，我們可以直接稱之為「消滅論」。在《鄉土中國》一書中，我們時時刻刻最經常看到的就是費孝通這一類的話語、說話方式，比如：「歷史也是多餘的，有的只是傳奇。」「記憶都是多餘的。」「哪裏用得著文字？」（〈再論文字下鄉〉）等等。很明顯，這已然不是一種習慣語氣了，而成了一種潛埋著的立論，也就是——多餘論。什麼都是多餘的、不必要的。法律用不著、文字用不著、語言用不著、歷史用不著、記憶用不著……，什麼都用不著。鄉土社會只需要那幾個最基本的可成立、可運行的元素就行了。既然是用不著，既然是多餘，那麼，鄉土社會顯然也就不吃所謂現代考評那一套了。什麼現代社會、先進社會的評判標準，一切都另論，否則就是缺乏研究，只是亂說話。費孝通說，中國的文字，不發生在鄉土社會這個基層上，而是發生於廟堂之上。所以一直到現在，文字還不是鄉下人的東西，漢字也是不下庶人的，這就是中國歷史社會的一大特性。只有在鄉土社會這一基層發生變化了以後，文字才能下鄉。應該說，費孝通此論是符合中國歷史社會自上而下的性質和構成的。所以，費孝通的視點及思考有其獨特處，他的多餘論很有啟發作用和提示意義。

費孝通說，在鄉村工作者看來，中國鄉下佬最大的毛病是私，其實這話只說對了一半，城裏人何嘗不是私？私是中國人普遍的國民性。費孝通舉例說，蘇州城裏的水道是最髒的了，什麼都往裏面傾倒，這充分說明中國人的公德無發達。為什麼呢？因為中國社會的公共性沒有發育起來。近代以來，從梁啟超以下，很多學者都談到了中國社會公共性欠缺的問題。如果說公是一個共名，那麼公共

性就是一個別名。所以費孝通說，在中國，一說到公家，好像大家都可以佔一點便宜的意思。「有權利而沒有義務了。」（〈差序格局〉）所以沒有一個人願意多管閒事，最典型的就是中國的廁所，簡直不能落足。所以中國的廁所足以為民族性的標識。公共性的荒廢，在中國到了無以復加的地步，社會也因此癱瘓、運轉不靈。所以人們沒有公德心，只有自私心。費孝通說，私的毛病在中國實在是比愚和病更普遍得多，而且是從上到下如此。這種無公德，成了國外輿論一致攻擊中國的把柄。所謂的貪污、無能，絕不是能力問題，而是因為私。私就是整個的社會結構格局。

費孝通說，西洋社會的單位是團體，「我們不妨稱之作團體格局。」（〈差序格局〉）像家庭，在西洋就是一種界限分明的團體。但是在中國，家的邊沿卻很模糊。可以大到天下一家，也可以小到某家某戶，所以分得最不清楚，問題也最多。費孝通給了一個很妙的比喻：西洋社會的格局好像一捆一捆紮得很清楚的柴，而中國的社會結構卻像波紋——以自家為中心的同心圓。所以每個人都像一個蜘蛛，有自己的關係網，這個人際關係網就是他的資源。費孝通說，從中國的關係網絡而論，它不是一個固定的團體，而是一個範圍。它是富於伸縮的，即輕重性，差序格局就指這種伸縮性而說。所以，中國人對世態炎涼比哪一個國家的人感觸都深。費孝通特別指出，西洋社會裏團體是與一定的資格掛在一起的。人們爭的是權利，不是人情，權利與人情是兩個關鍵的分別。費孝通所做的工作，實際上有比較社會學的意味。他說，西洋人子女成年了，住在家裏得給父母膳食費。所以權利意識下不存在人情冷熱、攀關係、講交情的問題。這說明西洋精神是「義」型的，而不是仁型的，也就是該怎樣就怎樣，直來直去。

　　所以，中國的核心就是倫，就像一輪輪波紋的差序。「倫是有差等的次序。」（〈差序格局〉）綱紀就是一個差序。所以中國的思維就是推，推己及人，家國天下、修齊治平，都是典型的推。所以中國的「己」不是個人主義，而是自我主義。費孝通的這一分析判斷，我們說看得很清楚。個人主義是份子觀念的，所謂憲法觀念，團體絕不能抹煞個人；而自我主義則是以己為中心。費孝通說，孔子以北辰自譬，就是最典型的差序格局的例子。所以，差序格局就是以自己為中心向外發出去。這樣，從文化精神上來說中、西也根本有別。像耶穌，他可以為天國犧牲自己，因為天國是他的團體（天國是一個超越的團體），但是孔子不會。所以，真正自我中心主義的其實是華人。費孝通覺得，傳統中國社會裏，一個人為了自己可以犧牲家，為了家可以犧牲黨，為了黨可以犧牲國，為了國可以犧牲天下……，總離不開一個為了、犧牲。而這與〈大學〉的順序相比照只是一陰一陽的關係。費孝通的這一論斷，在二十世紀得到了最淋漓盡致的表現和驗證，這就是費孝通總結出來的。照這一個公式，說華人私，他是不承認的。因為當他為了家犧牲族時，家就是他的公。所以在這裏只是對公的認取不同罷了，是理念上的問題。所以，對私我主義的確定，還須進一步討論。西方國家為了自己的國家利益而犧牲別國時，也是這種「向內看」的情形，所以費孝通的總結具有普適性。關鍵的一點是，要看他把公確認在哪一級臺階上。也就是說，以自己認定的那一圈為准，上下其他各圈都得為它犧牲。所以，中國社會的群己界線從來就是不清不楚的。

　　由此，傳統社會裏的道德即表現為私德型。我們說過，道德與修養是不同的。道德就是三個字——不害彼，除此無他；而修養卻是私人的。這個宋、明理學講得最典範。為什麼會有差序格局這種

東西呢？費孝通是從人類的始原性去解釋的。原始時代，人們相互依賴生存，不能單獨求生，所以團體是生活的前提，這一點以遊牧部落為最明顯。但是農耕民族不一樣，每個人有土地可以自食其力，對團體的依靠便很鬆散。這就是團體格局與差序格局的不同，而道德觀念與行為規範，則是依著該社會的格局而定的。我們說，費孝通所做的工作，就是把中國社會的基本性質給說明了。費孝通說，團體對個人的關係就「象徵在」神對信徒的關係中，所以才發生籠罩萬有的神觀念，神是全能者。西洋的道德體系基於其宗教觀念，這是其他人文區域所沒有的。這其中有兩點最為重要──每個人在神前平等，神對每個人公道。耶穌稱神是父親，否定了其生理父母，因此「私親關係」變成了「共親關係」。這與中國的倫理觀念當然是格格不入的，就像佛教滅親那樣，基督教倫理也要遭拒斥。費孝通說，基督教的這個冥冥之中者卻需要一個代理人，而代理問題也是最麻煩的，它激發了權利觀念，於是發生了憲法。「憲法觀念是和西洋公務觀念相配合的。」（〈維繫著私人的道德〉）

　　由此，團體格局就處處陪襯出差序格局的特點來。團體格局是以神為根基的，而差序格局則以己身為根基。費孝通說，孔子他們講的各種關係都是私人關係，沒有一個超乎私人關係的道德觀念，只有仁作為一切私人關係中道德要素的共相。曾經有西洋學者問，家國天下，這個意思很好，但是社會在哪裏呢？我們說，所謂社會，就是「家 S」。所以，中國社會是最簡單的社會。費孝通所碰到的，實際上也是這個問題。他談到忠恕，說忠是不能安插到團體格局的位置上的，這與孫文的意見截然不同。民初國民政府喜歡講忠，實際上從社會化的角度來說，這是帝國倫理向民國倫理轉化的具體跡象。費孝通的解釋是，忠是由衷的衷。其實在歷史倫理中，忠、恕

有一個上下方向的區別。忠是對上的，恕是對下的。程頤說：「事上之道莫若忠，待下之道莫若恕。」（《二程遺書》卷二十五）分得很清楚。古代的君當然是在上的，這個世界各國都一樣。到了民國，君主被拿掉了，代之以黨團在上。黨團當然是團體，所以忠在對象上轉換是很自然的。這就是倫理隨時代的特點，對此便不能說是單純的牽扯、附會了，因為它符合自然演繹的條理。借用費孝通的話來說，就是差序倫理折入團體倫理。忠這一道德倫理在歷史中一直有一個演進過程，並不是單一的。

費孝通特別說到中國的家，其結構與特點和西方完全不同。中國的家完全是功能型的，就是人生程式、格式的操作。夫婦之間感情淡漠，一輩子用不著多說話。只有婚姻，沒有戀情。結婚就是為了生孩子，外帶幹家務。男女平時各忙各的，在鄉土社會中，男女之間是鴻溝的關係。男的和男的在一起，女的和女的在一起，小孩和小孩在一起。有情有意是在同性集團和同齡集團中，除了要一起幹事，性別組和年齡組之間保持著很大的距離。這樣的生活樣態，西洋民族常常很難理解。所以專門有人研究中國人的性格，比如分析三國、水滸是寫同性戀集團的等等。費孝通說，感情淡漠是穩定的表示，表示社會關係的穩定；而感情的波動對於穩定則沒有好處。從這一點來說，雖然淡漠不討人喜歡，但是卻實惠安全。同時也說明，中國社會超穩定的一面。所以，穩定社會關係的力量不是感情，而是瞭解。費孝通引斯賓格勒的觀點說，西洋曾有兩種文化模式——阿波羅式（古典的精神）和浮士德式。其實這是德國人的自諛，是不能抽象看待和對待的。德國人喜歡在希臘和德國之間建立某種聯繫，照這樣，西班牙人也可以說只有阿波羅式和唐吉訶德式，或者還有的國家說只有阿波羅式與唐璜式等等。費孝通說可以

借這個來瞭解鄉土社會和現代社會，這顯然是附會。費孝通說到，「鄉土社會是個男女有別的社會，也是個安穩的社會。」（〈男女有別〉）男女有別的界限，使中國傳統的感情定向朝同性方面發展，同性戀、自我戀在男女都是常態。所以中國恰恰不是一個異性戀傳統的國家，只不過費孝通說得很委婉。最明顯的一點是——家族代替了家庭，因為家庭是以異性的組合為規定性，而家族則是以同性為主、異性為輔的「單系」組合。「中國鄉土社會裏，以家族為基本社群，是同性原則較異性原則為重要的表示。」（〈男女有別〉）所以我們說，中國人過的是集體性生活。

　　費孝通說，常人所說的人治、法治，其實是很片面的觀點。因為沒有任何法律能缺少人的因素，所以真要說人治、法治之別，還是在維持秩序時所用的力量和所根據的規範的性質上。也就是說，鄉土社會是禮治的社會。這就是費孝通的以「禮律」與法律來分別中、西社會。在鄉土社會中，傳統佔著統治的地位。所謂傳統，就是人類生活史中積累起來、由上代傳給下代的代代相傳的東西。所以在鄉土社會中，保守就是保障。費孝通指出，禮治這個詞比人治好，不容易引起誤解。但是禮治存在的條件是社會變動慢，能夠從容應付。如果是社會變動快，新問題不斷產生，就非用法治不可了。中國社會在現代經歷了一系列的改型，大體說來，也就是由禮治社會轉成法治社會。比如訟師改稱大律師，包攬是非改稱法律顧問等等。費孝通舉例說，鄉里的調解，其實是一種教育過程。調解是新名詞，舊名詞是評理。鄉紳把雙方罵一頓、教訓一番，糾紛時常就和解了。有時還要罰他們請一次客，就像足球裁判吹哨子、罰球一樣。所以費孝通說，禮治社會是立基於道德倫理思維的，這是道德學的路子。而現代法治社會則以服務思維為基礎，是社會學的路

子，即保護個人所有權利。所以法官不考慮道德倫理問題，他只斷案、不負責教化。尤其是民法，不在分辨是非，而在釐定權利。所以中國人的思維習慣，總是以道德學的思維凌駕於社會思維之上，這是需要轉的。但問題是，新司法制度推行下鄉，現代法的好處沒有兌現，而破壞原有禮治秩序的弊端卻先肆虐了。這是蛻變期必然要出現的問題，也是必然要付出的代價。

那麼，與權利相關的權力又是怎麼論的呢？費孝通說，論權力的人一般分兩派。一派偏重於社會衝突的方面，一派偏重於社會合作的方面。用費孝通的話來說就是橫暴權力和同意權力。像美國，表面上是行同意權力的，實際上種族之間還是橫暴權力。費孝通結合歷史與現實談到，橫暴權力主要受經濟的拘束，而同意權力是分工體系的產物。分工體系不發達，同意權力便有限。鄉土社會是小農經濟，所以它註定是有限的。費孝通要說的是，鄉土社會的權力結構，名義上說是專制獨裁，實際上卻是鬆弛微弱的。是掛名的、無為的。因為農業帝國是虛弱的，皇權並不能滋長壯健──能支配強大的橫暴權力的基礎不足，農業的盈餘有限。費孝通的這個分析是客觀的，它以調查為基礎，有別於單純的書面政治指責。

當然，橫暴權力受事實上的限制，並不就等於說鄉土社會的權力結構是民主的。政府統治是一個蓋子，下面是無為政治。「這裏正是討論中國基層政治性質的一個謎。」（〈長老統治〉）可見，費孝通還是想從社會學的角度探討清楚中國歷史社會的根本成因。他提到，有人說中國雖然沒有政治民主，卻有社會民主。費孝通解釋說，在橫暴與同意之間還有一種東西，就是爸爸式的權力，是教化性的，比如說為民父母。「穩定的文化傳統是有效的保證。」「文化像是一張生活譜。」（〈長老統治〉）所以在中國社會，長幼順序原

則就成為最基本的原則。先來到這個世界的，總有一些經驗可以給後來者。從這裏來說，一般衡論中國文化與社會的人，只注意到用橫暴權力與同意權力的兩分法去評說問題，卻沒有注意夾在中間的教化權力——費孝通稱之為長老統治的東西，這顯然是文化論上的失根。

　　中國社會是血緣社會，「社會的穩定是指它結構的靜止，」(〈血緣和地緣〉) 血緣社會就是想用生物上的新陳代謝去維持社會結構的穩定。生於斯、死於斯是地緣。中國社會是一個低流動的社會，人與地的關係親密而固定。在中國，血緣和地緣的關係是很緊密的。費孝通以自己為例說，他的籍貫是江蘇吳江，其實他十歲就離開了吳江。他的女兒出生在雲南，可籍貫還是填吳江，這在中國人是很平常的。地緣是地方上的關係，血緣是生理上的關係。比如外來人插入本地人群，就只有地緣而沒有血緣的關係了。費孝通談到，在中國社會的交往行為中，出於自然實際的考慮，情況也是多異的。比如說有的事情是努力要自家人在一起幹，而有的事情則要儘量避免親戚關係，因為越是熟人越見鬼。比如說雲南入賒的錢會，是一種信用互助組織，這種組織就是要回避親近，關係越生越好——經濟上便於明算賬。所以，社會生活越發達，人情越不夠用，於是便需要更多的商業手段、商業倫理來結清一切。所以從社會史上的大轉變來說，就是血緣結合變為地緣結合。地緣是從商業裏發展出來的社會關係。血緣是身分社會的基礎，地緣是契約社會的基礎。身分社會與契約社會，這是一層重要的分別。契約總是陌生人之間的約定，所講的是信用，用法律來服務，也就是權利、義務的清算，不是感情、人情思維的。這是現代社會的特性，是鄉土社會所缺的。像城市化，血緣就退到很次要的地段。

　　費孝通說得很清楚，把鄉土社會看成靜止的社會只是出於方便，其實鄉土社會只是變得很慢而已。而變遷是緣於自然需要，舊有的不能滿足要求，新的就會產生、出來替補。在變的過程中，最主要的就是習慣的惰性。於是，在新舊交替、人們最惶惑無所適從的時候，就會有文化英雄出來給人們指路向，這樣就發生了一種權力——時勢權力，是橫暴權力、同意權力、長老權力之後的又一種權力，它是時勢所造成的。費孝通說，這種時勢權力在一個國家要趕緊現代化的進程中表現得最明顯、清楚，這顯然是指中國而說的。但機關的是，費孝通卻扯到了蘇聯上。英美學者把蘇聯的權力性質歸入橫暴權力，但費孝通卻認為，形式上蘇聯是獨裁的，可是從蘇聯人民的立場看，這種獨裁卻有別於沙俄的獨裁，其本質還是要「時勢權力」地看待。可以說，費孝通的這一意識，決定了他個人在二十世紀下半葉的選擇。或者，當初費孝通表達了對蘇聯社會落後性的鄙薄？誰知道呢？時勢權力在安定的社會中最不發達，鄉土社會是最容易安定的，所以它很少領袖和英雄。像儒家的孝道，其實是維持安定的手段。孝就是承認長老權力，就是無違。費孝通的這些觀察是不錯的，他提到了變的速率問題。速率慢，比如傳統自身慢慢變過來，能夠從容不迫、不至於發生衝突，社會也就不需要革命了。如果速率快，激變驟變，那麼事情就完全相反，社會會發生混亂和動盪。費孝通說，社會變遷而能夠避免動亂的，英國是最好的例子。「很多人羨慕英國能不流血而實行種種富於基本性的改革，但很多人都忽略了他們所以能這樣的條件。」（〈名實的分離〉）英國是工業革命的老家，它能否保持過去幾世紀世界文化的領導地位，就要看它能否保持速率配合——外間環境變動的速率與領導層適應變動的速率相配、相當。速率配得上才能有和平，這就是費孝通的速率論。

　　由此進一步說，社會漸變與「註釋」也就絞在了一起。註釋是費孝通借用的一個概念，指不通過衝突、反抗傳統而代換進有利於自己的東西，即疏通的方式。這樣看來，論爭與註釋就是兩條不同的路。比如說，先秦是論爭期，到了統一帝國時代，中國便進入了註釋期。有些東西不容否定和反對，甚至不許懷疑，比如經典，於是就只好註釋。這時候，文化社會只留下一個面子，就是表面的無違。註釋成為陽奉陰違、口是心非的偷換和歪曲，虛偽成了必要的潤滑劑和靈活鬆動。這時候註釋的變動方式就引起名與實、位與權、言與行、話與事、理論與現實之間發生極大的分離，分離的距離隨社會變遷的速率而增加。社會可以計畫（所謂社會計畫、社會工程），是人類的一個重大發現，這就需要釐定慾望和需要兩個概念。所謂凡事都有目的，人類行為是有動機的，也就是「要」。人類能控制自己的行為，這是意志。取捨得有所根據，這就是慾望。費孝通說，慾望並非生物事實，而是文化事實。為什麼這樣說呢？比如北方人吃大蒜，就不是遺傳的，而是從小養成的，是社會教的。所以說慾望是文化事實。費孝通反對把生存說成是人類最終的價值，因為生存之外還有精神。費孝通說，他自己就把自殺作為區別人與動物的一項重要標準。但文化有很多是不合於生存的條件的，它們會被淘汰。所以費孝通承認一點，人類先有行為，後有思想。但是用社會學的思維來細分，慾望終歸是原始的、自然散放的。鄉土社會用不著計畫，依著慾望就可以了，盲目性不會帶來多大損害。但是現代社會卻一定要計畫，要以專業性為基礎。因此，在社會學上就進一步產生了新的概念，比如功能、需要等等。現代社會，人們必須推求行為和目的間的關係，否則出了亂子可是非同小可。「在現代社會裏知識即是權力，」（〈從慾望到需要〉）但是考慮到

計畫一詞容易發生誤串，所以我們覺得還是規劃一詞更好。相對來說，鄉土社會變成現代社會，盲目變成自覺，慾望變成需要，這些都是必然的。比如現代人開始為了營養而選擇食物，像維他命什麼的，就是基於營養的考慮而非本以原始的慾望。這是理性的時代，也可以說是科學化的。所以現代社會及其一切，包括根本的思維在內，都不再像鄉土社會那樣是散放的。明確針指性是最基本的，也就是基於功能需要。

需要補充說明的是，費孝通講的慾望和需要，應該從社會學的專門性上去理解，否則不好把握。也就是說，這裏慾望與需要的意思是比較狹的。比如吃維他命，乃是為了保養自己，如果沒有想活的慾望，這些當然都談不上。為什麼自殺、想死的人不吃營養品，也是這個道理，因為他們不再有生的慾望了。所以，最終人類的一切行為還是出於慾望，這一點是脫不掉的。

第三節　城鄉論

費孝通的《鄉土中國》有很多議論可能是針對馮友蘭這樣的論調而發的，馮友蘭在〈辨城鄉〉中說了很多這樣的話──「而且城裏底狗，在有些方面，比鄉下底人亦是知識高、才能高、享受好。」可以說，與費孝通相比，馮友蘭的知識訓練都是書面的，是真際的；而費孝通的知識準備卻是實地調查的，是實際的。因此，在論到社會、政治領域的問題時，馮友蘭就難免要亂說話了。費孝通與馮友蘭的種種對比發論，我們都可以借下面的一節引文來窺見：

城裏底狗，看見一輛汽車，行所無事，坦然地躲在一邊。而鄉下的人，看見一輛汽車，不是驚奇地聚觀，即是慌張地亂跑。城裏底狗見汽車而行所無事，此即其知識高，見汽車而不慌不忙地躲，此即其才能高。（馮友蘭〈辨城鄉〉）

但是說鄉下人「愚」，卻是憑什麼呢？鄉下人在馬路上聽見背後汽車連續地按喇叭，慌了手腳，東避也不是，西躲又不是……如果這是愚，真冤枉了他們。我曾帶了學生下鄉，田裏長著包穀，有一位小姐，冒充著內行，說：「今年麥子長得這麼高。」……鄉下人沒有見過城裏的世面，因之而不明白怎樣應付汽車，那是知識問題，不是智力問題，正等於城裏人到了鄉下，連狗都不會趕一般……愚在什麼地方呢？（費孝通〈文字下鄉〉）

　　從費孝通的辯駁和論證中我們可以清楚地看到，馮友蘭少學欠思的發論其實表現了他糊塗的性格，借用理學家的話來說：只是亂說話。馮友蘭談城鄉問題，是建立了一個自己的城鄉論的。因為中國正值一個「農業帝國→工業民國」的歷史段落。「鄉下可以說是城裏的殖民地。」（〈辨城鄉〉）馮友蘭說，鄉下可以稱為普通的殖民地。對中國來說，自古周圍的民族都是鄉下人，而中國是城裏。所以自古中國人就是唯一的城裏人，城裏人就是中國人。其他的民族被同化，就是因為鄉下人想要變成城裏人。這種理論，是以馮友蘭的共殊論為依據的。他說，從殊的方面論，夷夏之別是中國與其他民族的分別。從共的方面說，夷夏之別是城裏人、鄉下人之別。可是到了近代，中國人卻由城裏人變成了鄉下人，英美成了城裏人，對此，大家在感情上怎麼也不能接受。與歐美相比，其他人群

都成了鄉下人。比如印度成了英國的莊子，越南成了法國的莊子。而中國則是一個土財主，或者郊區小市民，夾在城裏人和鄉下人中間。由此可見，馮友蘭的城鄉論不是費孝通那種社會學的東西，而是一種象徵化的文化論。從這裏來說，馮友蘭地道是個農民。

馮友蘭說，現代的中國人到英美等國就像劉姥姥進大觀園，其一切表現都可以歸到城鄉之別。馮友蘭說，英美所以能成為城裏人，都是因為產業革命，從而脫離了家本位的生產方法和經濟制度，變成社會本位的。古代社會，城鄉關係還相對鬆散，而現代社會，城鄉依賴則牢不可分。所以出國留學就是鄉下人進城裏學乖，出國遊歷就是鄉下人到城裏看熱鬧。基於這一城鄉邏輯，馮友蘭罵甘地的哲學是鄉下人吃了城裏人的虧，生了氣，於是搞一些非暴力不合作的動作，但註定是不會成功的。因為人心的力量小，而經濟的力量大。所以鄉下人的唯一辦法和出路，就是變成城裏人，也只有變成城裏人。

但是馮友蘭又說，即以城裏而論，也還是有資本家與窮光蛋之別。無產階級就是窮光蛋。但即使是城裏的窮光蛋，還是比鄉下人活得滋潤。比如中國的鄉下，有很多人終年吃不起鹽，更沒有肉吃。所以中國人吃素是因為經濟條件，不是因為別的，更不是養生。因此，馮友蘭很自信地說，城裏的窮光蛋比鄉下的小財主還享受，這充分說明了城鄉論的的當。由此，馮友蘭進一步推擴其城鄉說，認為：有些人把無產階級與被壓迫民族相提並論，以為他們站在同一條戰線，這是不對的。實際上，無產階級並不同情被壓迫民族。日本侵略中國，日本的無產階級也不反對。英國統治印度，英國的無產階級也沒抗議。因為本國的無產階級，也是既得利益者。所有這些得用城鄉論去解釋才講得通，而不是馬克思學說。所以馮友蘭的中西之分最後歸為兩點，就是古今之異與城鄉之異。

第四章
文化的道路

第 一 節　儒

　　儒的問題是近代中國的大問題，各家屢有討論，而以胡適的〈說儒〉最為典型。但是胡適的意見人們似乎重視不夠，其實他對儒的考察，以〈說儒〉一文最為精審，該論無疑是胡適關於儒家問題的代表作。客觀地說，二十世紀文科學者一般都繞不開儒的問題。胡適作為二十世紀中國的代表學人、中哲史研究的開山人物，他對儒的態度就更有一種參考的意義。而我們對「儒」這一問題的討論也從歷史事實（胡適〈說儒〉）開始。

史實

　　林同濟曾經這樣評價說：「胡適之先生的《中國哲學史大綱》，可算是開山之作。以今日的眼光與標準看去，這本書的內容，許多地方難免草率，全部結構也嫌散漫，可說聰明有餘，深入不足。開山之作從來都是如此的。」「大家都怪著，為什麼胡先生大綱的第二卷（大綱只出了上卷）到今日還不出來。我揣測他並不是材料缺乏，根本問題，恐怕是他已經不能再繼續第一卷的作風而寫出第二

卷，要寫的話，他必要從頭寫起！」「然而《中國哲學史大綱》終
不失它在中國現代學術史上的真價值、真作用——它劃出一個新時
代。」（〈第三期的中國學術思潮〉）我們說，林同濟的這一觀察是
細緻的。胡適確實很早就推翻了他原來的認識，林同濟說：「六年
前胡先生自家就坦率告訴我說，他對他從前關於中國思想史的見
解，已經全部推翻了。他那時候正在繕寫〈說儒〉一文。」（〈第三
期的中國學術思潮〉）照林同濟的說法，胡適的〈說儒〉其實是他
思想史研究的變法。

從淵源上說，胡適明確以章太炎的研究為前導，而章太炎的方
法乃是名學方法與歷史方法的結合。〈原儒〉說：「儒有三科，關達、
類、私之名。達名為儒。儒者，術士也……類名為儒。儒者知禮、
樂、射、御、書、數……私名為儒……」胡適在肯定章太炎成就的
同時又感到不滿足，〈說儒〉就是胡適所作的補充。而論文的觀點
總以這一條為最關鍵：「（二）論儒是殷民族的教士；他們的衣服是
殷服，他們的宗教是殷禮，他們的人生觀是亡國遺民的柔遜的人生
觀。」胡適沒有放過儒的兩個基本古義，即《說文》和周易需卦所
講的柔與遲滯之義。「而需是密雲未雨，故為遲待疑滯之象……需，
事之賊也。」「所以儒的第一義是一種穿戴古衣冠，外貌表示文弱
迂緩的人。」胡適詳細考論了服制方面的問題，就是為了說明儒為
殷人之後這樣一個核心意思。「從儒服是殷服的線索上，我們可以
大膽地推想：最初的儒都是殷人，都是殷的遺民，他們穿戴殷的古
衣冠，習行殷的古禮。這是儒的第二個古義。」

在胡適的論證中，有這樣一個意思是非常關鍵的。即殷、周民
族混居了六、七百年，兩者的原始差異漸漸消磨，不容易為後世察
覺。實際上，單就禮俗而言，殷、周便有明顯的不同，比如三年

喪的問題。胡適認為，孔子講三年喪原是殷人的禮俗，至於周人則是既葬除服。因此三年喪並不具有普泛的意義，儘管孔子為他的主張和理論找了種種的理由，像三年去父母之懷一類，但當時即遭到孔門弟子（如宰我）的質疑。周人對殷人的統治是恩威並用的，所以殷人的禮俗周人沒有過多地干預。這種情況有點像滿人對漢人的態度，漢人是纏足的；但滿人不纏足，也不干預漢人的習慣。雖然是考史，但是我們能夠清楚看到胡適不同意什麼。比如孔子所擬定的價值系統就不能誇大為人類之一般，它並不具有經義性。關於三年喪的問題，實際上有兩點值得考慮：一是三年喪為殷人的禮俗，殷滅亡後，在周人的統治下很痛苦，本身有濃厚的喪的情緒；而維持自己的禮俗便有一種標示意味，這些胡適論述得很清楚。另外儒是以為人助葬相禮為職業的，尤其是所謂小人儒；孔子便多次為人助葬，所以喪的思想發達在儒者並不奇怪。像僧道在喪事中後來就扮演了很要緊的角色。胡適的考證工作本身說明，儒的價值體系、道德系統是不能反歷史地誇大的。比如說，「到了孟子，他竟說三年喪是『自天子達於庶人，三代共之』的了。到《禮記・三年問》的作者，他竟說三年喪『是百王之所同，古今之所一也，未有知其所由來者也！』」而事實卻是，「三年之喪是儒的喪禮，但不是他們的創制，只是殷民族的喪禮──正如儒衣儒冠不是他們的創制，只是殷民族的鄉服。」所以〈說儒〉首先是一篇文化論文，它的技術細節還在其次，胡適寫這篇論文隱含地表達了他對很多文化主義的回應。

任何一種人文，其普泛價值的建立，原本都是因承於某個具體的原始，就像儒服乃是因於殷民族的鄉服那樣。根據胡適的說法，儒之名在文化史上原來是與「殷」關聯在一起的。「商之名起於殷

賈，正如儒之名起於殷士。」但是到了周朝統治的時候，儒卻成了
亡國忍辱的一個特殊階層。「他們不是那新朝的士」；「他們只是
儒」。而且儒的位置好像處在一個上下交際的地段，「大概周士是統
治階級的最下層，而殷士是受治遺民的最上層」。這裏明顯有一個
需要細心分別的節目，就是殷士與周士的輕重差別。儒在周朝已經
不再是真正計程車了，至少是有一個地位退化的情況。關於殷周民
族的不同差異，後人已不容易有感性的瞭解。胡適說：「我們現在
還不明白殷周民族在語言文字上有多大的區別」，就反映了這一
點。但是，「幾百年之中，殷商民族文化終久逐漸征服了那人數較
少的西土民族」。這裏面的同化過程也是顯而易見的。「殷周兩民族
的逐漸同化，其中自然有自覺的方式，也有不自覺的方式。」如果
說不自覺的同化是歷史不得不然的綜合情勢所決定的，那麼，「那
自覺的同化，依我們看來，與儒的一個階級或職業很有重大的關
係。」「這就是去做臣僕。」所以，我們必須要予以關注的，便是
儒的歷史品質之形成這一問題。在這方面，胡適的論述詳細而當
理，本身已構成一個系統的義理定位。

　　胡適指出，孔子以前，儒的流品很雜，有君子儒，也有小人儒。
而儒首先是要放到殷這個限定內去討論的。首先是儒的職業問題，
即作為殷的亡國遺民，他們是靠什麼存活的，怎樣生存。胡適是從
依附關係上來解釋的，「這就是去做臣僕」。他特別引周易需卦給以
說明：「儒在酒食，是有飯吃了，是他最適宜的地位。」「需卦所說
似是指一個受壓迫的智識階級，處在憂患險難的環境，待時而動，
謀一個飲食之道。這就是儒。」儒在酒食，是需卦九五爻的內容。
正是這樣的生存樣態，造成了儒（或者說加固了儒）「術士」的特
點。「儒的職業需要博學多能，故廣義的儒為術士的通稱。」「天久

不雨，國君也得請教於儒者。這可見當時的儒者是各種方面的教師與顧問。」「他們真得要無所不知無所不能的了。」這些顯然都屬於小人儒的方面，是由柔遜的寄生性所決定的；即殷亡以後確立起來的一種根深蒂固的從屬性。從小人儒的生活裏胡適總結說：「第一，他們是很貧窮的，」「這是因為他們不務農，不作務，是一種不耕而食的寄生階級。第二，他們頗受人輕視與嘲笑，因為他們的衣食須靠別人供給；然而他們自己倒還有一種居傲的遺風。」「第三，他們熟悉禮樂，人家有喪祭大事，都得請教他們。」「第四，他們自己是實行久喪之制的，而他們最重要的謀生技能是替人家治喪。他們正是那殷民族的祖先教的教士，這是儒的本業。」所以，「儒是殷民族的教士，靠他們的宗教知識為衣食之端。」胡適把儒（至少是早期的儒）描述得寒傖是顯而易見的，他自己也十分清楚這一點，所以特別解釋說：「如果還有人覺得我在上文描寫儒的生活有點近於有心譭謗孔門聖賢，那麼，我只好請他平心靜氣想想孔子自己說他的生活⋯⋯」

關於君子儒，尤其是孔子所代表的經過變革和提升的中興的儒，其歷史品質又是怎樣的呢？胡適有一個總括的意思，說得相當清楚。「但這個廣義的，來源甚古的儒，怎樣變成了孔門學者的私名呢？這固然是孔子個人的偉大成績，其中也有很重要的歷史的原因。孔子是儒的中興領袖，而不是儒教的創始者。儒教的伸展是殷亡以後五、六百年的一個偉大的歷史趨勢；孔子只是這個歷史趨勢的最偉大的代表者，他的成績也只是這個五、六百年的歷史運動的一個莊嚴燦爛的成功。」而「這個歷史運動是殷遺民的民族運動。」歷史原因方面，胡適談到了一個關鍵的問題點，就是「五百年必有聖者興」的「懸記」；這件事是與宋襄公的事蹟對照著說的。胡適

提到宋襄公用鄫子祭次雎之社，是因為他迷信五百年必有王者興的預言，「這樣恢復一個野蠻的舊俗，都有取悅於民眾的意思」。因為宋本來是殷的遺留，最能夠代表殷，所以宋襄公便抱有一個成為復興殷商的王者的念頭。雖然懸記「引起了宋襄公復興殷商的野心」，但他最終還是失敗了。而這一次民族復興的運動失敗以後，希望便落在一個將興的聖王身上。這個人就是孔子。從「天之棄商久矣」到五百年的懸記，「所以我們可以假定，在那多數的東方殷民族之中，早已有一個將有達者的大預言」。所以說，孔子的業績，很明顯與儒的既成歷史境況和各種時代條件有關。「在那殷周民族雜居已六七百年，文化的隔離已漸漸泯滅的時期，他們（指儒）不僅僅是殷民族的教士，竟漸漸成了殷周民族共同需要的教師了。」「在他們自己民族的眼裏，他們是殷禮（殷的宗教文化）的保存者與宣教師。在西周民族的眼裏，他們是社會上多材藝的人，是貴族階級的有用的清客顧問，是多數民眾的安慰者。」「向他們問禮的，不但有各國的權臣，還有齊、魯、衛的國君了。」儒既然有了這種種的歷史地位與條件的變化，當然就為孔子的最後提升（對儒的）作了準備。

胡適認為，孔子所以能夠中興「儒」，首先是因為他認清了文化逐漸混合的趨勢。統治中國既久的周文化既然已無法拒絕，就只能衝破那民族的界限。由於後起的文化湮沒了老文化，所以就連老文化的中心「都不能繼續保存他們的文獻了。」既然孔子有這樣透闢的「歷史的看法」、歷史見解，他自然能放棄傳統的保守主義。所以才有吾從周的口號，把殷民族的「祝人儒」變成了全國人的師儒。胡適這樣評價說：「從一個亡國民族的教士階級，變到調和三代文化的師儒；用吾從周的博大精神，擔起了仁以為己任的絕大使

命──這是孔子的新儒教。」「仁以為己任，就是把整個人類看作
自己的責任。」所以說，「儒的中興，其實是儒的放大」。「孔子的
偉大貢獻正在這種博大的擇善的新精神，他是沒有那狹義的畛域觀
念的。」「這才是那個廣義的儒。」胡適的這些說法，很有一些文
化自況的味道。實際上，與同時代的所有學者一樣，胡適也不能不
在論文中透出透進東西文化交合的消息，這是那一代學人都會有的
宿命；有很多說法顯然都是二十世紀的某種自道。比如胡適說孔子
的自信，實際上就反映了他自己的自信。「到了孔子，他對自己有
絕大信心，對他領導的文化教育運動也有絕大信心」，「所以他自己
沒有那種亡國遺民的柔遜取容的心理」。「有教無類，這四個字在今
日好像很平常，但在二千五百年前，這樣平等的教育觀必定是很震
動社會的一個革命學說。」所以胡適說：「以上述孔子改造的新儒
行……這真是振衰而起懦的大事業。」雖然這些只是胡適對孔子的
評價，但卻處處使人覺得像是新文化運動的自況。因此，對歷史研
究與時代自道我們如何分別清楚，也是一個問題。

　　其實在講孔子以外，胡適對孔門的議論並不好。這種反差也透
射出：一方面胡適所處的時代仍然有尊孔的臭味，迫使胡適不得不
作出種種的協調，或者說圓滑處理；而另一方面，胡適對歷史中的
儒又確實有很多看法，他的理智不允許自己表現出尊儒的俗態，這
樣自然會造成一個心理上的拉扯與緊張。加之對錢穆、馮友蘭等學
者定孔子的年代在前、大有立教主的意思的反對，都使得胡適在保
持對孔子的客氣之外，再也無法克制。儘管這些都是隱晦的。他說：
「《檀弓》所記，已夠使人厭倦，使人失望，使人感覺孔子的門風
真是及身而絕了。」因為孔門弟子絕大多數還是只在小節上討營
生，孔子的風範並沒有流行多遠。「孔子和這班大弟子本來都是殷

儒商祝，孔子只是那個職業裏出來的一個有遠見的領袖，而他的弟子仍多是那個治喪相禮的職業中人」，這才是孔子及閩弟子的根本區別。孔子並不是沒有職業痕跡，幫助原壤治喪就能說明孔子的職業痕跡，雖然「這一個不守禮法的朋友好像不很歡迎孔二先生的幫忙。」所以孔子只是能見其大而已，「不是拘泥儀文小節的。」當然從另一方面、相對於孔門弟子說，胡適還是承認了孔子的教主色彩。他說：「孔子有博學、知禮的名譽，又有學而不厭、誨人不倦的精神，故相傳他的弟子有三千之多，這就是他的職業了。」這裏所說的職業，與治喪相禮那種職業顯然又有了不同，倒不如說更像是弘教的事業。「這都可表示他是殷民族的宗教的辯護者，正是儒的本色。」「他不但自己臨死還自認是殷人，並且還有天下宗予的教主思想。」從《檀弓》記孔子將死的一段，「還可以聽見一位自信為應運而生的聖者的最後絕望的歎聲。」「這就是一個無冠帝王的氣象。」這些話語，很有所謂「素王」的味道。

胡適總結說，孔子把柔遜的儒改造發展為弘毅的儒，「也就是《中庸》說的君子和而不流，中立而不倚。這才是孔子要提倡的那種弘毅的新儒行。」而「柔遜謙卑不過是其一端而已」。孔子的業績，主要也就體現在這種對儒的擴充上。「所以他把那柔懦的儒和殺身成仁的武士合併在一塊，造成了一種新的儒行。」「這就是見危致命的武士道的君子。」把武士道、成仁與儒說在一起，是否反映了時代對強毅的要求呢？所謂從歷史思想中發掘種種切合於現時的資源，同時這種對傳統的姿態還能贏得同情？「可見孔子的新教義已能改變那傳統的儒，形成一種弘毅的新儒了。」「這是一個新的理想境界，絕不是那治喪相禮以為衣食之端的柔懦的儒的境界了。」這樣的描寫，很使人想起新舊約全書的啟示；好像歷史中的

新舊教之間往往有一個鮮明的分際似的。胡適在研究過程中是否受到了約書思維的啟發呢？他用文學的筆調這樣寫孔子：他把儒抬高了、放大了，「他做了那中興的儒的不祧的宗主；他也成了外邦人的光……凡有血氣者莫不尊親」。最後這句話，很有約書的味道，胡適大概是有意這樣用的。結合前面胡適談孔子的教主思想，我們可以明白，近世以來宗教在文化生活中的侵入，使得學人不自覺地會在平時的思考中留下種種的影響痕跡，或者關注。比如儒家是否宗教的問題，便是一個十分「近代」的問題。從大方面說，所有這些細節都在表明一個宗教博奕時代的來臨。世界進入宗教博奕時代是必然的，胡適的文化研究及思路也不能脫離此氛圍的影響。概言之，人文就是衝突。

實際上，在〈說儒〉一文中，胡適專門有談儒道之宗教性問題的一番話。他說：「我們看殷墟出土的遺物與文字，可以明白殷人的文化是一種宗教的文化。這個宗教根本上是一種祖先教。」事實上，早在利瑪竇來華時就已經指出，中國民族是非宗教的，儒教並不是宗教。利瑪竇是教會人士，是宗教中人，他的意見本來是沒有多少討論餘地的。即以中國最宗教的道教也仍然是一個准宗教來說，華民族的非宗教性乃是不爭的事實。但是為什麼到了二十世紀，宗教問題卻這樣突出呢？這裏面另有原因。那就是：儒教的宗教性問題已經不再是單純文化學術的問題，而是演化為一種宗教博奕論、文化博奕論了。清末一大批學者想把儒家建設成一個宗教（如沈曾植談佛道儒耶回等問題），作為民族的抗力，正說明了這一點。胡適的意見是，儒與道的性格都是知識的、智識主義的，至少是人文主義態度的，而不是含有宗教的臭味。他說：「他們替這些禮文的辯護只是社會的與實用的，而不是宗教的。」「這種意境都只是

體恤生人的情緒，而不是平常人心目中的宗教態度。」「這種智識與職業的衝突，這種理智生活與傳統習俗的矛盾，就使這一班聖賢顯露出一種很像不忠實的排優意味。」「所以老子、孔子都是一個知識進步的時代的宗教家。」儒道所以都不能深入民間成為影響多數民眾的宗教，都只能成為長袍階級的哲學，其原因正在此。所以胡適說：「民眾還得等候幾十年，方才有個偉大的宗教領袖出現。那就是墨子。」但是話說到這裏，我們卻不能不有一點討論，即：墨家是真宗教，還是另有層次。因為我們在讀墨子書時會發現（比如天志、明鬼等等），裏面有這樣一個意思：宗教是有利的嗎？如果它是有利的，那麼好，我們贊成宗教，提倡、宣揚它；如果它是不利的，那麼我們反對、不要它。雖然墨家正好認為宗教有利，但這與嚴格宗教精神之間是否還是有距離，這個我們不能不問。

〈說儒〉另有一個同樣重要的觀點，即認為老子是更老的老儒，這個意見是無論如何不能忽略的。胡適關於儒與道的問題的論述，明顯有反對錢穆、馮友蘭一類學者認為老子年代靠後的意見的背景。所以胡適對老子的分析，裏面有很可玩味的成分。從安排上看，似乎對儒與道的討論是附屬於儒這一正題的。「我們現在可以談談儒與道的歷史關係了。同時也可以談談孔子與老子的歷史關係了。」胡適開宗明義說：「老子也是儒。儒的本義為柔」，《老子》的教義正是一種柔道，「老子的教義正代表儒的古義」。「儒是柔懦之人，不但指那逢衣博帶的文連連的樣子，還指那亡國遺民忍辱負重的柔道人生觀。」又說：「柔遜為殷人在亡國狀態下養成的一種遺風，與基督教不抵抗的訓條出於亡國的猶太民族的哲人耶穌，似有同樣的歷史原因。」胡適這樣批評錢穆、馮友蘭一類學者的意見說：「如果連這種重要證據都要抹煞，硬說今本《老子》裏的柔道

哲學乃是戰國末年世故已深時宋鈃、尹文的思想的餘波，那種人的固執是可以驚異的，他們的理解是不足取法的。」甚至有這樣的怪論：「現在竟有人說道家出於顏回了。」胡適曾經指出過馮友蘭定孔子年代在前含有立教主的意思，這是一種歷史中儒宗道統心結的遺留。在〈說儒〉中胡適表達這一意思說：「還有那個孔子問禮於老聃的傳說，向來懷疑的人都學韓愈的看法，說這是老子一派的人要自尊其學，所以捏造『孔子吾師之弟也』的傳說」。「現在依我們的新看法，這個古傳說正可以證明老子是個老儒，是一個殷商老派的儒。」韓愈是倡道統的，胡適說一些人學韓愈，其意所指甚明，並且引用史料加以說明（如〈曾子問〉）。胡適認為〈曾子問〉一篇頗能反映一個較早時期的情況：知道老子是一位喪禮大師，還能老老實實傳述孔子稱引老聃的喪禮意見，「這是老、孔沒有分家的時代的老子」。談到老子與周史的關係，胡適說：「這樣看來，我們更可以明白老子是那正宗老儒的一個重要代表了。」簡言之，胡適的基本意見是認為：「我們不能不承認這種柔遜謙卑的人生觀正是古來的正宗儒行。」但是這種違反人情的極端教義（柔遜）是不足為訓的，所以孔子也從老儒的教義裏出來，而漸漸回到中庸的路上去，「要從剛毅進取的方面造成一種能負荷全人類擔子的人格」。有了這一根本的不同，其他的教義自然都跟著歧異了。胡適這樣說歷史中的儒道分家，「在這個新儒的運動卓然成立之後，那個舊派的儒就如同滿天的星斗在太陽的光焰裏，存在是存在的，只是不大瞧得見了」。道的「原始儒」的一面就是這樣隱沒了。

　　順帶說一下，胡適關於儒道的意見（諸如老儒之類）在歷史中並不是獨一無二的「孤見」。比如清末大學者沈曾植就談到過這個問題，雖然十分簡短。《海日樓札叢‧柔道》云：「柔道陰行。柔道，

儒道也。周家尊儒，蓋文王以儒道取天下。」又〈道德仁義〉一節說：「老氏道德仁義之說，蓋古易家微言，或〈歸藏〉元旨。政如禮家說忠質文大同小康耳。」這裏已明白說到儒道為柔道，周人大概正是看到了儒道陰柔的一面，所以正好利用它來安天下，尤其是鎮撫殷人。歸藏易為殷易，而大同小康也是甚古的說法，這裏指出老子與殷的種種聯繫，與胡適老儒之說完全是相協調的。透過這件事我們能夠看到什麼呢？可以說，前代學者往往有很關鍵的見地不容易被我們覺察，這一方面是受寫作形式的限制；比如，如果我們不讀〈說儒〉那些詳盡的論述，哪裏容易透過沈曾植的寥寥數語窺見那麼詳細的條絡原委、來龍去脈呢！所以這些都是問題，但同時也說明了學問中的真見識之「不孤」。不僅這一點，像〈儒門刻急〉一節中還說到：「儒門澹薄，容不得豪傑。此宋時某師之言也。今日儒門一味刻急，吾恐天下豪傑，將有望望然去之患也。」胡適也說過：儒門淡薄，收拾不住一般老百姓、愚夫愚婦，他們都被低下的佛道兩教引誘去了。所有這些，都能反映學人之間真見識的種種暗合。

可以說，自二十世紀以降的所有關於儒的問題的討論與展開，看來都不得不以〈說儒〉為帽子。因為胡適這篇論文本身有一種標示意義，就是要把儒的原始情況之所是還原。而這篇論文又至少有三個人的工作為基礎，就是章太炎、傅斯年、胡適對儒的問題的考論。說到這裏，便不能不指出，民國以後新儒學的問題是不能脫離〈說儒〉去考慮的。儘管儒學是一個歷史活體，而不是死體；並且考史決定論也是難以成立的。但是基本的事實基礎卻很難完全離析掉，而剩下的乃是：對事實本身的考定能夠精確到哪一步。〈說儒〉用自圓的論證，使我們可以初步相信原始儒的情況不會相去太遠。

因此很重要的一點就是，胡適對文化的批評不能單純看作西學的作用，而更直接地有「對本身的觀察和理智作用」為元素。簡單地說，就是歷史中的儒本身有很多胡適不能接受的東西；所以唐君毅要求胡適不要攻擊傳統文化顯然不合適（參見王壽南先生主編《中國歷代思想家‧唐君毅》部分）。實際上，胡適對傳統文化有很多回護，這些在《胡適全集》中反映得很清楚，不必枚舉。總之，最重要的一點就是，〈說儒〉為二十世紀以降的人文（尤其是儒的開展）提供了某種嚴整性，這才是最要緊的。

須要說明的是，思想的情況有時候就像一場演說。主講人演講結束以後要回答聽者的提問，當他講演的時候，他是自話自說的；只有在回答問題之際，他才知道聽者想針對性地瞭解什麼。這時他會基於自己的本位作出回答，而不是考慮有沒有已經在演說中講過了。人文方面也是如此。在與西學交接以前，與面對西學發問之際，情況是顯然不同的。這並不是缺少什麼或者不缺什麼的問題，而首先是必須要回答提問的問題。如果這時候卻不知所措，那麼只能說明一點，即一開始自己就對自身缺乏瞭解，這是肯定的。所以討論到最後還是一個知彼與知己的問題。假如我們像做尿檢那樣來做一個讀檢，就會發現：一切問題的根結可能還是在讀書上。

新儒

正如陳寅恪所說：「竊疑中國自今日以後，即使能忠實輸入北美或東歐之思想，其結局當亦等於玄奘唯識之學，在吾國思想史上，既不能居最高之地位，且亦終歸於歇絕者。其真能於思想上自成系統，有所創獲者，必須一方面吸收輸入外來之學說，一方面不

忘本來民族之地位。此二種相反而適相成之態度，乃道教之真精神，新儒家之舊途徑，而二千年吾民族與他民族思想接觸史之所昭示者也。」（〈馮友蘭中國哲學史下冊審查報告〉）以本土思想論，當然要以新儒家為中樞。但陳寅恪所說之新儒家，是指理學而言，雖然影射當代的新儒學派。中西思想之過去與未來之可能，陳寅恪已經交待得很明白：交接碰撞是事實，消歇變形是另一回事。陳寅恪給馮友蘭寫審查報告，實際上隱含著他對新儒派的意見和告誡，當然陳寅恪自己的方案也包含在其中。在討論新儒家以前，我們要看一看二十世紀的理學，因為兩者有很深的關係。

六藝論

馬浮是二十世紀唯一的理學家。他說：「大凡一切學術，皆由思考而起，故曰學原於思。思考所得，必用名言，始能詮表。名言即是文字，名是能詮，思是所詮。凡安立一種名言，必使本身所含攝之義理明白昭晰，使人能喻，謂之教體。必先喻諸己，而後能喻諸人。因人所已喻，而告之以其所未喻，才明彼，即曉此，因喻甲事而及乙事，輾轉關通，可以助發增長人之思考力，方名為學。故學必讀書窮理，書是名言，即是能詮，理是所詮，亦曰格物致知。物是一切事物之理，知即思考之功。」（〈楷定國學名義〉）這裏所說，乃是儒家學思統一的傳統思想，本無新意。馬浮最反對學而不思的習慣，他說：「吾見有人終身讀書，博聞強記而不得要領，絕無受用，只成得一個書庫，不能知類通達，如是又何益哉？」（〈論六藝該攝一切學術〉）二十世紀中國所面對的問題，使思考的要求比任何一個歷史時代都高。如果說古代還能夠允許士人讀書喪志的

話，那麼二十世紀已沒有這種寬鬆。所以馬浮所講的實際上是一個時代宿命，沒有選擇安排的餘地。而這些言說又是他自己教學上的需要，馬浮教學生先要從文化自信開始。他說：「須知吾國文化最古，聖賢最多。」「但願諸生亦當具一種信念，信吾國古先哲道理之博大精微，信自己身心修養之深切而必要，信吾國學術之定可昌明，不獨要措我國家民族於磐石之安，且當進而使全人類能相生相養，而不致有爭奪相殺之事。」「不致錯了路頭，將來方好致力。」「對自己完成人格，對國家社會乃可以擔當大事。」「具此信念，然後可以講國學。」（〈泰和會語引端〉）這裏所講，乃是一種人文上的自信，屬於篤行精進的範疇，是起信，而非一般的義理糾纏。馬浮作為二十世紀唯一的理學家，其人文層面較比一般的哲學人為多，往往就從這些言行中反映、表現出來。

　　那麼，馬浮所謂國學到底是怎麼一回事呢？〈楷定國學名義〉云：「國學者，六藝之學也。」開宗明義，這是拿六藝作統領，即六藝論。但是馬浮對國學之名是有一番辯證、約定的，他說：「國學這個名詞，如今國人已使用慣了，其實不甚適當。照舊時用國學為名者，即是國立大學之稱。今人以吾國固有的學術名為國學，意思是別於外國學術之謂。此名為依他起，嚴格說來，本不可用。今為隨順時人語，故暫不改立名目。」可見馬浮用國學之名乃是照顧到世俗的習慣，所謂喻諸人而後可，他自己本來是不認同此名的。由此亦可見，傳統學人對名之嚴守法度，實繫於正名之傳統；同時，馬浮的意思實際上就是指出：二十世紀中國學術諸名的使用是亂來的。即從二十世紀翻譯語的情況來看，我們確實應該取一種歷史的態度和眼光，正如佛經的翻譯用語經歷過一個顯著的變化過程。最開始，譯經家用道、本無等詞語翻譯佛學，後來就感覺明顯不妥，

終於汰除，而徑用性空、真如諸種名。現代翻譯西學也一樣有此問題，比如本體、形而上諸種名，已然造成了很大的理解糾纏和對本土的「語用僭奪」，造成許多混淆麻煩。這些翻譯語詞也同樣面臨著本無、道那樣的歷史淘汰問題，只是還需要一個過程，因為它和人們的自覺進程相關。像「本體」那樣的用名就不如「有是」這樣的用名來得確當而方便，相較而言。「翻譯」如此，「比較」亦然。

馬浮曰：「現在要講國學，第一須楷定國學名義。」因為中國學問漫無涯際，從何入手，必須講求。馬浮的方案是：「舉此一名，該攝諸學，唯六藝足以當之。」這就是馬浮的六藝論。他具體說：「六藝者，即是詩、書、禮、樂、易、春秋也。此是孔子之教，吾國二千餘年來普遍承認一切學術之原皆出於此，其餘都是六藝之支流。故六藝可以該攝諸學，諸學不能該攝六藝。今楷定國學者，即是六藝之學，用此代表一切固有學術，廣大精微，無所不備。」這裏馬浮有一個具體的辯證說明，他說：「舊以禮、樂、射、御、書、數當之，實誤。」「六藝即是六經無疑。」馬浮的六藝概念所指，其範圍也就是留存到今的儒家基本典籍。馬浮自己說「某向來欲撰〈六藝論〉，」可見其信仰之誠篤一貫，鼓吹六藝論始終是馬浮的夙願。〈論六藝該攝一切學術〉云：「一、六藝統諸子；二、六藝統四部。」值得注意的是，馬浮也不主張諸子出於王官一說。「出於王官之說，不可依據，今所不用。」這一點與胡適的看法倒是暗合了，雖然所以然不同。中國的傳統學問，不出經史子集等分類，馬浮此說，等於是把中國的學問全部打在了六藝裏面。他說：「不通六藝，不名為儒，此不待言。」可見，六藝成了判定是否為儒的標準。至於諸子，「可知其學皆統於六藝，而諸子學之名可不立也。」很顯然，馬浮在這裏所用的乃是文化歸約法的思路，而且他是通過

論議各家之得失的辦法來說明子學統於六藝的，這一思路很可注意。那麼，既然是用到了歸約法，把一切都統歸於六藝，四部自然也不在外。所謂「如是則經學、小學之名可不立也。」「而史學之名可不立也。」「而集部之名可不立也。」其詳細之理由我們不贅引。這麼做的意圖，馬浮交待得很明白，「欲使諸生於國學得一明白概念，知六藝總攝一切學術，然後可以講求。譬如行路，須先有定向，知所向後，循而行之，乃有歸趣。不然則博而寡要，勞而少功。汎汎尋求，真是若涉大海，茫無津涯。」又說：「復次當知講明六藝不是空言，須求實踐。今人日常生活，只是汨沒在習氣中，不知自己性分內本自具足一切義理。故六藝之教，不是聖人安排出來，實是性分中本具之理。」「自性本具仁智，由不見，故日用不知，溺於所習，流為不仁不知。」「今人亦知人類須求合理的生活，亦曰正常生活，須知六藝之教即是人類合理的正常生活，不是偏重考古，徒資言說而於實際生活相遠的事。」

既然六藝統領一切學術，那麼西學當然也要包括在內。馬浮最可注意的一個觀點，也就是他說西學亦統於六藝，「六藝不唯統攝中土一切學術，亦可統攝現在西來一切學術」。這裏面有一個詳細的比附，我們可以錄在下面，而不用再多說什麼。因為這個比附很典範，舉一反三地看，任何中西對舉的資訊其實都可以從中找到。

舉其大概言之，如自然科學可統於易，社會科學（或人文科學）可統於春秋。因易明天道，凡研究自然界一切現象者皆屬之；春秋明人事，凡研究人類社會一切組織形態者皆屬之。董生言不明乎易，不能明春秋。如今治社會科學者，亦須明自然科學，其理一也。物生而後有象，象而後有滋，滋而後有數，今人以數學、物理

為基本科學,是皆易之支與流裔,以其言皆源於象數而其用在於制
器。易傳曰:以制器者尚其象。凡言象數者,不能外於易也。人類
歷史過程皆由野而進於文,由亂而趨於治,其間盛衰興廢、分合存
亡之跡,蕃變錯綜。欲識其因應之宜、正變之理者,必比類以求之,
是即春秋之比事也;說明其故,即春秋之屬辭也。屬辭以正名,比
事以定分。社會科學之義,亦是以道名分為歸。凡言名分者,不能
外於春秋也。文學、藝術統於詩、樂,政治、法律、經濟統於書、
禮,此最易知。宗教雖信仰不同,亦統於禮,所謂亡於禮者之禮也。
哲學思想派別雖殊,淺深小大亦皆各有所見,大抵本體論近於易,
認識論近於樂,經驗論近於禮;唯心者樂之遺,唯物者禮之失。凡
言宇宙觀者皆有易之意,言人生觀者皆有春秋之意,但彼皆各有封
執而不能觀其會通。莊子所謂各得一察焉以自好,各為其所欲以自
為方者,由其習使然。若能進之以聖人之道,固皆六藝之材也。道
一而已,因有得失,故有同異,同者得之,異者失之。易曰:天下
同歸而殊途,一致而百慮,天下何思何慮?睽而知其類,異而知其
通,夫何隔礙之有?戡實言之,全部人類之心靈,其所表現者不能
離乎六藝也;全部人類之生活,其所演變者不能外乎六藝也。故曰:
道外無事,事外無道。因其心智有明有昧,故見之行事有得有失。
孟子曰:行之而不著焉,習矣而不察焉,終身由之而不知其道者,
眾也。彼雖或得或失皆在六藝之中而不自知其為六藝之道。易曰百
姓日用而不知,其此之謂矣。蘇子瞻有詩云:不識廬山真面目,只
緣身在此山中。豈不信然哉!

　　西方哲人所說的真、美、善,皆包含於六藝之中,詩、書是至
善,禮、樂是至美,易、春秋是至真。詩教主仁,書教主智,合仁
與智,豈不是至善麼?禮是大序,樂是大和,合序與和,豈不是至

美麼？易窮神知化，顯天道之常；春秋正名撥亂，示人道之正，合正與常，豈不是至真麼？（〈論六藝該攝一切學術〉）

　　自清季、民初以來，中西思想經歷了一個由比附而比較的過程；而比較與比附是很容易互相滑入的。文化比附，應該是人類一種成規律的思維習慣。即任何兩種文化發生交接之際，弱勢的一方都會將自己比附於強勢的一方，而試圖從精神上將對方納入自身當中。像印度學人室利・阿羅頻多用四種姓來該攝現代社會，其做法與新儒派行為便如出一轍。實際上，在二十世紀的思維中有一種幼稚的毛病，那就是簡單化思維。質言之，他者再好，絲毫不能說明自身就不好，兩者原本是無干的。真善美可以說是很好的理念，但這並不意味著就要在中國的文化理念中覓出與之相對應的東西，結果流於比附、附會。中西的理念譜系不同，因為其家法各異，所以在有無的需要上也是參差的；我們沒有必要在每一個具體的「點」上都強求一律，所以馬浮就真善美所做的委屈解說反而顯得缺乏追問性了。像他說「夫今之所謂知識份子，古之所謂士也」也是這種情況，士的歷史人文層面顯然比一般知識份子概念要寬很多，豈好比附？這些都是問題。所謂身在六藝之中而不知六藝，人類生活被馬浮說成處在一種遮蔽的狀況下。顯然，以西學統於六藝，無疑是馬浮文化思想的敗筆。我們需要考慮的是，像馬浮這樣學為深厚的學者，到底有什麼必要去作這種低度的比附呢？今天看來，這樣做確乎是一個損失。所以我們只能從「文化苦心」一條路徑上去加以理會。這樣看來，民初留下的此類學術痕跡，確實是中國文化、人文史上的傷疤，這是需要永遠記住的。如果說馬浮的六藝論本來能夠自成一說，沒有什麼可非議的，那麼唯一可訾議的就是以六藝統西學這一點，而這是沒有必要的。即使西學的未來暗合於中學的法

度，也絲毫沒有必要去說，反失威信；這是馬浮學說上的遺憾。當
然，馬浮的六藝論首先還是緣於他的文化情感，也表達為感情主義
的，即國家人文主義、人文的國家主義。

但是說到國家主義，這裏面又含著張大的成分，而且不能說就
是虛偽的。因為從馬浮思路的統一連貫性來看，其文理是連續不斷
的，內中確有為人類遠景考慮的意圖目的。馬浮說：「學者當知六
藝之教，固是中國至高特殊之文化。唯其可以推行於全人類，放之
四海而皆準，所以至高；唯其為現在人類中尚有多數未能瞭解，百
姓日用而不知，所以特殊。故今日欲弘六藝之道，並不是狹義的保
存國粹，單獨的發揮自己民族精神而止，是要使此種文化普遍的及
於全人類，革新全人類習氣上之流失，而複其本然之善，全其性德
之真，方是成己成物，盡己之性，盡人之性，方是聖人之盛德大業。
若於此信不及，則是於六藝之道猶未能有所入，於此至高、特殊的
文化尚未能真正認識也。諸君勿疑此為估價太高，聖人之道，實是
如此。世界無盡，眾生無盡，聖人之願力亦無有盡。人類未來之生
命方長，歷史經過之時間尚短，天地之道只是個至誠無息，聖人之
道只是個純亦不已，往者過，來者續，本無一息之停。此理絕不會
中斷，人心決定是同然。若使西方有聖人出，行出來的也是這個六
藝之道，但是名言不同而已。」

又說：「諸生當知：六藝之道是前進的，絕不是倒退的，切勿
誤為開倒車；是日新的，絕不是腐舊的，切勿誤為重保守；是普遍
的，是平民的，絕不是獨裁的，不是貴族的，切勿誤為封建思想。
要說解放，這才是真正的解放；要說自由，這才是真正的自由；要
說平等，這才是真正的平等。」「諸生若於六藝之道深造有得，真
是左右逢源，萬物皆備。所謂盡虛空，遍法界，盡未來際，更無有

一事一理能出於六藝之外者也。吾敢斷言，天地一日不毀，人心一日不滅，則六藝之道炳然常存。世界人類一切文化最後之歸宿必歸於六藝，而有資格為此文化之領導者，則中國也。今人捨棄自己無上之家珍，而拾人之土苴緒餘以為寶，自居於下劣，而奉西洋人為神聖，豈非至愚而可哀？諸生勉之，慎勿安於卑陋，而以經濟落後為恥，以能增高國際地位遂以為可矜。須知今日所名為頭等國者，在文化上實是疑問，須是進於六藝之教而後始為有道之邦也。不獨望吾國人興起，亦望全人類興起，相與坐進此道。」（〈論西來學術亦統於六藝〉）

　　馬浮講得清楚明白，不需要我們再重複贅言。六藝論既然明確無疑，那麼在馬浮的學思構架中，剩下來的也就是技術工藝上的充實問題了。可以說，馬浮這些明白曉暢、提綱擷領的論述，本身就是二十世紀新儒家擺明立場的宣言，所以我們引述而不轉述。需要清楚的是，馬浮之六藝論是要以心學工夫為依託的，〈論六藝統攝於一心〉即明此。這裏最值得注意的是馬浮的「萬行不離一德」之論，我們看馬浮把一切都歸縮為一，抱一為天下式，吾道一以貫之，收拾得如此嚴整，足見二十世紀世局之要求士人亟須一個「紀律化」的高效統領，已是兵家氣味，再不能鬆鬆懈懈了。人文就是打仗，就是戰略守禦。而這個一就是仁，一切都是從仁當中開出來的。馬浮給出了這樣一個序列：

　　仁（一）
　　仁知、仁義（開而為二）
　　知、仁、勇（開而為三）
　　仁、義、禮、知（開而為四）

仁、義、禮、知、信（開而為五）知、仁、聖、義、中、和
（開而為六）

……

這就是馬浮一德可備萬行的模式，這種「開」較比後來的中生代新儒家學人之「開」要緊湊很多，也要自然許多。馬浮說：「吾人性量本來廣大，性德本來具足，故六藝之道即是此性德中自然流出的，性外無道也。」「學者於何學？學於六藝而已。大哉，六藝之為道！大哉，一心之為德！」「故一切道術皆統攝於六藝，而六藝實統攝於一心，即是一心之全體大用也。」「心統性情，性是理之存，情是氣之發。存謂無乎不在，發則見之流行。理行乎氣中，有是氣則有是理。因為氣稟不能無所偏，故有剛柔善惡，先儒謂之氣質之性。聖人之教，使人自易其惡，自至其中，便是變化氣質，復其本然之善。此本然之善，名為天命之性，純乎理者也。此理自然流出諸德，故亦名為天德。見諸行事，則為王道。六藝者，即此天德王道之所表顯。」（〈論六藝統攝於一心〉）

從這些地方我們可以清楚看到馬浮學說中地道的、典型的理學家法，馬浮的學說家法全是理學的，從他講理氣就看得很清楚。「今欲治六藝，以義理為主。」（〈理氣、形而上之意義、義理名相一〉）這裏所說的義理，當然是儒家義理。這與從西學開理學的「儒名西實」的路數是截然不同的，而後者在文化上只是情願主義的，即從很多新儒派人物自己的痛苦也能夠很明確地證實這一點。六藝之道與心德在此處的對舉表現出典型的性善論思維。只是我們要知道，這裏的重心已經不再是心性義理上的討論了，而是轉進為文化上的前途的關注。我們在審視學人思想的時候，最要緊的當然是不跑

題。馬浮謂：「此學不是陳舊呆板的物事，是活潑潑的，不可目為骨董」；「應知妙用無方，故當溫故知新，不可食古不化」（〈論治國學先須辨明四點〉）這是要說儒學絕不是歷史死體，而是正待發用的活物。恰恰是在從來沒有經歷過的歷史世變中，才好真正體現儒學的功用和效果。而且，對舊人文的瞭解乃是把握新世代的先決條件。溫故知新就是說儒學本體圓足，剩下的只是看運用得是否成功。「《論語》曰：『人能弘道，非道弘人。』道即六藝之道，人即六藝之人。」（〈楷定國學名義〉）人與道的關係這一信條交待得很明白。把古代學說看作歷史死體、從而荒廢人文資源的「現成觀」確實是二十世紀的一大特點。

　　有實無虛的實體觀既然不可取，那麼中國的人文資源作為世界的一個必要的抗體，而非華人一己之私產，也就是不言自明的了。二十世紀的文化比較，總體上顯然只限於中國與歐美的對比，而沒有及於所有人文類型的同時觀照，因而是失根的。這種情況在域外也是同樣普遍，即任何一個後進人文都喜歡直接拿自身與歐美作對比。馬浮的重要性，很明顯是因為他的歷史承（啟接）續地位。也就是說，作為最後一個理學家，同時又是民國第一理學家，馬浮是真正從傳統的理學家法中造就培植出來的、走出來的。這與馮友蘭、牟宗三等新儒學人物（包括中生代和新生代人物）以西學開中學是完全不同道的，儘管馬浮早年也出洋深切接觸、瞭解過西學。雖然馬浮著述不多，但是眉目綱領完全清楚，足以表傳他一生的思想。而且作為踐行家，其實行是其他新儒派人物所不及的。簡言之，二十世紀以來之新儒學人物，以馬浮最為純粹（相較言之），雖然馬浮的思想中仍不免釋家之雜，但在民國時代還能保持這樣的局面，已屬難能。因此，馬浮在近現代思想史上起著「僅此一線」的

作用，堪稱活化石，其歷史地位即在於此。最重要的，是馬浮始終沒有放棄他的文化名分權。只是這一信念首先只限於馬浮自己，因為馬浮對中國的國民性看得很清楚，他說：「及遇小小利害，便生趨避計較之心。」（〈論語首末二章義〉）這裏雖然是引程朱的話，但實際上指明了中國人的人格構成是利害型的；利害型的人格構成要想深造於馬浮所期的六藝之域是很難的。

　　有必要說明，如果說中國的固有人文能夠自發地開出什麼、原發出什麼，那是癡人說夢，因為這裏面有一個深刻的歷史之「勢」的問題。但是如果斷言華文化在「經歷了一番」以後不會升級，則又是胡說了。此兩者是必須明辨的。中國作為人類農業帝國的代表，他的「自開原發」性只能走到農文化的爛熟為止。人類只有一個國家可以自發地走出「農國形態」，那就是英國。只是它不會走得很遠，它僅僅是把人類帶出「農型」便要作歷史交接，而交接的對象就是新國家美國。這裏有一個決定性的先決條件是：「農的出埃及記」必須要由一個小國家、而且是一個島國來完成，否則就不可能。這是因為，只有小島國原則上才有可能真正脫離「對農的需要、依賴」的「地心引力」。（當然島國日本在外，因為它受大陸的籠罩太深；可以說沒有中國，日本將失去國家存在的方向。）但這樣的國家也必然是依他起性的，而不是依自性的。殖民時代的海路貿易說明了一切。所以，中國人文的「對農文化的升級」只是一個時間問題，農文化不足以成為歷史價值批判的口實，因為它是「勢」範疇。從大的歷史來看，諸多事項就不是「是非對錯」的，而是「必然過程」的了。不同樣態的國家，歷史分工是各異的；這些分工總的在為人類的大方向起推動作用。英美的人類歷史宿命，也是由「勢」所決定的。也就是說，農業帝國自己肯定會在某一個時候最

終死機，它必須靠外界的一次啟動來「重新」自己，而且只要重新啟動，它一定會進行升級。這些都是勢，因而是不可阻遏的。

儒家的路子，並不能適合於所有的地方；比如新加坡，就不適合儒家的路數。作為現代城邦國家的新加坡，似乎完全不知道應該怎樣作自我歷史哲學的定位。我們知道，人類只可能有兩種基本的政治樣態作元素，那就是大陸政治理路和城邦政治理路。實際上，在亞洲的東線完全有可能建立一個人類政治的對比主題：大陸中國代表大陸政治形態，而新加坡代表城邦政治形態。可是像不學的李光耀卻主觀情願地要往儒家型政治靠攏，而他自己連漢語都很困難，所以就造成人類地緣政治資源的巨大浪費。因為人類政治的集成形態完全可以在東線亞洲兌現，也就是說，新加坡現成適合的是城邦政治理路，而非大陸的儒家政治理路。像新加坡這樣的現代城邦國家其實是不可多得的寶貴資源：濱海、獨立而且安全，它應該充分利用自己為人類建設一種對比性，而不是無謂地重複什麼。只有建設一個類型對比的「犄角之勢」，才充分發揮了地緣資源。換句話說，小地域政治動用儒家的一套既沒有必要，也是浪費。

前面說過，二十世紀的中國有三條「主線路徑」——北美路線、東歐路線和本土路線。本土路線就是以新儒家政治文化主張為代表的思路；北美路線是以英美自由主義為中樞；東歐路線即所謂的俄蘇道路。無論近現代情況怎樣紛繁錯雜，都離不開這根「辮子」。可以說，經過歷史的驗證，東歐路線是極端後進的，是負思想、落後思維的典型；那麼剩下的就是北美路線與本土路線的角逐。馬浮借儒、道之辯批評唯物論說：「今講老子流失，是要學者知道心術發源處，合下便當有擇。若趨向外物一邊，直饒汝聰明睿

知到老子地位，其流弊不可勝言。何況如今代唯物史觀一流之理論，其淺薄處去老子簡直不能以天壤為喻，而持彼論者往往自矜，以為天下莫能過，豈不哀哉！」（〈論老子流失〉）當然馬浮對儒、道本身的論評也值得我們注意，他覺得老子太超然而高明了，所以實啟不仁之端；而馬浮的核心思想，就是以仁開萬行。〈論老子流失〉說：「周秦諸子以道家為最高，道家之中又以老子為最高，而其流失亦以老子為最大。」「法家之不仁，不能不說老子有以啟之。合陰謀家與法家之弊觀之，不是其失也賊麼？」「明明說成其私，是己與物終成對待，此其所以失之也。」這是馬浮擇儒去道的表白，同時也是對東歐道路的否定。中國的國家道路，只能是儒家的；而人類的道路，也只能是儒家的。這就是馬浮的基本觀點。

　　從馬浮的學說，我們實際上可以看到二十世紀思想的一種大體構成：

　　　　兵家——林同濟戰國論……

　　　　法家——X

　　　　儒家——馬浮六藝論……

　　　　名家——民初邏輯浪潮、各種名學討論、金岳霖……

　　馬浮論一切都可歸約為六藝，其六藝論固然可以作為某種標誌，甚至可以作為宣言看待，而新儒家原以馬浮最為純正（比較而言）。我們今天來看馬浮所論，語似空泛，實則賅攝。雖然他的思想也有一些不完美，比如食言不化的問題，這是形式上的。按照古人「言意法」，六藝者言也，所跡者意也。對現代來說，表述上尤其需要一種直接性，就是「有那個意思」即可；至於六藝及經典，只是言跡而已。去除了這些，會更趨純淨。當然從另一面來看，有馬浮這樣的傳統學人作為最後的仲介過渡，起一個橋樑連接的作

用，使後人能夠知所出處，也不是一件壞事。這樣，人文史就表現為連續而不是斷層的。關於新儒家宣言性質的文獻，馬浮的六藝論還不是最直接的，也不是最簡要的，雖然最鮮明、嚴整；賀麟的〈儒家思想的新開展〉應該說才是更簡易扼要、更為正式的表達，當然這是從文獻形式上論，後面我們會說到。

新儒家

新儒家是指熊十力一系以下的學派。熊十力是牟宗三、唐君毅的老師，新儒家的創始人。從淵源上說，熊十力是承自王學一脈的。他說：「儒者之學，唯陽明善承孔、孟。」「程、朱支離」（〈與牟宗三〉），這說明了熊十力的學統觀，同時也反映出他輕易的性格。司馬溫公曾經說過，楚人輕易，誠是也。這種輕易性，後來也表現在毛潤之的政治性格中。熊十力說：「汝好自作人，宏斯學者，吾不能無望於汝與唐君毅。大事因緣出世，誰不當有此念耶？」（〈與牟宗三〉）可見熊十力一開始就看好牟宗三、唐君毅，認為他們可以做新儒家的傳人。熊十力比附說，宋、明諸家宗孟，還不是最高，孔門顏回才是禪家最上境地。但這還是老派、舊派的比附，相對於牟宗三等新派的比附來，畢竟老化了，熊十力一輩人只是代表一個過渡期。其實牟宗三很早就有意會通康德哲學與中哲，和熊十力拿禪宗比附儒家相比，牟宗三是以康德來比附理學。對此，熊十力說：「吾子欲申明康德之意，以引歸此路，甚可著力。但康德所謂神與靈魂、自由意志三觀念，太支離。彼若取消神與靈魂而善談自由意志，豈不妙哉！叔本華之意志，無明也，吾所謂習氣也。康德之自由意志，若善發揮，可以融會吾大易生生不息真機，此就宇宙論上

言。可以講成內在的主宰，此可名以本心。通天人而一之，豈不妙哉！」（〈答牟宗三〉）

殊不知，康德正是因為在宇宙論上講不下去了才折向道德論的。熊十力說，他對思想是主張自由的，但是仍然要強調一個絕對統領。在與牟宗三的書信中，熊十力常有自省的話，說自己憂憤於世事日下，所以行事切急。但我們不能不問，除了精神可嘉，還應該具備些什麼？可以看到，在熊十力與牟宗三的討論中，他們對佛學、西學思辨的玄學性顯然缺乏必要的疏離，而表現出一種特別的喜歡。應該說，學人對概念生活的需要是必然的。像古代的佛學，也是因為能夠提供給士人一種概念生活，所以得到很多學人的喜愛。但佛學畢竟是帝國玄學，與民國玄學——哲學相比，當然是過時了。而熊十力正好反映了帝國玄學向民國玄學轉替的時代徵候，是這一轉易時代的代表。民國玄學與帝國玄學相比，無疑更優化、是更優的選擇。因為玄學情結，熊十力特別喜歡講悟，其實悟就是猜，在這件事上沒有什麼可以自欺欺人的。如果說哲學就是一個大謎語，是一個用幾十萬字寫出的大謎語，一旦猜中、一經猜出，達意就別無懸念，或者就是可以任意地發揮、附會，那麼其價值真正還有幾何呢？熊十力指出，牟宗三所說的西學中的理型，其實就是中學所謂形而上之理。熊十力交待得很清楚：他講的理，是真實的生化流行，不是空洞的概念型式、理型觀念，這是與西人最大的不同。但是熊十力語言混亂，講得很不明白。究其原因，是因為熊十力把儒學話語、佛學話語、西學話語雜在一起說、雜在一起使用，根本就沒有別同異，甚至是不分青紅皂白。這種情況，到了熊十力晚年尤甚。以至於熊十力的學生徐複觀也說，我不知道熊先生何以瘋狂如此？話語互串的情況，在熊十力的學說中是普通常見的。

　　牟宗三在給熊十力的信中說：「德國哲人立言，庶幾乎此，而英人則全不能了此。」（〈答牟宗三〉）可見牟宗三的英、德取向早就有了定型，他認為德國哲學才觸到了終極。實際上，牟宗三在這裏已經提出了他一生的問題，就是道德與知識的問題──道德、知識二者如何接頭？只不過在給熊十力的信中，這一根本問題是通過朱子學與陽明學的方式，即朱、王如何協調，格物致知與正心誠意如何統一的形式來表現罷了。牟宗三終其一生都將道德與知識的問題牽合在一起，這說明他對中國的知識部門還不瞭解，非獨西學為然。牟宗三的道路和熊十力有直接的關係，熊十力是從良知上去說大學之知的，而良知論源於王陽明。如果推到歷史的遠因，當初王陽明格物就是很荒謬的──對著竹子靜坐，是要幹什麼呢？首先他自己就沒有想清楚。所以，王陽明是在用玄學的方法來求實學的知識。連知識分類學都沒有搞清楚，就宣佈什麼學問部門破產、什麼方法徹底失敗，這是歷史上的大錯誤。所以，王陽明說格物致知就是致良知，這是對格致的選擇和限定。到了二十世紀，很多人還是沒有搞清楚知識分類，其表現就是玄學與科學的關係擺不清、弄不明，只不過古代的實學轉了一下，換成科學問題罷了，這只能說是歷史再過。但是思想史不看對錯正誤，而看是否重要。王陽明在歷史中出現了那麼大的不當，可是仍然影響深巨，這就說明思想有自己的規則。

　　熊十力向牟宗三解釋說，心也就是一個知，除了知還能有什麼呢？只不過有很多東西是不能預知的。其實說白了，近代知識問題不是一個哲理問題，而是一個歷史情勢問題，是只能夠從「勢」上論的。殖民史以來人類數百年的複雜，能夠從宋明理學類的話語、文本去搜求其究竟嗎？所以我們說，牟宗三等學者是在「狂（討）

論」，以至於連歷史知識都不顧了。科學知識的昌明，是近代世界的綜合情勢造成的，是歷史問題，而不是哲學問題，雖然可以在哲學上討論。其實牟宗三等人普遍都有一個文化意結，就是中國為什麼沒有導出科學來？它自己能不能導出這一套呢？這個問題，糾纏了很多學者一輩子，其實是一個無謂的問題。因為沒有勢的作用，科學終歸是有限的。所以熊十力在答覆牟宗三時，也只能拿出良知推擴一說來敷衍。也就是說，熊十力認為良知是體萬物而不遺的，所以由良知來開出知識也是很自然的。但是我們說，熊十力面對的是二十世紀的問題，不是宋、明時代的問題，所以他信誓旦旦地發論也是沒有用的。如謂：「朱、王各執一偏，吾觀其會通耳。」（〈答牟宗三〉）自以為解決了文化論上的道德與知識的問題，其實只是虛弱而已。熊十力最後說：「至西洋學術，精於格物，卻又不務致良知，便是大本不立。」（〈答牟宗三〉）可謂一語點破。

在給唐君毅的信中，熊十力也表達了相似的主張和態度。他說：「測物之知，畢竟欠缺也。」「德性之知既擴充，而聞見之知亦莫非德性之用。」「故學者求知，雖不遺散殊，而要在立本。」（〈答君毅〉）這顯然是用舊學的語言來表達對西學的意見和看法。所以熊十力虛擬一個性智來負責德性問題，所謂德性之知高於見聞之知者，就是知識上的東方主義、文化論。這無非是要說，我中國文化有至高者……。到了牟宗三，德性者演為道德形上學，正如康德分知性、感性之外更有純理性那樣，這個理性就是專門來負責上帝、宗教問題的，即建立純粹理性的宗教。所以理性在康德也是一種虛構，正如德性在新儒家是一種人為擬構一樣。只不過康德理論是應對、處理神的問題的，對普通知識學沒用。普通知識都可以知性、感性劃分。所以性智、德性之知等等，在熊十力也只是一種知

識寬慰。熊十力說，他的《新唯識論》就是要建立、完成中國的哲學、形而上學，這不是治西洋哲學者所能輕易瞭解的。「其立言自有領域，然未嘗排除知識，即非不為科學留地位。須知講哲學者，只不反對科學與知識，其為書也，非必取世間各種知識而悉敘說之也。」（〈答君毅〉）

　　熊十力的這個意見是不錯的，這就是所謂學理分工。他說：「儒者何嘗專講一本而遺萬殊？」（〈答君毅〉）天道之奧，人事、物理，儒者原本是莫不究明的。由此可見，熊十力的心理定向十分明朗。他說，所謂天道就是本體之代語。「儒者之道，如此其廣大悉備也，而吾賢乃謂其專論一本而遺萬殊，何哉？」（〈答君毅〉）熊十力的話並沒有講錯，儒學確實不反對科學。但是要說儒學重視科學，卻也是誑語。為什麼不重視呢？因為不可能重視。這是從勢上說，歷史中的人誰也沒有長後眼睛，要是古人看到了會有一個二十世紀，那麼，前人當然會認真考慮科學問題。所以儒學只有實學的態度，只是一個輕重的態度，僅此而已。但這已經足夠了，因為只要華人看到了科學，其實學素質就會把他們往極處推動。因此，中國人不需要神學那樣的終極原動力，歷史本身就足以為其終極原動。

　　熊十力說：「君毅有才氣而能精思，吾所屬望至切。」（〈答君毅〉）唐君毅之所以向熊十力提出科學與儒學的問題，是因為他在學術上有一個統領、統屬的意結，就是：科學真理如何匯歸玄學真理的問題。唐君毅認為，僅僅說玄學與科學領域不同、方法不同、分工而治，這是遠遠不夠的，還不能完全解決哲學之問題。既然玄學真理與科學真理同為真理，那麼，人們就不能不問它們彼此間如何流通。如果玄學真理是究極真理，人們就不能不問科學真理如何彙歸或依附於玄學真理。從這裏來說，西洋哲學有其

獨特價值。這些問題是西洋哲學的主要問題，康德以下很多哲學家都是關注於此。但我們要問的是，唐君毅在這裏所說的玄學究竟何所指呢？因為玄學是一個共名，它下面還有很多別名。佛學是玄學，基督教神學也是。但佛學與神學顯然是兩套系統。如果唐君毅在這裏主要僅指歐洲學術而言，那麼他所謂的玄學就只能是以討論上帝的問題為歸了。是誰證明過基督教神學是真理，而且是終極真理的？想以科學真理依附、彙歸於宗教神學，充分反映了唐君毅的宗教情結。

熊十力說，玄學、科學都緣於人們想窮究宇宙中的真理。所謂玄學、科學之名，只是一種「方便」，其實原無所謂玄學、科學的分別。這完全是用佛家的一套話語來敷衍，完全是臆說。「科學尚析觀，得宇宙之分殊。」「玄學尚證會，得宇宙之渾全。」（〈答唐君毅〉）實際上，熊十力可能不瞭解具體的康德批判神學等問題，所以他還在抽象地回答唐君毅提出的問題——科學真理如何彙歸、依附於玄學真理？還在講宇宙論、本體現象等老生常談的問題。實際上，康德哲學中早就講過從宇宙論證明上帝存在的不可能，所以唐君毅的問題之成立與否還是一個問題，熊十力的回答更是一個問題；師生間的這種討論、對話說明二十世紀的中國學人對問題還不能追問到點子上去。

熊十力借用佛家海水與漚的比喻來說明科學、玄學問題，實際上他觸到了一個意思，就是：科學是鋪開，而玄學是選擇。人類的一切知識學問都是中性的，只是陳列擺放在那裏，而人生不能只是這樣中性的、如事實所是的去做，要有所選擇、認同、信仰、皈依，這時候玄學就出來發生作用，為人類的精神安頓承諾、負責。簡單地說，科學是無機的，玄學是有機的；科學只是事實，玄學才是生

命。所以玄學有一種特權，就是它可以不以「理」論，因為人類情感是沒道理可說的，文化感情也是這種東西。這樣來擺科學與玄學的關係，才顯得熨貼而不糾纏。科學把現成鋪陳在那裏、擺在那裏，由玄學來做選擇。比如說選擇佛教信仰，或者基督教信仰等等。我們這裏所說的選擇，主要是指人的最終的選擇。熊十力說：「西洋哲學家何曾識得體用，其談本體只是猜蔔臆度，非明睿所照，故往往墮於戲論。」(〈答唐君毅〉)雖然有一定道理，但也表現了一種玄學偏見。

　　熊十力的主張就是這樣，他指證唐君毅的「疏誤」說，唐君毅對科、玄真理直下斷定之詞，卻沒有必要的說明，這最不妥，由此可見熊十力的明察力。他提出兩個問題：玄學真理果以誰家所見為真理？科學真理果與玄學真理同為真理嗎？第一個問題，永遠不會有最終的解決，因為人類都會說自己的最好。熊十力說，玄學對象是不可以質測的，所以玄學很難取信於人，而玄學真理也就得不到「印許」。熊十力強調，玄學真理絕不是知識的，但是玄學絕不可以反理智，而是要走到超理智的境地。這就是說，玄學是人類智慧，而不是人類知識。從這裏其實我們也可以看到熊十力、唐君毅師生之間的玄學之爭，雖然是玄學門內的事。也就是，熊十力的玄學是主佛學的，而唐君毅的玄學卻是主德國古典哲學的。因此在這裏，兩代人之間有一個新舊玄學交替、換代的情況，這是二十世紀必然的症候。所以，熊十力對誰為玄學宗主這一點相當敏感。他一再強調，佛學對宇宙人生諸大問題有細密的理智做基礎，而不僅僅是靠情感上的信仰和安慰。甚至說，佛家重解析，就是極精深的科學思想。這說明二十世紀科學已經佔據了壓倒優勢。既然如此，為什麼不直接講科學呢？這就是因為有文化感情的作用在牽制。所以二十

世紀的很多學者，其思想並無學理價值，而只有文化意義。熊十力把儒家的默識比附為佛家的止觀，由此可見其學術話語之雜亂——不是通貫，而是雜多。熊十力說，科學論者和唯物論者，「必絕對的肯定科學上之真理，而唾棄玄學或哲學不值一錢，以為玄學上之真理只是幻想。」（〈答唐君毅〉）所以首要的事情就是「刊定」科、玄真理之名。熊十力解玄學真理，完全是佛學的解釋，足見他的定見和成見。

　　照熊十力的說法，科學真理大致有六義：一、必須設定有客觀的物界。二、必從經驗得其佐證。三、能為一般人所公認。四、此理一定條件下有不變性。五、此理是分殊的。六、此理離不開主觀色彩。這樣分說，可謂清晰。但是熊十力強調，玄學真理才是絕對的真實，科學真理的真實性僅限於經驗界。正是玄學給了科學真理安頓處，所以科學真理終歸是相對的，不得與玄學真理同為真理。熊十力說：「科學不應反對玄學，哲學家更不宜置本體而不究，除去本體論，亦無哲學立足地，〈新論〉刊行之一部分，只是談體。」（〈答唐君毅〉）從這裏來看，在熊十力的思考中，顯然有一個文字串換的情況。因為一個「體」字，先是把儒、佛連在一處，接著又與本體論串在一起，這是適當的嗎？正如許多學者指出的，本體論一詞是一個很壞的翻譯，它不能傳達「有是」的真實意思，而且會把中西學的思考弄混，所以應該去除。熊十力通過字面上的關係，把佛學與神學、實學與玄學串在一起，沒有分類別同異，其立論之可靠與否可想而知。熊十力說：「東蓀最後答吾函，以本體論為西方哲學之特色。吾謂西洋學者探索本體之精神固可佩，但其本體論大概是戲論。」（〈答唐君毅〉）顯然還是不反省自己。

唐君毅

1950 年以後，大陸進入政治年代。政治話語取代一切，思想步入消沉。但是臺港的文化討論依然活躍，最具代表性的就是新儒家派思想，而以唐君毅、牟宗三為表率。由唐君毅起草的《中國文化與世界》是唐君毅和牟宗三、張君勱、徐復觀聯合發表的宣言——關於中國文化的宣言。文章自稱是基於一種「共信」，是他們對世界文化前途的認識，雖然同時也是目的、意圖、願望的表達。之所以發表這樣的宣言，是因為要向世界宣告：「中國文化問題，有其世界的重要性。」如果華文化得不到安頓、無所寄託，那麼「將招來全人類在現實上的共同禍害。」唐君毅認為：「真正的智慧是生於憂患。」這與《大學》「有所憂患，則不得其正」的說法顯然不相符。

在這裏，我們不能不做一些分別。即「文化」與「社會」這兩件事，人們並沒有別同異。時人往往把社會落後與文化落後混為一談，而文化問題與社會問題顯然是兩回事。所謂社會問題，是要專注於人群的；而文化問題，只專注少數人即可，這與「實驗室原理」是一樣的。比如說孔子發現了什麼是好的，這個不錯，但這只是實驗室成果意義上的。它是否兌現為社會性的、社會化的普通實效價值，是另外一回事，那是具體推廣工作上的問題。我們不能把兌現上的問題，混同為實驗室裏成果、方案之本身，這顯然不對，是混淆了兩件事。也就是說，文化批判與社會批判混淆在了一起；而中國文化與中國社會（歷史中的）乃是兩個概念。有了這個分別的支點，下面我們才知道該怎樣進行。

唐君毅指出，人們對中國學術文化的看法有根本的誤區，而中國人士與世界人士的情況又各有不同。歐洲的對華研究始於明末傳

教士，但他們是站在異教的立場，當然沒有客觀性之可言。而鴉片戰爭以後的中國研究，實際上只是文物研究。是死的研究，而不是活的研究。所以這兩期的研究，都談不到什麼真價值。二戰以來的中國研究，則是出於現實軍政的考慮，所以只有策略情報上的意義。至於國人更是不識廬山，可以不論了。唐君毅的意見是：中國文化是歷史活體，而不是歷史死體。所以死的研究行不通，也不道義。值得注意的是，唐君毅在論到中國文化正在生病、需要治療的時候，就明顯有混淆上面說到的文化問題與社會問題的情況。到底是中國社會在生病，還是中國文化在生病，這兩者搞不清楚，病永遠治不好，因為病因沒有明確。我們說過，二十世紀思想的兩個關鍵字是：中國怎麼辦？華文化怎麼辦？前者無疑更有一層優先性。客觀地說，文化本身是自在自為的，嚴格來講不存在怎麼辦的問題；需要辦理的僅僅是國家社會問題。這一層不辨明，問題永遠在五里霧中。傳統與習慣，制度與風俗，文化與社會，這些相對待的概念總是容易混淆在一起。

唐君毅明言，中國的「思想」才是華文化之主幹，他稱之為「根幹」。也就是主領一切的核心。不從這一根幹入手，學研方法上即欠妥。但是唐君毅「中國哲學」的提法終究不妥，因為哲學是歐洲特有的。從這裏我們可以看到二十世紀中國學者的烙印。唐君毅說，中國歷史政治的分合，「從未影響到文化學術思想的大歸趨，此即所謂道統之相傳」。這也就是唐君毅講的華文化從未斷絕的意思。也就是華文化的延續統一性，即人文道統。由此，唐君毅的一個重要的文化觀點，就是以「統」來給中西文化「判教」。他認為中西文化根本的不同就在這個「統」上。唐君毅說：「然而在百年以前之中國，在根本上只是一個文化統系一脈相傳，則是沒有問題

的。西方文化之統，則因現實上來源之眾多，難於建立，於是乃以超現實世界之宗教信仰中之上帝，為其統。」「今欲使西方諸國家及其文化複歸於統一，恐當在全人類合歸天下一家之時。而中國文化則自來即有其一貫之統緒的存在。這是中西文化，在來源上的根本分別，為我們所不能忽略的。」「以中國文化有其一本性，在政治上有政統，故哲學中即有道統。」

　　由是，唐君毅進而論華文化中倫理道德與宗教精神說：「同時以為中國文化中莫有宗教性的超越感情，中國之倫理道德思想，都是一些外表的行為規範的條文，缺乏內心之精神生活上的根據。這種看法，卻犯了莫大的錯誤。」唐君毅是一個宗教情結很濃很重的人，他不能接受華文化中缺乏宗教性這一事實。而這正是華文化的特點所在，即華文化認為只有「外表皮」的才是唯一當關注的，其餘都只是個人的「精神私生活」。但是唐君毅有一整套的理由。他認為當初來華傳教士只接觸到中國社會的底層，而且對傳教以外的事情本來就不關心，這樣就無緣觸碰到中國內在生活的深層面。由此造成的歷史印象就是：一般人都認為中國只有現實的倫理道德，而缺乏超越的宗教精神與感情。另外，西洋以炮艦、商船打開中國的門戶，也使中國學人專一於科學技術的學習與輸入，偏重於實用主義、唯物主義、自然主義等思想理路，而忽略了宗教面向的挖掘揭露。加之中國歷史缺少歐洲那樣因文化來源不統一而造成的特有宗教制度，這樣，中國文化精神中的宗教性成分就更不被人重視了。

　　需要討論的是，像唐君毅舉出的中國古人祭天等等例子，到底說明了一種超越的感情，還是超越的制度，絕不能混淆。把「天」解釋成古人宗教信仰所在之根據，究竟有多妥當，實在是一個問題。當然，像「上帝」一詞，本來是儒學和經典中的，後來用以翻

譯，習慣成自然。但這是否正好說明，「有無」與「程度」乃是兩個概念，必須分清楚，是不能混淆的。亦即，有沒有什麼，與此種形態、樣態到何種程度、何種地步，乃是兩回事。而真正具有說明性的是「程度」和「地步」，而不是「有沒有」。「有」與「是」是兩回事。比如說「有錢」不能說就是「富」的，有一分錢也是有錢。規定性在「是」上面定，而不在「有」上面定。所以，唐君毅的苦心論證說明不了什麼。從邏輯上來說，就是有和是還沒有搞清楚、沒有分清楚。「有宗教」與本身是宗教性的，這其中的差別很大，完全不可同日而語。

我們可以看到，在唐君毅的論述中（包括其他很多學者也有這個情況），就是有意無意地把超越性「等號」於宗教性了。但是，凡超越的就是宗教或宗教的嗎？這種「規定規則」是誰定立的？還是天下之通例呢？所以，新儒學中的學理問題是相當多的、無處不在的。從唐君毅對中國傳統的「義念」的舉論中我們就可以看出，超越、直面生死的態度被解釋成具有宗教性之信仰。這樣，我們在思考中就面臨一個大問題，即很多學人苦心地作宗教努力到底動因何在？到底是只講超越就夠了，還是必須講宗教呢？如果只講超越，事情會很簡單，而云宗教，則無不複雜。這是因為，宗教已然實體化了，而超越只停留於一般道理的層面。說宗教，必然會落實下來，馬上流於某某具體的宗教種類；而言超越，則只是普通、通常語詞意義、意味上的事情。從唐君毅的文化對話上我們就可以看出，說起來是論宗教問題，其實就是專注於耶教。每一個人文，都巴巴地與西學對話。把近代以來世界上的這種平列情況放在一起對勘，就會發現：各自的說話都不攻自破、如土委地解消了。所以客觀地說，二十世紀文化論者們的可歎也在這裏。就是

他們思考中的論域參照太過狹小、狹窄，因而論述上往往失根。這樣去試圖建設什麼，當然也是徒勞的。由此，我們可以給出一道近代以來文明對話的公式，這個公式對人類世界普遍適用。即：文明對話＝西學＋（　）

（　）是由歐西以外的每一個人文自己去填寫的。比如印度學者填印度，阿拉伯學者填阿拉伯，以此類推。

唐君毅說：「我們希望世界人士研究中國文化，勿以中國人只知重視現實的人與人間行為之外表規範，以維持社會政治之秩序，而須注意其中之天人合一之思想，從事道德實踐時對道之宗教性的信仰。這是我們要大家注意的第一點。」可見，宗教性乃是唐君毅關切的核心，是最重要的環節。其實，唐君毅這麼做，是要強化中國思想中的形上性，說明華文化是有其形而上之「根極」依託的，不僅僅是形而下的隨徙遷轉。而這是完全沒有必要的，因為形上下之名本來就是儒學經典標立出來的。這本身說明，古人知道瞭解什麼，與他們認同側重什麼，並沒有一定的關係。就像很懂得錢、深知金錢本質的人，並不就要是拜金主義一樣。正如《禮記》中所說，聖人立法，不是據天經地義之理，而是順乎人之情而已。「情」與「理」二元，很多學人不是沒有搞清楚，而是根本沒有「聽說」。這種聽說，是從觀念上提請注意的意思去講的。即，很多人還不知道有這樣一回事情。總的說來，人文主義與宗教主義這兩者學人並不完全清楚。就拿儒學來說，顯然是人文主義的，而不是宗教主義的，更不可以作宗教主義方向的牽扯努力，因為那是非類的。很多學者有一個心理因，就是拼命要「擠出」形而上來，似乎不這樣就無前路，也不高上。唐君毅說：「可以卑之無甚高論。人由此以看中國的心性之學，亦總從其平凡淺近處去解釋，而不願本西方較深

入於人之精神生活內部之思想去解釋。」就說明這個問題。其實這完全是一種人文自縛,人文主義是不可能以宗教性為歸的。它會尊重形而上,但不可能崇拜形而上,因為形而上是最簡單、最基本的事實,僅此而已。

按照唐君毅的安排,宗教性下來就應該是心性學了。他說:「我們從中國人對於道之宗教性信仰,便可轉到論中國之心性之學。此心性之學,是中國古時所謂義理之學之又一方面,即論人之當然的義理之本原所在者。」「而實則此心性之學,正為中國學術思想之核心,亦是中國思想中之所以有天人合德之說之真正理由所在。」「中國心性之學,乃至宋明而後大盛。宋明思想,亦實系先秦以後,中國思想第二最高階段之發展。但在先秦之儒家道家思想中,實已早以其對心性之認識為其思想之核心。」「由是中國傳統的心性之學,遂為數百年之中國思想界所忽視。」唐君毅總結的心性之學被忽視、誤解的原因我們可以不去說它,因為那屬於技術論證的問題。而且唐君毅的說法也只是代表了自己的觀點和設計。我們所要關注的乃是唐君毅思想方案之本身,而不是「所借之題」。像唐君毅說康德的道德學如何,便很能反應一般的問題。就是:新儒家學者把康德作為批判神學出路的道德論,通過形似與宋明之學比附到一起,這本身就是對西學的改編。

唐君毅認為,道德實踐應建立在追問的基礎上,而不是盲信盲從。他稱之為實踐與覺悟的合一。實踐差一分,覺悟就差一分;實踐進一層,覺悟就進一層。兩者相依而進,「共認此道德實踐之行,與覺悟之知,二者係相依互進」。這實際上就是知行論的範圍。可見所謂心性與道德實踐是一致的,兩者必然要在學理結構上安排在一起。也就是「道德實踐依據於內在心性,內在心性依據於天」

的模式。於是宗教性、精神信仰、形而上諸問題遂一條龍地得以解決。唐君毅說：「即見此心此性，同時即通於天。於是人能盡心知性則知天，人之存心養性亦即所以事天。而人性即天性，人德即天德，人之盡性成德之事，皆所以贊天地之化育。所以宋明儒由此而有性理即天理，人之本心即天心，人之良知之靈明，即天地萬物之靈明，人之良知良能，即乾知坤能等之思想，亦即所謂天人合一思想。」

「然由先秦之孔孟，以至宋明儒，明有一貫之共同認識。共認此道德實踐之行，與覺悟之知，二者系相依互進，共認一切對外在世界之道德實踐行為，唯依於吾人之欲自盡此內在之心性，即出於吾人心性，或出於吾人心性自身之所不容自己的要求；共認人能盡此內在心性，即所以達天德、天理、天心而與天地合德，或與天地參。此即中國心性之學之傳統。今人如能瞭解此心性之學，乃中國文化之神髓所在，則絕不容許任人視中國文化，為只重外在的現實的人與人之關係之調整，而無內在之精神生活，及宗教性形上性的超越感情之說。而當知在此心性學下，人之外在的行為，實無不為依據；亦兼成就人之內在的精神生活，亦無不兼為上達天德，而贊天地之化育者。此心性之學，乃通於人之生活之內與外及人與天之樞紐所在，亦即通貫社會之倫理禮法，內心修養、宗教精神，及形上學等而一之者。」

在這裏，我們不能不說，像唐君毅等學者把天、形而上、宗教性諸節掛到一起，顯然是不恰當的。因為天、形而上諸名顯然更具有普通性，而宗教概念卻是專門的。簡言之，並不是一提到形而上、天就意味著宗教，物理也可以講形而上。比如設計圖就是形而上的，而具體建築是形而下的。但這裏面可以完全沒有宗教什麼事。

所以唐君毅想牽附出什麼來是沒有必要的，等於說，他把一些事實
或物理概念與宗教這樣的非事實專有概念「關係」在一起了，但是
這裏面根本沒有必然的因果連帶或等同關係。唐君毅解釋說，中國
歷史文化所以能久，是因為有一種超越的要求。他有一個自豪的念
頭，「所以中國是對宗教最為寬容的國家」。這句話很能表達唐君毅
的宗教情結。雖然事實不差，但這正說明中國是人文主義的，而不
是宗教主義的。

　　唐君毅論宗教性雖然不怎麼妥當，但他論科學一節，卻很能
反映其思考水平。「正德與利用厚生之間，少了一個理論科學知識
之擴充，以為其媒介」，正因為純理論科學之缺乏，所以從「勢」
上來說必然造成中國文化精神、道德主體的寂寞與乾枯。因此，
中國人今後「更當兼求自覺成為純粹認識之主體」。而這對傳統文
化下的中國人來說是最困難的，在唐君毅的話語系統中即表達為
「仁、智」之辯。顯然，所謂技術理性者就包括在唐君毅所講的
「智」當中。他歸結說：「則中國文化中，必當建立一純理論的科
學知識之世界，或獨立之科學的文化領域；在中國傳統之道德性
的道統觀念之外，兼須建立一學統，即科學知識之傳承不斷之統。
而此事，正為中國文化中之道德精神，求其自身之完成與升進所
應有之事。亦即中國文化中道統之繼續所理當要求者。至由理論
科學之應用，以發展實用技術，以使中國工業化，則本與中國數
千年文化中，重利用厚生之精神一貫者，其為中國人所理當要求，
自更無庸論。」顯然，道統與學統之說，反映了唐君毅對純理科
學的肯認。

　　二十世紀的中國學者，皆為科學、民主問題所困，以至於形成
了不少定式思維及話語習慣，這是時代所決定的。但是如果脫出來

看，就會發現，首先問題的根結，還是正名沒有清楚。即以科學問題論之，中國歷史中起主導決定作用的乃是實學，而不是什麼科學。科學一名是二十世紀攬入的、安插在人文思考上的東西，其實是不當的、非類的。也就是說，中國根本不需要講科學問題，也無法講，因為它只能是實學的。過去、現在、未來都是如此。實學的無力，是它對技術革命的原動沒有近代科學猛烈，但這說明不了什麼。這是由知識分類性質決定的，屬於事實問題，而不應該助長為文化問題。換句話說，任何人文，都不可能大全地包攬一切文明原創權。科學導引出來的技術成果，必然被「實學地」現成接收。這是一個必然會發生的歷史事實，對之只能作歷史性的記錄和敘述，而無法構成文化論爭和交戰。人群不可能每一事項都自己「躬創」，這是「勢」的問題。所以，文化論者所糾纏的問題，其實說明不了什麼。唐君毅謂：「但是其所以需要接受西方或世界之文化，乃所以使中國人在自覺成為一道德的主體之外，兼自覺為一政治的主體、認識的主體，及實用技術活動的主體。而使中國人之人格有更高的完成，中國民族之客觀的精神生命有更高的發展。」也還是透出了一種實學的思維。

　　唐君毅論中國歷史政治，確為中肯之論。語雖簡要，卻非常清楚。他說：「然賢能之君不可必，則一朝代終必衰亡。以致中國之政治歷史，遂長顯為一治一亂的循環之局。欲突破此循環之唯一道路，則只有系於民主政治制度之建立。」其實此問題為人類所共有，但真能自發走出這一循環的只有英國。法國的歷史政局就長期動盪而混亂，並且其社會政治思想還給世界帶來極大的負面性。平心而論，中國歷史政治到清代已趨於整齊，距離現代政治最近，僅一步之隔。這是經過長期歷史打磨的結果，才有最後的歸約。只是這最

後的一步之隔，要由外界打入來完成，不可能通過自身兌現罷了。
但就自我元素的完整性來說，中國歷史政治是發育最好的。

說到這裏，關於民主問題，應該如何校論呢？直言不諱地說，
中國只能開明，而不是民主。而且開明本身已經足夠了，在概念確
定上也不像民主那樣多義。開明理念是輕重性的，開明之上還可以
更開明，而不開明的標準底線也是清楚無誤的。尤其在實效上，開
明與民主並無二致，而開明的拉撐度更強。唐君毅說：「自中國最
早的政治思想上說，即以民意代表天命。故奉天承命的人君，必表
現為對民意之尊重，且須受民意之考驗。」唐君毅講的中國歷史政
治如何「轉出」憲政民主，涉及到「下」如何對「上」進行限制的
問題。而正是在這一點上，中國歷史社會從來都是自上而下的，「風」
與「草」的意象就是最典範、生動的說明。

唐君毅談到儒家思想與民主政治的問題，應該怎樣觀照呢？平
實地說，儒家思想與近代民主政治之間不是「理」的問題，而是「勢」
的問題。也就是說，不是道理上怎樣，而是事實決定上如何。我們
知道，歷史中的儒家從來都不能夠製造政治、生產政治，而只能影
響政治、裝點政治。所以儒家根本上不可能改變什麼，而只能作用
於什麼。因此，從道理上來說，儒家再明白開明政治的道理，也不
可能搞出一個什麼政體來，這一切都是由勢決定的。所以，中國的
君主政體根本不可能由自己改變，而只能等到英國帶給世界憲政以
後，造成現代政治的大環境和生態，然後來變掉中國政體，道理上
無論怎樣說說都是沒有用的。所以中國歷史政治的問題根本不是理
的問題，而是勢的問題。前人當然不是瞎子，但是前人從來就沒有
辦法，所以他們充其量只能夠做到「緩解」，而不是性質改變。所
以客觀地說，中國的政治前途和前景（包括整個人類世界的政治前

途和前景），都繫於英國自身的進程和進展如何。這是一個殘酷的事實，為所有非盎格魯・撒克遜在感情上所難以接受。但人類政治的大事因緣確實是有段落分工的，此非願望所能左右。而英國的任務和使命，到它造成一個新國家～美國以後就要作交接。這才是歷史哲學的真相。

所以，人類政治嚴格來說只有兩大「態」，即中國態和英國態。中國態是古代政治的頂峰，而現代政治則屬於英國。這是就歷史中的政治社會而說，至於非政治社會則是另外的情況。人類社會只有兩大分類，即政治社會和風俗社會。像印度社會就不是政治社會，而是風俗社會。印第安社會也是風俗社會，風俗社會與政治社會是不同的。也就是說，政治並不是必然的，這要因人群的情況而定。只有在人文開展到一定程度的時候才可能談得到政治，包括制度及樣態等等。唐君毅對這些問題的探討，明顯有「德位」理論的元素在其中。誠如他所說：「民主之政治制度，乃使居政治上之公位之人，皆可進可退。而在君主制度下，此君主縱為聖君，然其一居君位，即能進而不能退。縱有聖人在下，永無為君之一日，則只能退而不能進。然本於人之道德主體對其自身之主宰性，則必要求使其自身之活動之表現於政治之上者，其進其退，皆同為可能。此中即有中國文化中之道德精神，與君主制度之根本矛盾。而此矛盾，只有由肯定人人皆平等為政治的主體之民主憲政，加以解決，而民主憲政，亦即成為中國文化中之道德精神自身發展之所要求。今日中國之民主建國，乃中國歷史文化發展至今之一大事業，而必當求其成功者，其最深理由，亦即在此。」

唐君毅念念不忘的是其道德主體說，但道德到底是「派生」，還是「安插」呢？比如說人民富有則自然忠信一類思想，就屬於派

生論的思路。即：所謂道德，其實只是某種事實「衍」出來的效果，而不是反過來要安插於人們的頭上。因此，民主是要歸宿於、寄託於道德主體，還是權利主體，就一定要正名。所謂道德其實很簡單，就是以「不害彼」為限。而對道德的追問，沒有深切接觸過理學的人很難想像。位與德如何統一才能有益於人類生活、形成良性循環而不是惡性循環，是學者們歷來優先考慮的問題。而民主政治正能夠提供一個有利的契機。應該說，唐君毅所說的道德的完成這一命題終究有問題，因為道德並不是人類的本分，而是一種不得已的「迫然性」。

雖然唐君毅談到了天下一家、悲天憫人的人類大情感，以及世界學術思想合作共進之未來前途，但是不能排除唐君毅借人類關懷為華文化張目的做法。他說到「故此人生之存在，即兼成為『道德性與宗教性之存在』。」可見唐君毅講的各種主體，包括道德主體、政治主體、認識主體等等，仍然是以道德、宗教為總的依歸。直言不諱地說，像唐君毅等學者所講的文化論，嚴格上不屬於哲學，而屬於社會學範圍。是一種文化社會思想，這一點是不言自明的。所以我們在閱讀中，首先讀到的也是感情的東西。

唐君毅對西學的態度是很明朗的，他明言，西方文化是支配現代世界的文化，自十九世紀以來，世界各民族的文化都受西方影響。西方文化精神之最高表現，在古希臘科學、哲學精神和希伯來宗教精神。但是由於普遍觀念的強加意志，西方文化引起了其他文化的反感和抵觸，世界變得越來越不和諧。其實唐君毅在這裏講的就是一律性的弊害，他所說的西方對他種人文缺乏尊重與同情瞭解，並不是理性上的原因，而是人性上的原因。把「人性的」說成「理性的」，這是亂同異。普遍地說，人性天生就是唯我的，這並

沒有什麼不正當、並不缺乏正當性。中華帝國在強勢的時候，又何嘗尊重、瞭解同情過他者？所以世界只是一個強弱之形而已，也就是勢。易云立地之道曰柔與剛，是至理名言。中華帝國在轉衰的過程中，奴隸性日滋，故話語亦由傲慢折入委屈，其情由毫不複雜。唐君毅談到，西洋對東方的研究是有步驟性的、有計劃安排的某種預謀，因而嚴格來說那些不是研究，而是戰略。這就提出了一個問題，即不同的人類到底有沒有對話的必要？以前討論得多的是有沒有對話的可能，必要問題相對於可能問題來說，在問題上又推進了一層。如果說人類只需要談判、只需要商務關係就足夠了，剩下的只是情報意義上的事情，那麼，一切人文方面的說詞和行為便都可以作罷，這豈不是更直截？何必再遮遮藏藏、假研究而行情報之舉呢？無可諱言，西方的「學術猥褻」重於世界上任何地區，所以像所謂東方學這種東西，實際上是一種性行為。比如荷蘭研究中國古代房中術就表達了荷蘭人對性遙想的迷狂和對自身的某種厭棄——通過著迷於他人之事而達成某種宣洩、排遣。唐君毅認為，西方人應向東方文化學習幾點：一、當下即是、一切放下。二、圓而神的智慧。三、溫潤、惻怛、悲憫之情。四、如何使文化悠久的智慧。五、天下一家。我們說，這些意見都是圓軟無氣骨的，尤其天下一家最是不可，因為天下一家之日，即人類永蹶不振之時。異類可以互為抗體，同則懦化。所以說，唐君毅的建議完全是虛弱的。西洋民族是很義的，不可以作此要求。一切唐君毅所謂概念的、知進不知退的特性，都從義的本性流出。唐君毅說：「但是近代西方世界，帶著整個人類賓士。人縱皆能乘火箭到星球世界，而一人飛上一個星球，還是終沉入太空之虛無。此並未得人類文化以及西方文化自身，真正長久存在之道。西方人亦終當有一日會感到只有上帝之永

恆，而無歷史文化之悠久，人並不能安居樂業於此世界，到星球中，亦不可久居。」（《中國文化與世界》十一）

可以說，新儒家的問題在於把簡單的事情搞複雜了。約言之，中國近代以來的教訓是：實學的潛質是無限的，或者說是深遠的，並不只限於農業帝國的一點輕重性的利用厚生而已。因此，一旦深知了其中的深淺、利害，便可以永遠提醒自己。所以中國的創發原動力不在神教，而在歷史。簡單地說，歷史本身就可以為原動、就可以充當原動力——歷史的提示就已經足夠了，其實也只能如此。中國本來就是一個歷史的民族，也就是——實學的。所以它並不需要額外的終極——懸立一個什麼虛玄的東西，這既無必要，更不實際。我們應該清楚，中國是一個沒有玄學的民族。因此，近現代中國的歷史經歷和遭遇作為現成的終極原動已經送到國人手上了，再沒有更多其他的懸念。而且中國已經有了足夠的基礎，以後只是做的問題。如果不成功，恐怕很難再歸諸大而化之的原因和理由，世界早已經是一個細化的世界，原因論本身已經在技術化的路途中。近現代史作為原動力，不是已經深切地作用了包括新儒家在內的所有知識領域嗎？至於張東蓀所要求的那種推進思考，其實也只是一種深入論而已——無論怎樣要求從根本處透入，骨子裏都不可能脫離深入論。所以一切必然最終還是實學的、輕重的。形象地說，如果對一個華人講：科學研究的動力就在於對「終極」的信仰與精神求索，那麼，這無異於打誑語。因為實學只認技術科學，即科技，而不認科學神學和神學科學。因此科學只能是形而下的，說白了也就是——科技只能是實學中的器具部分，即所謂的制器。剩下的只是看制到什麼程度和地步，也就是輕重。這就是唯一在中國才可能的情況，別的人文區域另論。為什

麼很多人說科技這個提法有問題，就因為他們還不曾明白科技這個詞是實學的原創。

　　唐君毅謂：「中國近百年來之文化問題，皆表現於西方文化對中國之衝擊。」（《中國文化之創造》一）像太平天國是假借西方宗教的，左宗棠等平定太平天國之亂，暫時取得了中國文化精神之勝利。但是西洋富強之術，卻成了當務之急。需要說明的是，西洋富強之術是近現代的富強之術，與古代富強之術是有區別的，它已經升級了。所以，近代以來的中國也跟著面臨一個如何全面升級的問題。唐君毅談到，當時有君主立憲運動和民主立憲運動兩種潮流，康、梁代表君主立憲運動，孫文代表民主立憲運動，君主、民主之分在這裏切劃得很清楚。如果是君主立憲成功，中國就可以保存帝制，就還是中華帝國，就像英國保存王制、是不列顛王國一樣。但是君主立憲在中國失敗了，所以只好進到民主立憲，即肇建中華民國，從此中國由帝國成為民國、進入民國時代。唐君毅說，民主立憲運動勝利，「遂有民國之建立。」（《中國文化之創造》一）這是中國政治的大變化。由此看來，當初英國走上民主之路時，也是由開明導出來的，所以說開明為民主之母。英諺政治的靈魂在於妥協，就說明了這一道理。二十世紀的中國政治就是學不會妥協這一素質，無論專制者還是民運派都是如此。比如共產自由主義的濫行，就加重了民族之厄。唐君毅說：「馬列主義者因自命為西方近代資本主義之文化之批判與否定者，而被青年視為最新之西方思潮。此思潮又適合於中國人民近百年來對於西方帝國主義、資本主義之侵略之反感，並與中國傳統文化精神中均貧富之意識相應……」（《中國文化之創造》一）由此，唐君毅提出了一連串的問題，這些問題可以說是對二十世紀諸問題的一次集合，所以我們有必要列之於下：

中國文化精神，有沒有永久價值？（有）

如果沒有，中國文化歷史何以有數千年之久？

中國文化究竟有何缺點？

如果沒有，為什麼近百年會由西方文化思想領導？

為什麼中國現在會淪落到如此悲慘的國際地位、人民遭遇如此深重的苦難？

中國近百年對西方文化的接受，是否必須且應當？

西方文化真有價值之處何在？

哪些是中國人應當接受、並要進一步接受的？

接受的理由？

接受的態度？

接受是否必須先破壞中國文化傳統？

接受是否只須取長補短？

取長補短之接受，是否即是將異質的文化精神重新加以綜合，創造中國新文化？

或者依中國文化精神自身的發展，也能到一綜合階段？

中國應該有的新文化大體是怎樣？

近百年的變亂是否表明中國民族活力已衰？

中國民族是否真有能力創造新文化？

如何證明有這能力？

近百年的變亂中，中國社會文化有沒有真正的進步？

進步之處何在？

十分清楚，這一連串的問題，基本上攬括了二十世紀的思想論域、構成一部問題史。與唐君毅不同，胡適在談西方文化時很具體，常常加近現代一重限制，不使問題泛化，從而避免了籠統的大概

念，這是胡適的「問題訓練」。唐君毅雖然是用的省略句法，但在論說中往往有泛開之嫌，這是應該加以注意的。應該說，人類真正進入文明時代，一定是二十一世紀以後的事，這之前無論東、西，大家實際上都輸了，都同樣面臨一個痛心做人的問題。二十世紀的種種罪——文化革命、世界戰爭、意識形態壁壘，種族仇視與迫害等等，不言自明地彰示了這一點。唐君毅說，中國以後對西方文化，應持一剛健高明的態度，避免慾望驅動下的卑屈羨慕，所以唐君毅毫不懷疑中國文化的永久價值。如果真能這樣，在接受西方文化時自然豁達開通，也不會再局限於科學、民主、自由，更不是截長補短的綜合，而是要完成中國文化前所未有的新階段，這個新階段將超過現下的中西文化。屆時，人們再回頭看這一百年的歷史，會發現有一個中國民族精神的潛力在生長、有種種社會文化進步的事實可以被指出，從而在超越的眼光下，肯定近百年歷史的價值——這就是唐君毅的基本答案。

　　唐君毅說，文化歷史的長久，本身是文化價值的一種客觀證明，但更主要的是文化自身的內容。無可諱言，中國自近現代以來，由於種種的遷怒，在「陪斬主義」下造成的文化冤案也正不少。所以胡適當初說，中國現今最大的問題，是要敢於認錯，認錯了才能死心塌地地去學，通過學然後脫離困境。實際上，現在來看這樣的話，似有必要修定得更精確，即，不是認錯，而是認不足。我們這樣說絕不是搬弄概念、摳字眼，因為事實如此。比如說一個人無能，我們總不能說這個人犯了錯誤，而只能建議他加強訓練。國家的事情也是一樣，比如中國沒有工業革命、沒有工業化，這是錯嗎？顯然，這只是不足，因為我們要看到人類大歷史——中國根本就不可能原創出工業化，能導出工業化的只有英國。所以我們不能強國所

難，這個只能用歷史分類學的眼光去看。而且錯也者是有很多待論面的，比如說英國向中國傾銷毒品鴉片，對錯在哪一方（歷史性對錯）？怎麼論？擱到現在，私帶五十克毒品是什麼性質和概念，還不要說動用國家力量組織販毒。所以，當時的人類社會，根本就沒有發育出一個國際秩序，有的只是強弱。其實，我們對中國唯一的指責就是保守、頑固、僵化、封閉等等一類非常概念化的東西，但是這些能夠構成道德指責、道義指控嗎？如果是這樣，我們就完全可以說：你乏味、你落伍，所以我們要教訓你！這完全是強盜邏輯了。因為人與國家都享有「不接受」、拒絕一切的權利和自由，比如我們可以選擇落後權，只要我們有偏見，偏見就是一種權利。充其量他人只能勸告說：你這樣會吃虧的！但這顯然不是道德問題，僅僅是安全問題。所以如何論近代中國之錯、錯在哪裏？乃是最大的問題。如果說殖民強勢得到了很多，這是「對」的話，那麼道德標準就是：成功、功效、達到目的。目的性也就是道德性，中國要在這上面認錯，其情可想而知。萬事不如人，這不是錯，而是不足。所以這裏有一個正名的問題。正如無能不屬於道德問題，而屬於知識問題、能力問題一樣。像鴉片、毒品的問題，就不能只是指責中國一個，而要指責中、英兩個，否則就是失根指控、失根反思，也就是所謂「狂省」。因此，在這一連串的問題下，中國對西方實際上有一個全面把握的問題，即全面跟蹤。比如從堅甲利兵，到富強之術，到政治法制，到社會教育，到學術文化，到科學精神，到自由民主，再到⋯⋯這些同心圓的擴大化，便是一種「狂認」、「狂追」。從最初以為什麼，到直到以為什麼，正是犯了「狂不可以知」的毛病。「狂⋯⋯」最終是永遠不可能知道怎麼一回事的，只是無頭蒼蠅般地瞎撞，這是近現代以來最大的問題。其實中國的事情只

是一種「不足」意義上的、「不夠」層面上的問題，另外這個民族
也太陰柔，它有很多需要從日常習慣處改起的地方，即微觀問題。
總而言之，根結還是在具體的做上。

　　唐君毅說：「吾不信中國歷史文化精神，在本源上，有何不足。
吾亦不信彼一切棄祖宗之教者，竟無痛哭前非，廢然思反之一日。
然吾由近百年中國人一步一步自認其文化之有所不足，而不斷自己
否定其文化之價值，吾必須深探其理由所在。」（《中國文化之創造》
二）按照唐君毅的說法，一切都因為國人太偏重於從功利觀點著
眼。但是從另一面說，泛文化論思維的雜入，會把本來直呈的問題
複雜化，其結果反而耽誤事。比如一個人偷渡入境，是否我們又要
說：看來儒家的天下觀念還是有問題，致使疆界、界限概念模糊，
管理不明……其實這只是一個簡單直截的照章辦理的事情。所以諷
刺地說，也許健康的法律並不是宣佈裹腳違法，而是宣佈不裹腳合
法（傳統社會自宋代開始，漢族女子必須裹腳，否則不合法）。那
麼，裹腳肯定競爭不過放足，裹腳自然就消亡了。至於有很多人是
認同裹腳的，對賤骨頭們，他們也享有作賤權──這也是一種人
權，同樣只能「留章維護」。但毒品是另一回事，因為對他人太危
險。唐君毅說胡適是效用主義，所以講科學、民主，這個科學、民
主仍然是慾望對象。唐君毅的基本意思是要說明，由於文化民族性
的異質，真正的西方文化的精神國人沒有學到，而自己的文化精神
又丟棄了，結果是兩頭落空、一頭都不圖。所以，今後一定要返回
本位、「立定腳跟」（《中國文化之創造》二），這樣來觀省一切，才
算有根基，才能真正的當。

　　唐君毅將中國文化收縮到精神價值的層面去談，這只是代表
了一種取向。唐君毅自己明白地說，他要用一些意象來說明問題。

中國的精神就好像一把等待撐開的傘，當它僅僅是它自己時，難免會沉沉入睡。所以外間的刺激這時候就是必須的，我們對中國近現代歷史就應該從這種因緣的角度去觀照。唐君毅所說的意思，也就是我們講的人類互為抗體、以免軟化坍陷的意思，這些當然是必要的。所以人類不能合而為一，否則最終會如唐君毅所說的——收斂入睡。因此，保持人類的多樣性、純種性至為必要。唐君毅說，中國文化需要在內容中充實，其度量、德量已經足夠，此即為天地之量。借用古語來說，也就是「圓而神＋方以智」（《中國文化之創造》三）。智不指智慧，而指理智。新文化運動以降，圓而神的一面已經被破壞了。圓而神當然需要方以智去撐開，但是不應該被毀壞。像度量、德量這些傳統精神面向當然屬於圓而神。綜觀唐君毅的此類論說，實際上還是一種調和論。正像胡適講的，世界上沒有哪一種文化是只有精神或者只有物質的，單講一邊絕對是自欺欺人。精神類型及性質與物質類型及性質肯定一一相對應，比如印度的物質水平就一定對應那種精神學說，這是很自然的。所以，無論唐君毅怎樣大講高明，他對近世物力之發展是無可奈何的。二十世紀的文化論者，其發言明顯較古人為寒傖，這是值得注意的一個現象。比如我們看唐君毅的議論，就有他自己所說的坍陷內縮的情況。

　　唐君毅指出一點，中國文化的根本精神是滋養的，而西方文化的根本精神是耗竭的。所以一得長久，而一得顯赫——然後便一逝不回。對中、西兩者來說，一個要學習長久，一個要學習充實。唐君毅最緊要的議論，是指出中國傳統社會中少了中間一截，致使好的與壞的，恆成兩橛。這中間缺少的一截，是指一個必要的可以架渡者。比如聖賢自聖賢、小人自小人，中間短了一個可以不斷升進

的臺階、梯級步進的結構，這種情況我們是很容易看到的。比如中國的底層社會過於龐大，上面的一截無論怎樣精緻、講究也是無濟於事。因此，中國的歷史社會極容易陷入惡性的、不健康的循環和輪迴，造成壞的骨牌效應。所以近代以來的西方文化正能夠幫助中國「撐補」中間的這一段、這一塊。這是唐君毅反省的中國文化最根本的缺點。

　　客觀地說，現代新儒家學說上最大的弊端其實就在於他們所標榜的會通，因為所謂會通實際上只是雜而不純、東拉西扯、複雜問題。比如唐君毅談內心理想之超越性與客觀性就始終脫不了境界論的根性。唐君毅謂，西方科學精神，根本上只是以概念析物的精神，因而突出共性，為一客觀精神之表現，戡天役物之現代文明皆其成果。但是這裏我們有必要對所謂客觀者作一追究，即客觀究竟指什麼？一種是：在現實中既已存在的，我否定不了的。另一種是：我在現實中兌現的，別人否定不了的。一種被動，一種主動。所以，客觀如果僅僅是兌現了的主觀、僅僅是主觀的兌現，那麼，所謂的客觀精神實際上就是一種直進的主觀精神，其所表現的乃是一種強勢的主觀性要求。唐君毅和牟宗三都同樣論到了西方歷史社會中階級性的面向，同時又有不斷的衝破階級性的要求，所以西方歷史社會的一切成因都從階級性中流出，而且是全息的階級性的。諸如西方科學精神、生產技術、工業機械文明、階級意識、國家法律意識、重視社會文化之分途發展、民主自由精神等等，都依同一理念而成立，即客觀超越理想。唐君毅有一個形象的比方——金字塔和十字架。金字塔象徵著向上，十字架象徵著撐開。中國文化必須兼具這二者，使一切庸眾小人，「皆得一精神上升之路道」（《中國文化之創造》五）。唐君毅說，民主自由是西方文化圓而神的精神，社會

重組織、社團重規約、國家重法律是西方文化方以智的精神。這樣
看來，唐君毅圓而神、方以智之論不是玄學的東西，而是一種社會
思想，是一種人文社會文化論的東西。

唐君毅說，法律在中國文化中之地位，不能如在西洋之高，而
當次於禮樂，則理固然。因為中國古代的傳統，應該說是刑學的，
是以刑律為主，刑是一個管制系統，不是一個服務系統，所以在保
障人民之自由、啟發人格尊嚴之意識上，當然不能與現代法相比
──現代法必須是一個服務體系。唐君毅說到，中國人在歷史政治
中是很委屈的，因為皇帝不能被推舉，只能被接受，所以政治的
唯一出口就只有開明。西洋發展出近世民主，成因很多，非止一端。
比如社會文化團體等等力量的平衡協調作用、一些軟的輔助等等。
但是中國不具備相應的很多配套的社會軟資源，卻要搞現代民主，
還要一步到位，其結果就必然地只能是：好的一下子建設、建立不
起來，而原來固有的資源又破壞了，社會反而變得很壞、倒退回
去不少。唐君毅說的這種情況其實也是很自然的，這就像大汽車
在啟動時總要往後坐一下。但更主要的原因還是因為中國不能將
自身既有的資本和資源充量地發揮，就如林同濟所講的那樣，從
而走出一條自然的道路來。比如英國政治，也沒有現成的樣子給
它，但是英國必須原創著走出一條人文政治之路，然後再來帶給全
世界。所以怨尤式的批評是沒有出息的──除了表現人文的不學和
短少自我訓練以外，什麼也不能說明。簡單地說，民國的建立標
誌著、意味著一個從上到下的社會把一切移交給了一個從下到上的
社會。古人說的上下之道，這一簡單的政治總結又應驗了。唐君毅
的意思很明白，一個法制的社團國家可以穩固、強固國家與社會
的基礎，所以自由民主恰恰是為中國人精神上達之價值要求提供

了更大的方便。這其實就像筆記本的作用一樣，我們現在脫離了手寫的負擔，反而可以有更多的時間和精力專心於練習書法。所以傳統文化的生存不是受到了阻礙排擠，而是有更好的條件了。這就是工具改良的好處，我們正應該用這種態度去對待西洋及一切人類人文。

　　如果說文化反思僅僅是溺於原創自尊心而不能自拔，那麼這樣的文化反思其實只是一種心理症狀。還是那句話，從勢上來講只能是怎樣的，史實搞清楚了就不再多說廢話、不再糾纏，下面的方案自然會呈現。庸人主義地說，勢下無指責、勢下無批判，一切由勢通約。唐君毅謂社會文化當多方分途發展，實際上就是重視社會的多樣性和互容性，也就是共存性、並存性。他說：「西方人獻身於特殊文化領域者，恆陷於偏至之人生文化理想，而不知人文之大全。由偏至成偏執，而蔽陷於一曲，遂不免有以一種文化勢力，淩駕其他，使人文世界趨於分裂之事。」（《中國文化之創造》七）比如中世紀的宗教壓迫，現代的意識形態壁壘，以及科學一元論等等。我們說過，西學的思維性根就是攻乎異端的異端思維。所以在歷史人文中，它只是不斷地變換那一個具體的、統制一切的、排他性的唯一。比如宗教、科學或者其他等等。所以社會人文世界趨於分裂也是很自然且必然的，這與唐君毅的日以宏闊的願想當然是不侔的。在異端性下只有理解的鴻溝，比如帝國主義的膨脹，就是國家偏執之害的表徵。但是唐君毅說錯了一點，就是從古希臘時代起，城邦利益高於一切的思想就始終貫穿、影響著後世，而民主自由理念則更是一種局域性的存在。亦即：我怎樣限制、完善自我政治，絕不可以作那種平天下的解釋，而是非常具體的東西。唐君毅的不當，就在於他對任何事情總喜歡做一般高度的解釋，這其實是

一種抽象的想當然，所以唐君毅的知識訓練與知識性情絕不是歷史
的。其實，我們看唐君毅講的人文世界之多方分途發展，最終脫不
出、離不開齊物論的範圍，只是他指出的華文化的人文路子不會陷
於侵略的帝國主義之害，這一點卻說對了。因為中國文化理念不具
有文化理想的偏執，所以唐君毅認為，就這一點來說，中國完全應
該為全世界所取法。

　　齊物主義的世界立場固然是好的，但是齊物主義如何切實永行
卻是問題。唐君毅講多方分途是為了中國人的精神的上升，而不是
狹隘國家主義。中國傳統文化在方以智的一面有不足，所以中國文
化之傘未能撐開。這實際上暗示著中國文化應該羽庇天下，而且，
古人所缺的、所沒有的很多條件，現代西方已經現成地提供出來
了。所以從未來遠景看，華文化的前途應該是更好、更有利。所以
唐君毅說，西方人的能夠表現、善於表現是其最大的優點。但是只
要把穩了中國文化精神之本源，用華文化來統領這種表現，就可以
控制一切不出軌。實際上，這種路子格式還是類於中體西用一邊，
只是世人不承認。其實大家反對中體西用，只能夠反對到它的具體
的深度──即微觀部分，不能反對掉它的格式句型。唐君毅講話有
時候還是很隱晦的，我們可以理解為這是他的苦衷。比如說為什麼
他要講多方分途，為什麼要強調各自獻身於特殊之文化領域？因為
近世以來，西人各搞各的，學科門類得以發育齊備。而中國人的學
問知識習慣，向來是一窩蜂的多，比如說一下子都談心性、都弄考
據、都談中西等等，沒有做到該幹什麼就幹什麼，總是追蹤世風、
捕捉社會風氣，逐世而移、照世而行，所以整個中國大社會不容易
交響式地撐開和打開，這是最大的問題。唐君毅因為文化上的委
屈，有些話或者不好明說，所以只用形象的舉例來說意思。比如他

的公式——金字塔＋十字架＝傘（十字架＋金字塔＝傘），用的就
是傘這個比喻。這就是唐君毅的文化公式，用中文表達就是：圓而
神＋方以智＝華文化。

牟宗三

唐君毅說，未來中國社會結構之新文理，為昔所無者。雖然唐
君毅公式如此，但是他對世界與國家之辯的具體理論的把握卻不高
明。這就像把數學看得高於一切，與數學水平的高低無關（是兩回
事）一樣。唐君毅論世界與國家，除了姿態上的意義以外，並無真
實見識。實際上這只是表達了一種弱勢、一種話語的弱勢——疼狠
了之後的和事哲學。甚至唐君毅還提出了「世界國」的想法，其不
明可見矣。與唐君毅並峙的牟宗三，情況也並不就更好些。牟宗三
被稱為當代新儒家他那一代人中最富原創性與影響力的哲學家，而
事實是，牟宗三的思想與學術仍然是跟隨性的。牟宗三論政道問
題，明顯不妥，因為林同濟早講過，一種政治的成效主要是看它的
發揮如何。可見，與專習西洋政治學的林同濟相比，牟宗三的知識
訓練和準備是明顯有缺欠的，無論他在學說的技術裝潢上用過怎樣
的功夫，一旦從本體處檢查，就會暴露出根本的問題。歐洲各國，
除英倫之外，皆經過暴力摧毀，王權什麼時候是願意拱手相讓的？
所以只能說英國是特例，而不能像牟宗三那樣，指證「王權倨位」
為後進。在文化比較上，這種將特例與一般情況的關係混同或者詮
釋為必然發展史意義的、線性比較級關係（歷史先進與後進的關係）
的做法，明顯是人文狂比。所以義勝如牟宗三者，仍然不免此弊，
我們就只能說，二十世紀的大趨向，乃是「時勢」決定一切，任何

人都逃不出去。因此，人類人文不能脫離法、術、勢之局域，也就是顯然的了。

　　牟宗三開門見山地說，儒家的基本性格，就是它的常道性。牟宗三認為常道有兩層意義：一是恆常不變，一是普適於全人類。其中非常重要的兩點是：常道不可捨棄，文化生命不可摧殘。牟宗三說，儒家有什麼使命和責任，這個問題比歷史上任何時代都來得嚴重。而這個問題的前面一個環節，就是儒家還能否存在？牟宗三指出，現代知識人已經疏離了儒家，「很難接得上去。」（〈從儒家的當前使命說中國文化的現代意義〉）牟宗三強調，儒家與現代化並不衝突，而應該發揮鮮活的作用。但是話好講，怎麼操作卻是具體問題。通常，現代新儒家有一個不足，就是只知道吶喊，卻拿不出具體的可行辦法，這是不行的、很虛弱的。這樣一來，一切倡導、所有的辯護便都成了空話。而事實是，儒家的三期宏觀劃分許多人都沒有看到，因而滋生了大量的多餘的問題──實際上本來都不是問題，僅僅是事情。把事情當成問題，是現代的一個通病。比如說，儒家在當前、眼下該做什麼、怎麼做，這只是一件事情，別無懸念。牟宗三其實也有一個分期法，他以先秦至東漢末為第一階段，接下來到隋唐是道、釋居主；宋明理學是第二個階段。為了明確自己的態度，牟宗三說：「我現在倒過來說」（〈從儒家的當前使命說中國文化的現代意義〉），文化生命沒有了，民族生命、自然生命也會受影響、也沒有了。牟宗三把宋明理學歸於道德意識，同時指出，宋明理學家的外王不夠，而特別重視內聖。他特別提到，在進行歷史人文批評時，不能胡亂指責。比如說皇權，就不是理學家、不是學者能夠管得了的。正像朱熹對宋、王陽明對明無能為力一樣，君權只能靠歷史的新陳代謝去

更替。由此，牟宗三便推出了他的主題：儒家的當前使命──開新外王。

　　唐君毅也講過，中國歷史政治，只能走到「影響皇權」為止。除了皇帝，所有人最終都是只能退不能進。只有到了現代，帝制被打破，才為人文政治提供了新的契機。比如孔子、朱熹、王陽明可以競選國家元首，這只有在民國才可能，在帝國、在邦國都不可能。牟宗三也是經常援引唐君毅的話而為言。我們說，二十世紀的通病，就是每每冠以一個新字，像新儒家。牟宗三又提了一個新外王，正如他說胡適是新考據一樣。牟宗三說，以現在的觀點衡之，中國整個文化看起來外王面都嫌不夠。什麼叫以現代的觀點衡之？其實這就是根本的誤區所在。人類的一切過去，都只能以歷史的觀點、當代的標準衡之。以現代標準衡量古代社會，沒有不違情悖理的。人文社會最終只能以理衡論，所謂的「現在看來」顯然是不對的。我們說，很多事情，當時的人也未必不覺非，只是沒有辦法改變罷了。直言不諱地說，華人學者的這一類態度，根本上是現成論的表現。現成主義的思維完全起了一種宰製的作用，使得中國知識人對人類人文的視界總是在一種遮蔽的狀況中循環輪迴，不能得其確當之解。這也就是「失解」。所謂新外王就是事功的必不可少，因為世界已經完全到了一個「唯功主義」的地段。牟宗三提到，真正事功精神的民族是英美。中國傳統士人瞧不起事功的老實平庸、卑之無甚高論，這是不對的。事功精神必不可少、絕對必須。歷史是這樣，那麼今天當如何呢？什麼是真正的新外王呢？牟宗三說得明白：「今天這個時代所要求的新外王，即是科學與民主政治。」（〈從儒家的當前使命說中國文化的現代意義〉）可見牟宗三仍然接受老一代的影響、認同，也只有民主政治才能使事功充量地發揮。「民

主政治出現，事功才能出現。」「要求民主政治乃是『新外王』的
第一義。」「此處才是真正的理想主義。」（〈從儒家的當前使命說
中國文化的現代意義〉）這種認同與唐君毅是一樣的，即，牟宗三、
唐君毅都認為，事功在傳統的中國政治中只能走到一定的地步為
止，因為傳統政治必然地永遠在「打天下」中輪迴，由此可見人類
政治相互攻錯的必要。可見牟宗三講政道與治道，其政道是安頓在
民主政治之上的。但如此論政道，卻有一個以程度混同於有無的問
題，因而仍然屬於狂比，這種名理上常見的錯誤情形殆難免除。牟
宗三看得很清楚，「科學是新外王的材質條件，」天天講良知，「是
講不出科學的」（〈從儒家的當前使命說中國文化的現代意義〉）。這
裏牟宗三似有針對自己老師熊十力的意思，因為熊十力承陽明之
學喜歡講良知，而良知不是成就科學的認知機能。那麼，接下來就
只能用相加的辦法了。因此，這裏的問題就是，牟宗三們沒有看到
（或者說是失根了）中國的實學傳統，因而在理論上總是陷於拼湊
的境地、不能言順。「儒家並不反對知識」（〈從儒家的當前使命說
中國文化的現代意義〉）。儒家為什麼要反對知識？儒家的知識是什
麼樣的知識？對這些，牟宗三們並沒有追問和深究。事情是，牟宗
三只是以這個不反對來說明儒家可以和科學拼湊在一起，而沒有在
知識分類上再前進一步。這種態度可以說是二十世紀學者的宿命，
幾乎所有的人都只能到此為止。追究的有限性決定了方案和辦法的
有限性，跟隨性根本地限制了想像力，同時也限制了追問性。所以
二十世紀的學者不是追問者，只是「措置者」──追問與錯諸二者
沒有別同異。舉西措諸中、舉中措諸西，如此而已。

　　實際上，牟宗三所要求的就是儒家在現代社會的升級。但最大
的問題是，牟宗三這樣的學人對傳統學問部門的瞭解極為有限、

單一，所以其發言之無當是顯然的。像馮友蘭談科學問題，也是沒有很好地瀏覽文獻，比如史書中的天文律歷數據，以及各種類書等原始材料。牟宗三也差不多，這樣在發言上就是準備不全的。「若問清朝那些典章制度、風俗習慣在現代有何意義，討論起來甚麻煩，亦屬不相干的問題。」（〈從儒家的當前使命說中國文化的現代意義〉）此態度便是很好的說明。亦即，中國學人總是在批評傳統大而空的毛病，但是他們自己也仍然如此。牟宗三把具體地論之目為「數家珍」，這裏所謂的數家珍，一方面固然有餖飣主義的現實因素，但同時也反映了牟宗三的無見，所以會如此。還有就是文化心理上的牽制和掣肘，即所謂對洋奴心理的痛恨。牟宗三認為，文化不同於文物，文物主義是死的態度，當然也就是輕視的態度。因此，真正的文化是生生不已的長流。所以這裏首先有一個死、活的問題。

　　實際上，牟宗三也不是沒有看到，「王道有其具體的內容，而不只是籠統地說仁義道德」（〈從儒家的當前使命說中國文化的現代意義〉）。但要拿出具體的辦法時，牟宗三卻只好又回到他的道德形上學中去了。現代化是什麼？——開放的社會、民主政治、事功的保障、科學知識，「這就是現代化」。牟宗三說：「我們是個生命存在」（〈從儒家的當前使命說中國文化的現代意義〉）。這是牟宗三最根本強調的自我認取，因此總要向前的、生生不已的，就是文化生命。「現代化雖先發自西方，但是只要它一旦出現，它就沒有地方性，只要它是個真理，它就有普遍性，只要有普遍性，任何一個民族都應該承認它。」（〈從儒家的當前使命說中國文化的現代意義〉）這就是指出現代化的原發性和升級性之間的關係，現代化的事情是原發於西方，但這並不意味著其他後發地區就不能升級，尤其現代

化的事情與現代化的理論是兩回事。杜維明講過,最先提出現代化理論的是中國,早在民初中國學人就進入了現代化問題的激烈爭論,而大討論的結果就是拿出了現代化理論的初步構想和基本框架,這以後只是等待細節的填充。牟宗三同樣是直指這個問題,而且是通過新儒家的方式。他說民主政治是新外王的中心工作,就表現了對科學、民主完全的接受與認同。牟宗三提到:「享受科學技術的現成的成就,大家都很高興。可是要腳踏實地的去瞭解科學、研究科學,則少有人肯為之。」(〈從儒家的當前使命說中國文化的現代意義〉)這就說到了一些根本的情況。實際上,講科學有一種「隔蔽」的作用,猶如隔靴搔癢,其針指性還不是那麼透徹、強烈。事實是,對中國而言,講科學仍嫌迂遠——講科學不如講軍工。什麼科教興國、科技強國,其實學落實處全在軍工。因為沒有軍事工業,沒有嚴整的軍工建設,中國自近代以來直到二戰,始終是在一個苦難、傷痛的邊緣上徘徊,也就是在死亡線上掙扎。而人類一切高精尖的技術成果,最終都要在軍事這方面匯流、百川歸海。所以問題本來很簡單直截,就是針對性地直指軍工。在此基礎上,一切工業部門、行業部門都能夠拉起來。即使不,那些與「軍」關係較遠的,也構不成安全威脅,所以盡可以從容不迫、消消停停地去做。古人說,凡事都要講一個「要」,思想學說尤其如此。所謂「要」就是「點子」。說話、做事情總是不能落到點子上去,就會耽誤事了。所謂雜而寡要、不得其要,抓不住要領和利害關鍵,是近現代以來中國(包括文化討論在內)最大的弊端,不得法尤其是行動上的痼疾。所以科學其實只是一個大而化之的概念和提法,它容易「散題」。什麼科學、什麼科學的利用,最終都還是歸落到軍工這一具體項上了。包括航空航太、核子技術等相關領域在內,無不以此為

歸。正如核子物理學家彭桓武所說，中國的這一點工業基礎，全是軍工拉起來、帶動起來的。所以，文化討論一旦實學化，將面臨解消的問題，至少是要消解很大的一部分。天下之至急者唯兵，除此都可以從容料理。所以二十世紀以來的一個根本問題，就是普遍的、嚴重的「散題」情況。

我們既然作了進一步的「收約」，問題便更加清朗了。牟宗三指出，現代以來，封建成了一切「老的方式」的代名詞，所以反封建就是反對一切五四以前的東西。牟宗三說，平治與征服是兩端，所以他特別談到「對列格局」。比如說每個個體都是獨立的社會單位，彼此平等，誰也不隸屬於他人。但這是近代以來英國爭權利的歷史情況，歐洲社會歷史上始終是一個階級社會。「階級在西方的歷史中原是有的，」（〈從儒家的當前使命說中國文化的現代意義〉）所謂四階級，即僧侶階級、貴族階級、資產階級（布爾喬亞──第三階級）、無產階級（普羅裏塔里亞──第四階級）。那麼這四種階級，與中國傳統的四民劃分──士、農、工、商，怎麼去論？怎麼比較？或者怎麼相當於？甚至與印度的四種姓相比，又怎麼一個關係？說到這裏，牟宗三對馬克思學說有嚴厲的批評。他說：「他（馬克思）所利用的乃是埃及法老政治的路線，不是西方自希臘以來正面要求自由、平等、博愛的階級鬥爭。社會上有不平，當然要鬥爭，然而先得問為什麼而鬥爭，應該是為了理想而鬥爭，不能說是為了形成『新階級』而鬥爭。」（〈從儒家的當前使命說中國文化的現代意義〉）這等於說馬恩之學是造成、專門製造（新）階級的惡魔，是負學術、負思想，馬克思主義就是法老政治。暴力革命的結果就是形成了新階級，尤其在中國，是真正地在歷史上形成了階級。

　　牟宗三所認同的政治路線還是偏向於英美，這與他哲學上偏好康德倒是有某些出入。他說過：「英美民族是個事功精神的民族，歐陸的德國則表現悲劇英雄的性格，瞧不起英美民族，但是兩次大戰戰勝的卻是這些卑之無甚高論的英美民族。所以這種事功精神是不能不正視的。」(〈從儒家的當前使命說中國文化的現代意義〉) 在談到中國的歷史社會時，牟宗三說：「中國的階級分野不顯明，」君主專制雖不理想，「但是下面的社會卻沒有階級。」(〈從儒家的當前使命說中國文化的現代意義〉) 王朝的更替、特殊的勢力，這些都不能在歷史社會中成就固定的階級。「中國的社會，基本上是屬於士、農、工、商並列的形態。」「士、農、工、商只是職業的不同，不可視為階級。」(〈從儒家的當前使命說中國文化的現代意義〉) 把職業與階級談為一體，是二十世紀很多中國學人的知識訓練。

　　簡言之，階級與種姓是宗教概念，中國是世俗社會，當然不會有宗教社會的各種元素。近代以來的文化社會批評，究其根源，還是正名沒有正清楚。缺乏名理基礎，當然不能得其正解。由此可見，歷史社會分類學是多麼必要。杜威說，人類世界只有三個世俗社會：中國社會、美國社會和古希臘社會。這話僅說對一半，世俗社會只有兩個——中國與美國。古希臘社會即使不是宗教社會，也是神性社會。正是神性這一元素，成為和作為以後接引、歡迎耶教的基礎。杜威這麼說，不過是「遣情」於古希臘人文宗主的意結，不足為訓。牟宗三說：「同是要求現代化，西方與中國的源泉不同：西方是根據階級鬥爭而來；中國社會則只是『職業殊途、倫理本位』，階級的分野不清楚。」(〈從儒家的當前使命說中國文化的現代意義〉) 這就是說，階級鬥爭對於中國等於亂搞。牟宗三指出，

除了政權來源（皇帝打天下）不能觸及以外，中國以往在其他方面是很平等、自由的。孫文說中國人的自由太多了，牟宗三說這種一盤散沙的自由不是真正的自由，至少不是高級的、高規格的自由。牟宗三講的當然是中國歷史社會的事實，也就是說，皇帝只關心一件事——他屁股坐得有多穩、能從國人身上揩多少油。所以中國古代的自由，本質上乃是一種國民性自由，而不是人權自由。說白了，就是沒人管的自由。沒人管你，自由是自由了，但死活也毫無保障。中國人的性格是最不愛管事的，這就是不得不然的「勢必自由」，因此公共保障體系也不可能發育。所以在中國歷史社會中，就連自由也是一種勢，可見勢的強大和攬括一切。牟宗三有一個兩分：治權的民主和政權的民主。比如科考，在牟宗三就被劃到治權的民主一邊，但是真正的民主一定是政權的民主。政權的民主是本，治權的民主是標，唯有在政權的民主下，治權的民主才有保證。否則，治權的民主充其量也只是年成式的，時好時壞，毫無穩定性可言。這些只有靠現代化來提供契機。可以說，近現代中國要完成一個「農業帝國→工業民國」的過程。從農業帝國到工業民國，有很艱難的一段路要走。

　　民主政治就是政治的現代化，只有英、美原發地完成了這一現代化。階級雖然不好，但是它能夠在歷史社會中客觀地形成多元的力量、造成不同的勢力，來作為對列格局的契機。英倫的政治明言：政治的靈魂在於妥協，於是開出了王制（王國）下的民主。而反過來的表現卻是，中國開出了民主國（民國）下的專制。兩種使不可想像成為可能的人類想像力，恰好構成了奇妙的、反向的兩端對比。這就是政治上的「是」與「然」，所以說人類人文史、世界政治史就是一陰一陽之謂道。牟宗三說：「下面愈散漫，上面愈容易

形成極權專制。」(〈從儒家的當前使命說中國文化的現代意義〉)
所以牟宗三明確說,中國現代化的正當途經是要求政權的民主,而
不是拿階級鬥爭的格式硬往自己身上套。因為歷史國情不同,所以
中國只能自己走,這就尤其難。由此可見,牟宗三只是提出理想,
而辦法闕如。牟宗三談到,民主建國、政治現代化這些提法,已經
讓人生厭,但這是正路。現代化的基本精神就是對列格局的形成。
牟宗三說,中國的傳統,其問題在於有基礎而嫌不夠,這就是所謂
夾生性——令人討厭的夾生性。治權民主時代(中國的),為歷史
同期各國所不及,此無可諱言。但是到了現代,僅有治權民主則明
顯不足矣。因為當下的「不夠」而否定傳統已具的基礎,那是不客
觀的。簡單地說,人文主義的社會不可能沒有理性的表現,這是
「勢」所決定的。現在人講主體,古人只是講心性論。牟宗三屢
屢講事功的精神,既然是事功,就只能是實學的。他要求把現實
主義的事功精神加進來,顯然這還是實學思維的接引。可以形象
地說,中國和英美在人類政治史上扮演的角色,就好像英國發明
了牛痘術,根除了政治天花;中國只搞出了人痘術,所以仍有風
險性、還要推廣牛痘云。

　　牟宗三最關切的,是中國文化的主體地位。他說:「即使現代
化了」,沒有中國文化,「亦只不過是個『殖民地』的身分」(〈從儒
家的當前使命說中國文化的現代意義〉)。牟宗三講到佛教不能在
歷史中居主流的地位,以此說明西學最終也不能。但是佛教的史實
多少人都沒有說到點子上去,因為佛學是玄學,沒有任何一個國家
是可以建立在玄學基礎上的,尤其是政治國家。佛學會供給實學的
東西嗎(經世致用的)?這是很顯然的道理。所以排佛充其量只能
是一種社會工作、風俗工作。歐洲如果不是神學政治論,它也沒有

運行的基礎。傳統的印度只是一個地區，所以它的風俗生活與風俗文化發達，但也僅此而已。中國的學人（與佛教有關係的）往往缺乏歷史社會學和歷史政治學的知識，也缺乏人類學和風俗學等知識，他們只是語文好，所以發論完全無當者比比皆是，像章太炎就是一個典型，內學院的人更不用說。「每一個民族事實上都是本位主義」（〈從儒家的當前使命說中國文化的現代意義〉），這個判斷是的當的。牟宗三談到判教的問題，而且是用雙重性（普遍性和特殊性）來進行最高的判教，二性不斷地磨合、以期諧和。這最高的判教，當然是以儒教為歸。而其他的種種所謂關注，便僅僅是一種技術手段和從屬環節，這也是主從目的所決定的。

牟宗三講的外王包括三個名目：政道、事功、科學。牟宗三也說實學，但是他講的實學是從熊十力那裏來的，一是指經世致用之學，二指心性之學，而心性之學尤為實學之大者。牟宗三對歷史中的許多學說進行了嚴厲的攻擊，自墨子以下直到清代樸學，包括二十世紀新考據派等等在內，全在被斥之列，它們都被認為是無用之學。這種輕易的態度充分說明當時牟宗三已經著急到什麼程度，因此他的文化論見也是很難得其正的。實際上，牟宗三的急功近利已經超過了他所批評的任何前人，這一點我們應該看到。只不過牟宗三的「急進」是通過抽象哲學研究的形式來表達罷了。謝遐齡先生說過，牟宗三喜歡講康德，但卻是講得很壞的康德。一般中國學人由於對康德哲學不瞭解，所以對牟宗三哲學存在的此一問題無法透視、很難達估。實際上，康德的所謂道德論是作為批判神學的出路而準備的，是在宇宙論、本體論、自然神學等證明上帝存在相繼破產的情況下拿出的辦法。這種東西被牟宗三利用來作為判教和開什麼的資具，其狂悖不類可想而知。事實上，這也反映了二十世紀的

一種病──屬於改編西學的大範疇。學術的發揮（包括改編）運用固然是正當的，但是由此而引起深度的遮詮，我們卻無法負擔它所造成的後果。因為這後果的鋪蓋面及延續的時間，與他人有直接的利害關係。

　　牟宗三說：「中華民族是最具有原初性的民族。」（〈中國文化的特質〉）所以華文化具有特有的文化生命。牟宗三指出一點，古代的中國首先把握生命，而古代希臘首先把握自然，這是根源性的觀念形態。所謂正德利用厚生，也就是如何安頓。因此道德政治必然發達，但是物理之學會受影響，因為事理對物理完全佔壓倒趨勢。正德是道德，利用厚生是政治，這是牟宗三的說法。我們說過，中國的科技不再需要其他的原動，歷史的提醒就已經足夠了。因此，一切最終都還是回落到人文的宿命中來，這與古代是一致的，亦即，都脫不出人文的經世致用。牟宗三明言：「我將說中國的文化系統是一個仁的文化系統。」（《中國文化的特質》）所以他要拿出一個方案──仁、智合一的觀念形態，來作為根本。但是牟宗三說明，雖然中國是仁智合一的，卻以仁為籠罩。無論科學研究還是哲學思辨，都包在了智裏面。我們說過，典章思維與神學思維的不同、分析與思辨的不同、實學與玄學的不同等等，這一類的不同，即──鴻溝關係，都註定和決定了思辨在中國的不能。所以，牟宗三企圖借助什麼資源來開什麼的想法根本上是無所依託的、缺乏依歸。形象地說，哲學就是與癌症鬥爭，癌症病人拖十年就算成功。哲學在康德的時代已經不行了，可是一直拖到二十世紀，其式微乃是不可回避的。至於在中國，五四以後西方哲學的紹譯才步入正式，那是文化上的問題，不是哲學上的問題──並不與哲學本身相干。從這裏來說，牟宗三取道康德哲學就預定了其學術思想的留後性。

　　牟宗三說：「仁一面特別彰著」，「而智一面則始終未獨立地彰著出來，這是憾事」(《中國文化的特質》)。智為什麼沒有彰著出來？因為它從根本上就不可能彰著出來。我們說過，農國是人類的本分，人類並不是必然會進入工業國的，正如大多數人群連國家形態也沒有進入。英國原創出工國的局面，這是由很多的、綜合的勢達成的，如果把它解釋成歷史的計畫，便是說謊。高宣揚說，在 1900 年，法國農民佔全國人口的百分之七十九，而在 2000 年只佔百分之二點三，幾千年來的武士、教士、農民所組成的法國傳統農業社會，從此徹底結束了。這就足以說明問題（參見《當代法國哲學導論》第 49 頁），科學等等其實都是如此，實學是刺激不出科學原創來的。但是科學既創之後，實學卻會升級，這是一種提醒作用，別無懸念。簡單地說，一句話——在農國就只能到此為止。中國的智只能到達傳統實學的地步——限於經世致用。過去是這樣，未來也完全一樣。所以牟宗三之論不成立，是假問題。究其原因，還是因為民國學人對人類大歷史及大社會學缺乏正解的緣故。所以牟宗三說的智不彰著不是真正的不彰著，而是一種現成論。就實學來說，中國的智是一直擺放在那裏的。還是那句話，二十世紀的文科學人根本就沒有瀏覽中國古代的自然知識典籍，始終在重複著印象派的發論，只是一種印象論。

　　牟宗三講的理性生命其實就是道德生命，以此與生物自然生命相區別。他說，西方文化是智的系統，智的一面特別突出。比如古希臘早期的哲學家都是自然哲學家，但是自然哲學最終必將讓位於物理學，自然哲學只能是人文史中前物理學的一種東西。牟宗三也承認：「當然自然科學之成立，還是近代精神下的事，」(《中國文化的特質》) 他把希臘之學統（學之傳統）、基督教、民主政治

之成立，都歸於「分解的盡理精神」，與中國的「綜合的盡理精神」相對為言。此與錢穆等中國重合、西洋重分之類論調如出一轍。中國在智的一邊為什麼不能全力注意，這只是一句話的問題，即——實學性只能推進到此。沒有反科學的機制，就不能催生出現代科學，只有神性思維才是概念體系的有力推動。算術與數學的不同就在於，後者是作為概念體系而成立的，前者只是實學運用。文化知識上的性質，加上殖民開拓帶來的外部物質條件，這些全要算在世界近代化的成因以內，這就是綜合情勢決定論。殖民數百年史作為必要條件而算在內的、加上科學等因素而作成的人類近現代世界，如果從中國的思想人文傳統責問其成因，這種思維方式是令人驚歎的。同時，我們對二十世紀學人的抽象處理習慣也同樣感到詫異。由此習慣導出的種種結果，其不可靠也就可以想見了。諸如東方的知是直覺主義的、西方的知是理智的等等胡說，絲毫不考慮人類知識本身的性質規定。無論東、西，誰能靠直覺得出一個學問系統來？那樣，王陽明格竹子就可以成功。最大的問題恰恰就是——把往往無關者強牽在一起進行文化比較，然後作出一種宣判結果，從而破壞掉原來的生態平衡。將風馬牛製造為問題，是概念上的物種入侵。中國民族是一個最不玄學的民族，因此，如果要說它的直覺，首先得說它是經驗主義的。但經驗也只是一個輕重，華民族是最老成的民族，其所重者，全在約定與推衍。「依西方哲學，人心之知性，其瞭解外物，而成知識。」（《中國文化的特質》）牟宗三說中國未出現邏輯數學與科學，這說明牟宗三沒有研習過數學，此類論調與說中國未出現神學，本質上是一回事。所以牟宗三說：「此中國之所以只有道統而無學統也。」（《中國文化的特質》）

　　我們說過，二十世紀的最大病症是不別同異，比如把歷史問題混同於策略問題。像中國怎樣趕上最前排的國家，這不屬於歷史問題，而更是、首先是現實中的問題，即策略問題。如果說漢、唐就現成地超過了現代的美國，其無端何極！因此，諸如基礎建國等等事情，其實都只是具體的從屬環節，儘管人類的現在一定是歷史遺留的結果。在牟宗三的文化論見中，最基本的悖謬就在於策略問題與歷史人文問題的混淆，這些都屬於狂論。中國在二十世紀被甩在後面是理勢之自然，任何歷史國家都會有時段性的升降，這些只能、只應該作問題主義的對待，而不是作文化論的、作文化主義的助長。所以很多事情並不是張大的、誇張的反思問題，而僅僅是當前再明確不過的工程問題。任何一件事雖然都可以作兩千年以上的追溯性究詰，但是其非理面、其非類性卻也是顯然的。這些都屬於泛文化論、泛文化主義解答態度的無當。雖然牟宗三看到了很多問題，不為無見，但他的根本處置態度是不可靠的，這才是關鍵癥結。

　　牟宗三喜歡這樣的問題方式：中國過去所以不出現民主政治之故。這是一種問題的「狂提」做法，因為如我們以前說過的，民主政治只在近代英國才出現，它根本就不是人類古代的東西。所以我們的問題方式只能是：現在和今後如何建立民主政治？這才是民國時代應該有的問題方式，而不是作無謂的歷史狂提。而且這裏面潛含著一個修飾語——也：我們如何才能也……；或者說，怎樣把民主政治擴充到那一步，如何能再提升、超過等等。正如胡適等講的，民初不是有無民主的問題，而是民主多少的問題。把既有的做到哪一步、做到何種程度和地步，這才是唯一的關鍵。至於歷史和現在、歷史與民主，那只是政治發展史的關係問題，僅此而已。所

以未出現只能歸宿為、轉化成什麼必然不出現或者很難出現的問題。具體地說，中國古代政治只能夠走到開明政治，中國發明人痘術就不錯了。因為中國的傳統是輕重性的，輕重必然有夾生的不足，所以中國政治只能是輕重政治——好起來是民主，壞起來是專制，開明、民主、專制三者的關係就像溫度、冷熱的關係。比如零下多少度，我們只能說沒有熱量，卻不能說沒有溫度。民國學者講民主政治，就是要把那只好不壞的一面固定下來，永遠脫離年成式的循環。這一脫離工作，古人想做沒有條件、做不到，但是現代卻有了契機，這本身就說明人類在進展中。

墨子說凡事都要求其故，但這並不意味著狂求。比如說把必要條件總是搞成充分條件，在識見上便是不可理喻的。民國學者一旦狂求起來，像歇斯底里地發神經，簡直不能再和他說話。比如說，中國搞成現在這個樣子，就是因為缺乏信仰，所以我們要弘揚基督教……等等。諸如此類，舉不勝舉。但是任何一個必要條件，你是追不完的，也就是說，你可以拿出無盡的理由，一件又一件、一項複一項……，直到永遠。這種狂取、狂拿，就是狂求。文化狂求在牟宗三身上表現得可以說是相當典範、相當明顯，這種明顯在其他很多學人身上也是一樣，其程度絲毫不輕減些。比如牟宗三談階級，就有這方面的問題。當然我們不是說牟宗三缺乏或者簡直就是沒有技術合理性，我們只是說欠缺本體合理性。在學術的工藝細節上，牟宗三還是發覆了不少問題的，畢竟牟宗三是優秀學者，但這也正是他的遺憾之處。借用馬浮的話來說，就是錯了路頭。

當然，我們這樣評價前人，會不會也有狂責之嫌呢？這同樣是一個問題。像牟宗三提到的，西方歷史社會有階級對立，「而階級對立，對民主政治的出現，是一個重要的現實上的歷史因緣」(《中

國文化的特質》），這就是一個必要件。但是話說回來，印度也有階級對立，為什麼導不出民主政治呢？所以牟宗三又說了：「徒有階級對立，而無個性的自覺」（《中國文化的特質》），還是開不出民主政治及現代國家的。這種提法，當然是狂提。因為像這樣去說，可以沒完沒了地拉出一大串、一串又一串。是否當有人又提出：某某也同樣有、同樣不缺個性自覺時，牟宗三便不得不再一次擴大「充分件」的疆域、外延呢？那時候，又將再度找出一個什麼說法來呢？直到僅僅是它、在別的上面都再也找不出來為止嗎？這種一輪又一輪淘汰賽似的搞法又是怎麼回事呢？人文論衡能建立在這上面嗎？或者乾脆指證說：那還不是、不算個性自覺呢！所以，將充分件寄託於必要件上，去找尋、去搜求，甚至於當成、當作，這樣搞是永遠停不下來的，何時是一個盡頭呢？這就是狂求的失當、不當和無當。但是，牟宗三對階級的歷史情況的詳細、細密論說卻明確了中國歷史社會無階級和非階級性的事實，這有一個正本清源的作用。當然，中國社會的無階級與非階級性梁漱溟也論說過了。所以中國的古代社會，只有百姓這一個普通的平列層——百就是平列，一切人等都被放在了百姓這一層上，除了皇帝，都是百姓、都是子民、都是王臣。所以中國社會是一個地道的平民社會，是一個典範的普通社會，是最簡單、最沒有懸念的社會。它沒有意識形態等宗教的東西，完全世俗、人文化了，這就是中國社會的元性質，所以說中國是最老成的。其實牟宗三自己也說到了：「同時我們也可以說，既無階級對立，那豈不更為民主嗎？豈不更易走向民主政治嗎？」「即在西方，階級對立只是促成民主政治的現實因緣，不是它的本質條件。」（《中國文化的特質》）中國的情況是個別的，所以得單獨找原因。所謂本質條件者，就是充分的那一個東西。

牟宗三還是回到了道德上，中國的傳統學脈，只能夠到聖君、賢相為止，根本不可能出現現代民主政治。正如我們前面說過的，君主制根本上已經不是儒家或者什麼文化力量所能控制和改變的，在歷史中完全無此可能。牟宗三老在探討如何轉出民主政治的問題，但應該說，歷史中的民主政治首先是一種勢，當然與民族性也有關係，因為除了盎格魯‧撒克遜以外，其他民族都沒有轉出民主政治，所以一切歷史國家就只能在開明度、開明性上比較了。牟宗三說，中國歷史中的民主、開明、自由只是散放的、沒有最後規定下來的東西，只是年成性的。所以中國的歷史政治只能向君主專制一路走，而不能向民主一路走。但是這裏有一個事實，就是人類自上古歷史起，便是由禪讓、共和等制向著君主制的一體專制的路子進展，然後到了近代，再由英倫開始慢慢轉出現代民主制。只是有一點，就是英國所發生的一切原都是為了王制的保存而行的妥協。所以我們與其問轉出的問題，不如更直接地問為什麼英倫能妥協成功？亦即問妥協的問題。因為從形式上說，英倫是王國，王國是無論如何沒有民國民主的，按理民國當然更民主。可是在操作上，英、美（當然美國是共和的）的民主比中華民國的做得好。因此這裏就有一個繞不開去的問題：民主的形式與民主的實做如何校論？二者搭配的綜合實效性怎樣衡估？形式與實做在現實中及效果上當然是交織的，太落後的形式當然會影響實做。形式到了一定的地步，實做當然也不會完全沒有一些程度。形式與實做如果都上了一定的限度，也許兩者會配出很好的結果。所以林同濟說，最主要的，是要看一個群體把他們的政治形式充量發揮到什麼程度。牟宗三的問題就在於，他把普遍態與孤立態恰恰搞反了。英倫民主才是人類的孤立態，君主專制才是人類政治的普遍態。一些風俗社會

的原始民主則說明不了什麼，那只是表明，人類社會尚未收縮、整合，是一種前形態、前樣態。所以牟宗三不應該問為什麼中國沒有轉出民主政治，而更應該探討為什麼英國單單在王制下轉出了民主政治？從而創出了人類史上的孤例？

所以接下來就是孤例的推廣普及、成為普遍和普通的過程，就像試驗室的成果轉化為社會價值那樣。但是話說回來，像美洲都是新國家，可是拉丁美洲各國卻亂七八糟，談不上什麼政治治理，與美國政治恰恰形成鮮明的對比，可見政治推廣與政治普及不是那麼簡單的。所以，像德法政治、歐陸政治（無論古今），對中國就沒有什麼可誇飾的。牟宗三說，中國二千年政治史之所以最終未出現民主制，「其故即在，從現實因緣方面說，是因為無階級對立，從文化生命方面說，是因為以道德價值觀念作領導，而湧現出之盡心盡性盡倫盡制之『綜和的盡理之精神』。」（《中國文化的特質》）這完全是狂說，近乎玄學兒戲。如此書面地懸揣、猜度人文歷史，牟宗三自己所擬之《歷史哲學》便可想而知了。正如騙子黑格爾所編的，天朝帝國只有大皇帝一個人是自由的，可是他虛構的玄學自由又能給人類什麼承諾呢？神學自由，不仍然是在負思想之途上一路蛻化下去嗎？像中國的所謂言論自由標誌在原始時代其實只是一個實物、是實體化的，那就是謗木，後來演化為華表。可是又怎麼樣呢？人文立義與實行操作完全是兩回事。所以空談、空議民主發展史等問題是沒有用的。牟宗三始終在討論君、相的問題，並說政道與治道的提法是從孫文的政權與治權二名來的。「政」與「治」分得絕對清楚，並且還說，在這些方面世界上沒有任何國家能夠講得過中國。事實也是如此，除了近現代英美代表人類另一種政治理路之外，再沒有能夠與中國相頡頏的了。實際上，所謂的文化比較，

說起來是對話，其實只是尋找追隨的對象。所以二十世紀的所謂文化反思，實則都是追隨性的，而不是追問性的，這一層必須分清楚。以追問的名義行追隨之實，從而滿足現成欲，這是開不出可行路徑來的。因為有很多路並無前鑒，只能自己走。形象地說，黃河改道以後怎麼辦？所以，很多問題已經不再是初發和原發時候的情況了。牟宗三說到一個意思，即，政治都只能是樸素、低調的，否則絕難通行。因此聖人、神治一類名目僅可供人崇拜，對於實際沒用。

牟宗三之論如果想成立，就意味著必須滿足這樣一個條件——人類的一些結果可以純由道德開出和造成。我們說，即使以後的人類世界做得到這種境界，但是此前的人類歷史卻只能拒絕這種分析、解釋。好比乾隆皇帝是比較開明通道理的，他在晚年做太上皇，這是一種退休。有一天跑去一個思想家，對乾隆說了一通，乾隆省思過後，以為有理，於是宣佈君主立憲……所以，很難怪我們在新儒家的種種論理面前會有這樣一種感覺：一個人死了，旁邊的人批評他說，你死得不應該呀！你這麼做不對呀！你也不想想，周圍的人會多麼難過，我看你乾脆還是起來罷……

牟宗三說，中國以往不是一個國家單位，而是一個文化單位，所以民初還是面臨建國的問題。照這樣說，古代只有中土（中區），現代才有中國，概念是不一樣的。但是這裏需要補充的是，社會一層怎麼論？如果說中國是一個社會單位，這就卡在了國家單位和文化單位中間。比如漢民社會與蒙古社會相較便有農、牧之別。所以牟宗三的政治學說，其定義是無形中狹化了的，亦即：民主政治之外，都不算政治。像蒙古，它永遠只是一個部落社會，只會有一個大致的輕重活動區域。直到作為中國的一部分，其界限才最終明確下來，這是現代帶來的。

　　牟宗三說，文化不是外在的一堆堆，而是生命人格之精神表現，亦即文化生命。因而是貫通的，無論古今。這種文化生命的貫通是一種宏大的境地，「精神由這裏出，理想由這裏出，我所應走的途徑由這裏出。我們不能不承認今日中國的問題，乃是世界的問題，其最內在的本質是一個文化問題，是文化生命之鬱結，是文化理想之背馳。如是，不但綜起來瞭解文化生命是可能的，而且對時代的癥結言，疏通文化生命之鬱結，協調其文化理想而泯除其背馳，且是必要而又急切的」(〈關於文化與中國文化〉)。這就是牟宗三的文化論，正反映了他的急切性。牟宗三指出，在文化上泯同異的那些人都是不著邊際的顢頇，他反對無文化意識，而要求強烈的文化意識——其實就是民族文化、中國文化。因為人類之異只能在文化上表現出來，文化是唯一的、至少是首當其衝的異。比如筆記本哪裏都差不多、都一樣，談不上什麼同異，因為它僅僅是一個技術工具。但文化就完全是自身特異的、保持自我特點的，而且獨異得不順人情。牟宗三說到，一個民族的開端，其方向或向彼、或向此，只有歷史文化的理由，而無邏輯的理由。所以說，一個民族如果自毀其歷史文化、甘心墮落，便是公羊春秋痛斥的「梁亡」——也就是自亡，即魚爛而亡。吾人何忍魚爛？這是牟宗三的核心。在他看來，自亡之有罪，不得其死。因為要說自己的特有正當性，所以只好擴大化地說一切文化單位都有其世界性——由於其獨特的理路，而結果卻是——說得很不滋潤、很不受用。牟宗三說，把渾同當大同，就是顢頇。可是曾幾何時，牟宗三自己也是無可奈何地墜於顢頇之中。

　　應該說，新儒家之種種論說，充其量只是導論性質的答辯，根本沒有進入具體工作環節。牟宗三是搞理論的，在具體知識方面不

免有大而化之的毛病、有一些硬傷，但常識的指證工作不是我們所要做的。民初在作歷史交接的時候，無論政治、軍事、文化、經濟、社會、教育等等，都是一個「無主」的爛相，對西學的瞭解也沒有真正起步。這時候興起的文化運動被牟宗三說成淺薄、輕浮得無以復加，他是這樣總結為什麼知識份子會對中國文化起反感的原因的。牟宗三說，文化本身無所謂敗不敗，文化是有彈性的、是自己努力的事。中國文化的所謂敗其實是自己代人行事──自己起來否定、自失信心、自喪靈魂，亦即自敗，這才是真正的一敗塗地。但是牟宗三不知道，他自己的跟隨性也是一種自敗，是一種更加微隱的抽象失敗。顯然，在牟宗三未指名道姓的泛泛批評中，好像是在反省、批評一個時代，實際上首當其衝地還是在猛烈批評胡適這樣的學人，包括胡適的同情者在內。牟宗三大談嚴復的雅量──以浸潤於中國典籍很深的、典雅的態度來譯西學，而事實是，嚴複是一個圓軟不足論的人。客觀地說，中國知識份子看事情確實是以輸贏、成敗為思維的，即所謂的剛柔之道、強弱之形。所以現代以來，總是作文化批評的多，而真正建設的少。這種文化成因論的路子，牟宗三自己也不能免。但我們知道，文化成因論的不當是顯然的，因為文化是一個軟項目，它可以作為一種間接因來觀照，假如被推到直接因的第一線、最前線，那麼原因解釋人的自身就面臨著如何交代的問題了──他將面對知識紀律的檢查──這後面的心術怎樣？有的是為了某種意圖、目的，有的是為了推諉、開脫……

　　當然，在牟宗三的論說中還是有很多精彩點的，比如他論科學主義一段便極有見地。可以看到，牟宗三的認同超過了他的技術營建，這是牟宗三的根本遺憾。同時也說明，他沒有找到辦法，所以才找錯了辦法、找錯了對象。牟宗三說，那些人提倡科學、民主，

並不是內在地對科學、民主有興趣，而是藉以為否定、破壞中國文化的口號，結果成了科學迷信。道德、宗教屬於價值世界，本來就不是科學的。當然，有科學知識也很好，畢竟較以前進了一步，可代價卻是，科學一層論、理智一元論、泛科學、泛事實、泛理智的態度取代一切。科學的對象是事實世界，但是夠不著意義世界、價值世界。「這個普泛的態度就是『用科學』。」（〈關於文化與中國文化〉）牟宗三說，用科學籠罩一切，這個最壞，意義、價值被掃蕩殆盡。而所謂搞科學的最後都去做官了，也沒有沉浸於科學研究。所以牟宗三罵那些人說，「他的心已經死了，可謂全無心肝。」（〈關於文化與中國文化〉）

　　可以看到，牟宗三是不會放棄華文化的高明權的，所以他才處處要標立上智、下愚式的兩分，而只承認中國少了一個中間環節。比如說最高一層為神智與神治，最低一層為感覺、為動物的無治，這是新儒家不可能改的痼習，即一流於構劃，新儒家就不免作為、助長。但是在平心論事、無所營為的時候，其觀事卻往往有真實見解。像牟宗三論泛民主化主義，就很值得引述，他認為，民主一面，當時的知識份子還不足以語於此，因為他們還缺乏莊嚴的擔負，是脫離政治的，而轉成社會日用的泛民主主義了。簡單地說，就是成了你管我不著的東西。也就是說，牟宗三所希望的是政治家式的思想家和思想家式的政治家，但民國的知識份子顯然還達不到這個要求。他們只是起哄，哄的結果就是民主成了泛泛的東西──掩護生活墮落的防線。所以社會上民主主義越流行、墮落，政治上反而越專制、極權。結果是，民主不能在政治上見效，科學不能在知識上見效。牟宗三指出了一個誤解源：世人因為中國文化沒有走到科學、民主，就以為它是反科學民主的對立面，結果人們的心靈與生

命頓時失其所本,而陷入一團漆黑的空虛。徒有科學一層論、理智一元論的淺薄態度。

　　牟宗三一針見血地指出,中國知識份子的墮落才是最大的根源問題。關於知識份子墮落的問題,現在還沒有理論探討上的積累、積累很不夠,但這是根本問題、是根源問題。所以須要啟蒙的是中國知識份子,至於民眾,僅僅是教育問題,談不到啟蒙,這是一個基本的兩分。所以歷史中很可笑的也就是,真正需要啟蒙的卻來啟蒙別人,究其原因,還是因為聚天下英才而教之的人師情結。牟宗三說,所謂中國文化裏一無所有,「而列舉地說起來,則除了打板子、辮髮、纏足、太監、抽鴉片外,再無可稱舉」(〈關於文化與中國文化〉)。牟宗三所謂列舉地看,其實就是精確統計地看,而不是印象派地觀照。所以牟宗三說,現在還有人說,華文化除了吃,看不出有什麼好,這種態度,可謂極端輕薄、無心肝。「知識份子墮落到這種程度,則中國之有今日,你能怨誰?」(〈關於文化與中國文化〉)

　　其實,牟宗三對自己的這一路子也並非無見,他說:「光稱讚中國文化好,只是情感擁護,這也失掉今日講文化問題的意義。本來中國人講中國文化,保存中國文化,這是天經地義,無理由來反對。不管講的如何,只是這點關懷之情,也不容輕薄。」(〈關於文化與中國文化〉)牟宗三以為,今日中國及整個世界的總癥結是在文化理想的衝突,可以說整個是一文化問題,所以今天反省文化就不應該只是情感的擁護,情感的擁護和情感的反對都只是外在的、列舉性的,沒有反省的意義,於事無補。所以,文化不是好壞的問題,而是發展的問題,亦即創造表現,這才是「基根觀點」。所以牟宗三提出三端:道統必須繼續、學統必須開出、政統必須認識,

也就是中國文化生命必須疏導。道統應內聖，政統應外王，中國政治可以不隨盲目的權力而顛倒。牟宗三舉出三端，是因為他看到有三套東西，缺一不可：科學代表知識，但不能成為生活軌道。民主是政治生活軌道，而不是一切生活的軌道。道德、宗教可以產生日常生活的軌道，亦為文化創造之動力。所以「三端」是對應「三套」的。牟宗三說，新文化運動人物完全忽視道德、宗教的意義與作用，一提到宗教就是迷信，一談到道德就是迂腐，所以看文化只是一堆外在的東西，包括科學、民主，也視為外在的東西，所以提起文化，只是外在的列舉。我們說，民主、自由成了你管不著，這是必然的回報。其實，豈止牟宗三說的孔、孟之道沒有開出民主、科學，就是帝制孔、孟也開不出來，因為那些根本就不是古代人的事，而是後代人、現代人的事。孔、孟只能夠走到天子制、王制為止。所以，科學、民主本身也面臨著一個啟蒙的問題，而不是只充當啟蒙別人者——好像一個不犯錯誤的好同志，只是檢查他人。是否可以說，新儒家的主觀願望是合乎情理的，要求建立屬於自己的價值本源並沒有錯，不切當的只是具體的方案和辦法。如果是這樣，新儒家的問題就在方案而不在願望。

張君勱

　　與牟宗三、唐君毅共同簽署中國文化宣言的張君勱是一個矛盾的人物。在對日演講中，張君勱指出，兩次世界大戰充分說明了西洋文明存在的問題。西洋文化的核心是權力思想，所謂知識即力量的思維。這一點最典範地表現在自然科學上，現代技術的完成，就是人類進入了核時代。張君勱說，今日世界的不安問題有沒有解決

的辦法呢？至少西方還沒有找到，所以亞洲人應該站在自己的立場，指示某種解決的辦法，現在是時候了。張君勱認為，要解決問題，就必須上溯西洋文明的源流，把它瞭解清楚。他認為西洋文明有四大端：基督教、古希臘、羅馬法、現代科學技術。這四種造成西洋文明的要素，「竟是互相對立、衝突、而且矛盾的東西」（〈現代世界的紛亂與儒家哲學的價值〉）。難怪在西方矛盾衝突的哲學那麼發達，竟會成為歐洲思想傳統的主幹。諸如宗教與科學的對立鬥爭、階級與個人的對立鬥爭、國家與國民的對立鬥爭等等，不一而述。張君勱指出了最重要的一點，就是這一切的根源，都由於西方思想、知識傳統的自身性質，即根性。不從思想、知識的裏性上去看事情，一切便都無法解釋。從這裏來說，張君勱的思考是極有見地的。也就是說，張君勱已經指明，西方的抽象化求真知識路線，必然要導出一個唯一的結果，就是一般與一律的混一。一般化與一律化不分、互奪，互相僭越、彼此代換。由此給人類造成的災難可想而知，而且這種災厄永無終結。由一般化而導入一律化的問題，是西方最根本的問題，也是毒素最大的問題。通過一般而一律是當然而自然的——只要一般，肯定一律，這是規律。歷史如此，未來亦然。比如說，人皆有死，這是一般。都去死，這是一律。所以張君勱揭發的是根本問題，「西洋式的知識，是有這種性質的」（〈現代世界的紛亂與儒家哲學的價值〉）。

　　但是問題還不止此，在一般性與一律性之外，另一個癥結就是隔斷——割斷各個學問門類之間的關係，經濟是經濟、政治是政治。「討論社會的時候，忘掉了個人；討論個人的時候，忘掉了社會。」（〈現代世界的紛亂與儒家哲學的價值〉）張君勱說，西式知識對定義特別看重，蘇格拉底所做的一切，就是如何下定義。由於

這種根本特徵，便直接導致一個最大的困難和問題，就是：知識與道德相衝突。比如對道德下一個定義，竟然把道德的範圍束縛起來，結果知識變成了能夠左右道德的東西。「我們東方人，不承認道德要服從知識的。」（〈現代世界的紛亂與儒家哲學的價值〉）比如說，對人生的概念組織再精密，但現實、實在的人生是什麼，卻完全成兩截。所以，在西方理論與實際是脫節的，而中國理論與實際是不能分的。所以在西方要強調試驗、檢驗，把對事實的不違背強行管制起來，否則完全可能出現這樣的胡說：太陽是我發明的。下定義一告完成，便以為實在的問題都能得到解決了。「近來的所謂存在主義，即是由此種反動而來的。」（〈現代世界的紛亂與儒家哲學的價值〉）所以西式學問討論問題，都是從定義和概念出發，並在定義和概念上運行──不是實際的事情，和事情沒關係的。拿政治經濟學來說，無論是亞當斯密的經濟學還是馬克斯的經濟學，都是這樣。包括西洋的普遍學思傳統在內，莫不如此。所以，它正在引起現代矛盾的事態。哲學就是這樣闖進了窄路，動彈不得。任何一種思想出來，都是喜歡對其他的一概不承認──沒有從其他角度觀察的餘地，都是這一種態度。力學發達了，就一切從力學看，否則不放心；進化論出來了，就非從生物學的立場看世界人生不可；唯物論出來了，就拒絕從其他立點觀照事物。這種西式思維，說白了就是攻乎異端的思維。「因此必然地產生了對立和鬥爭。」（〈現代世界的紛亂與儒家哲學的價值〉）這樣，張君勱就清理出了一個西式知識與思維傳統的邏輯結構：

　　西洋文化──重視論理→定義→概念→解決問題

　　另外還有一點就是重抽象與分科：每一方都堅持自己絕對正確，結果對立鬥爭不斷，哲學被趕入了死路。這些就是張君勱的公式，這些公式用在文化論上，有非常廣泛的鋪開面。張君勱指出：「我們亞洲人，過去沒有一個人，能站在這種立場，對那些西洋文化加以批判，甚至被西洋文化壓倒了，而失掉自信。然而經過了兩次世界大戰之後的今天，我們要有我們的看法，必須對西洋文化加以批判了。」（〈現代世界的紛亂與儒家哲學的價值〉）簡單地說，就是由從前的只看長處變成找短處。根據這種立場，張君勱要談儒家本來的精神了。

　　西洋文化的本質在於知識，而中國則是知、德不分家的。張君勱提到，西方一些哲學家、科學家對他說：「知識應該建立在道德的基礎上面。」（〈現代世界的紛亂與儒家哲學的價值〉）確實，以前的自然科學研究者是不關人事的。所以在科學家之外，更有一種科學鬼子。而世俗只知道科學家，卻沒有科學鬼子的概念。以至於一提到搞自然科學的，就以為是正面的東西，這當然是一種想當然的誤區、是定式思維。科學鬼子是專門要打這個世界的壞主意的人。張君勱講這些，當然是為了往道德論方面導引，以為東方價值之出路。「儒家的精神，可以解決現代的矛盾。」（〈現代世界的紛亂與儒家哲學的價值〉）什麼呢？就是道並行而不悖，誰也不必打倒誰，天下的見解，共同存在。而最重要的一點是，張君勱指出，中國的傳統思維是分形而上、形而下的。並且最要緊的是，形上下兩邊是不偏倚的，既不倒向形而上也不倒向形而下。「形而下世界和形而上世界相合為一，這才算是真正的世界。這就是真正的人生。」（〈現代世界的紛亂與儒家哲學的價值〉）

　　其實，張君勱也不是一開始就有這些認識的，他也是在現代世界歷史的演進過程中不斷看到和學到這些的。實際上，張君勱在學說上曾經面臨著很大的尷尬。這種尷尬，充分說明了二十世紀中國思想中「現成不化」的問題。雖然這是時代之必然。張君勱說：「我以和會後留歐，專攻柏氏及倭鏗哲學。及返國作『人生觀』演講，引起思想界之辯論。」(《思想與社會》序) 從這裏我們可以看到張君勱對科學、玄學論爭的原始作用，他自述其初衷，謂：「其實我所持者，即反理智主義之論調，惜乎當日與我論難之人，側重科學玄學一邊，絕未見及吾所謂生者，乃柏氏之所謂生，非科學之所謂生也。」張君勱的意圖，乃是不折不扣的現實社會用功的考慮，所以本質上他所關注的根本不是哲學上的問題，而是社會方面的問題。哲學與社會、與社會思想之分別不清、不別同異，正像傳統中國社會人們不別道德學與社會學一樣。誠如張君勱所言：「吾輩當日所以提倡此派學說，初非如柏氏、倭氏、詹氏之反對黑氏，乃由此派學說側重人生，尤好言人生之特點，為自由，為行動，為變化，正合於當時坐言不如起行，惟有努力奮鬥自能開出新局面之心理中來也。」心理，當然是指文化社會心理了。所以我們說主導二十世紀中國的是社會思想與文化思想，一點都不過分。這裏並沒有純哲學意義上的主導性，而是實學的。這也是我們只能說思想史而不能說哲學史的原因。但是，張君勱當初言反理智主義是為了振起國人，到後來二戰期間，就面臨了法西斯主義等等的尷尬。這是因為，「既反理智矣，更進一步則為反理性，並其具有理智理性之人類亦蹂躪之」。面對理論上的尷尬，張君勱應該怎樣辯明呢？其實我們都知道問題是清楚的：張君勱要的只是沖決的行動，而不是可以由反理智中引出的反人類。由此，道德主義如何在中西各種學說的參

差中妥善安頓就是根本的問題。可以說，人類學說本來都是一個集合，其可利用性也就決定於此，是隨意的。同時，張君勱的尷尬也是利用他人現成的學說，而沒有自己獨立話語的歷史性教訓，所以張君勱的尷尬是必然的。他很痛苦地說：「抗戰以來，身處後方，腦中盤旋往復者，為理性乎反理性乎問題。」「縮小言之，為理智反理智問題。對此問題，吾人之態度應如何？昔日嘗師承反理智主義矣，其所以出此，以此派好講人生，講行動，令人有前進之勇氣，有不斷之努力。」張君勱舉了兩段柏格森的話，謂「在主張奮鬥者之聞此言，有不為之歡欣歌舞不止者乎？」雖說是分辯，但利用的代價也就在這裏。可以說，張君勱的哲學乃是實行的哲學。

其實沈曾植早就講過：吾人向持德日國家主義；這與張君勱的意見大概可以看作是相近的歷史同類。「吾人之於哲學，豈有成見可言哉，亦視其說之可通與否耳。」這句話，可以說道出了中國學人的性根。也就是說，二十世紀的一切話語，其實都是某種外象，它的本體，原本都可以用很少的幾句話加以概括，即經世致用的、實學思維的。所以二十世紀中國學人的思維，很少脫出傳統儒家思維的窠臼。西學成了具體的內容和題目。張君勱說：「然吾人之意，非反對行動也，亦非反對冒險也，其所以行動所以冒險者，當有其所以然之故，當有其正當之理由，必如此而後其行動與冒險，不流於孟浪，不擲於虛牝，而有益於國家與人類之幸福，此吾所以認為行動與冒險應納諸理性之中而後可也。」「乃惑者不察，必舉生與心，一切以歸之於物質，不認生之為生，心之為心，吾儕將奈之何哉！」「我之立場，謂之為理性主義可也。我所謂理性，雖沿歐洲十八世紀之舊名，然其中含有道德成分，因此亦可逕稱為德智主義，即德性的理智主義，或曰德性的唯心主義也。」「吾所以推尊

理性，以為應駕理智與行動而上之者，蓋以為理智如刀，用之不得
其當，鮮有不傷人者；行動如馬，苟不系之以韁緤，則騎者未有不
顛且躓者。重理性者，所以納二者於規矩之中也。」「吾惟尊重理
性之故，對於本書所舉之中國道統，一曰儒家，二曰理學，自認為
吾國歷史上之精神遺產。昔日人生觀論戰之中，曾有新宋學之主
張，不圖今日為理學下新解者，已大有人在矣。」這裏的表達，很
明顯是「道德加智性」路徑的，也就是「出路論」的某種共識；同
時點出了儒家理學這一要害。

　　關於新儒學之動機及發生，雖具體情況或各有不同，然大體原
因，都可以從張君勱的一番話中窺見。「夫吾國為理與道之發現者，
特不知推廣而用之於理智方面，以自陷於不識邏輯不識科學之大
病，今而後惟有力矯前非，在舊萌芽之上，培植而滋長之，不默守
陳腐之道德說，乃由新理智以達於新道德，庶理性與理智有以見其
全體大用矣。」可見理性（包括理智）乃是張君勱學說中不折不扣
的「契接點」。「然則謂儒家之精神，同於民主政治，同於社會主義
可也。此非吾人之故意附會，去儒家學說之塵垢，見其精義之蘊藏，
則知二者，自出於人心之同然，而非偶然。何也，二者同以理性為
出發點故也。」何以這麼說呢？實際的根據何在呢？張君勱言：「抑
理道之論，發之於孔孟，實大盛於宋明儒者。彼等不特於理學方面
有極精確之定義，極廣大之宇宙論，即於實際行政方面，有所謂鄉
約，有所謂庠序之教，有所謂兵農不分，有所謂常平倉，有對於井
田之追憶，何一不本於民貴君輕，不患貧而患不均之公平至正之大
道而後有此主張乎？」

　　又說：「然則合東西之長，鎔於一爐，乃今後新文化必由之途
轍，而此新文化之哲學原理，當不外吾所謂德治主義，或曰德性

的理智主義。」張君勱所謂東西文化之合，不外是西學的精密方法加東方的道德主義，這種思路已經成為一個共識。只是有一點可以注意，張君勱斷言西學缺乏道德主義傳統，倒不是為了給己說張目而安插的理論支撐。他說：「如康德之著作，一曰純理批導，為綜合經驗與理性二派之大著。然他一書名曰實踐理性之論道德者，至今猶為當代大哲羅素氏者所非笑，則歐人之理智，未嘗涵育於道德空氣之中，顯然矣。」可以很清楚，我們不能因為一個文化的堆積與發達、因為它的實力如何，而就混同於人文德教傳統，認為它的道德進境怎樣，這一點，中國學者當初並不是沒有看見。

按照張君勱的想法，儒家可以做中國現代化的基礎。他說，在常人的印象中，儒家與現代化完全是兩個相反的東西，代表著新舊衝突。但是，這恰恰是沒有看到儒家的智性習慣和智識傳統。如果仔細分析、統計，就會發現，儒家正好可以作為現代化的基礎。那麼，現代是什麼呢？張君勱講得很迂緩，著重在談義理和歷史。其實我們完全可以十分直接而清晰地回答這個問題說，現代是一個十分具體的東西，美國（英美）就是現代，此外的就是古代。發動二戰的德國絕不能說是現代，爆發大革命的法國也不能說是現代，因為它們代表的是落後性（全息的落後性），而不是先進性。有一個根本問題是二十世紀的學者沒有弄清楚的，就是，前歷史與後歷史的東西在討論中不可以等齊劃一。就拿現代性來說，它必須歷史地去看，也就是，沒有殖民史，就沒有現代性，這是一定的。所以，現代性的成因為什麼不能從幾個哲學腦筋去搜求，不是很清楚嗎？簡單地說，前現代人們只考慮資源論，是資源論的思維。比如說，印度是我大英帝國的資源。而在現代作成了以後，人們才會追

加道德正義的問題。所以正義論絕對是後現代的東西。因此，現代史中沒有道德學的地位，正如先秦沒有儒家的地位一樣。人類性是相通的。所以反思中國為什麼沒有開出現代性的人是在「狂思」，因為他們連資源論的「根本不允許中國……」這一點常識都沒有、都不具備。可以說，張君勱在總體上仍然沒有脫離二十世紀的話語方式和思維模式。

　　張君勱的想法是，既然希臘思想可以作為西方現代思想的基礎，那麼，中國為什麼就不能用舊有的基礎呢？因為儒家思想並不缺少理智的自主、心的作用與思考、德性之學、宇宙的存在、現象與實體、道氣萬物、物質世界抽象世界……等等。張君勱說，他這樣做不是思想的回憶，而是想找出思想復興的方法，是要說明中國的思想資源足夠用了。而現代化的程式應該從內在的思想著手，而不是從外在的追隨開始。張君勱認為，哲學負責心靈，科學負責分科。顯然，這種態度還是他早年討論科學、玄學問題的延伸。所以，張君勱的主張便相當簡單，一是要利用已有的資源，二是今後的中國思想能大儘量大，三是道德與知識同等重要，而知識最終要合乎道德的標準。張君勱認為這是歷史中新儒家思想（比如宋明理學）的主要方向。因此，儒家思想的復興可以讓現代化在更穩固堅實的基礎上生根。最後需要說明的是，由於思想本來是交織的，所以我們所做的切分肯定是機械的。

　　東西問題是二十世紀的核心問題，東西交戰也是事實。所以民國時期的思想簡單而集中，主體鮮明。這個時代關心的大問題是：中國怎麼辦？華文化怎麼辦？在這兩大主腦（文化與社會）之外，一切都是技術環節。正因為此，所以我們說二十世紀的思想還只是一些時世的人事人文思想，還不是終極思想。雖然這時代喜歡談哲

學與科學，但是明顯掉了一個環節，就是神學。在人文史中，神學、哲學、科學是三位一體、三級跳的關聯。二十世紀對西學的瞭解畢竟有限，還不能完全把握西學的底細；所以很多「介述」實際上乃是一種改編，其初衷還是要應對中國的當務之急。我們說二十世紀是一個必要的準備過渡，絲毫不誇張。

賀麟的新儒家精神

我們知道，儒是二十世紀的大問題；關於儒，胡適早已經做了正始的工作。他在〈說儒〉一文中令人信服地闡明：儒是歷史中的一派柔道哲學。雖然胡適並不屬於新儒學派，但是民國以後的對儒的討論卻不能不以胡適的成果為帽子。胡適是民國第一位研究中哲史的人，他對儒關注但不熱心。也就是說，他從來沒有像新儒學派學者那樣做作。就儒的問題寫出綱領性文獻的是賀麟，他的〈儒家思想的新開展〉是一篇宣言，新儒學派的主題內容基本上都已在賀麟這篇文章中撮要地表出。之所以要強調儒家思想的重要，乃是為了求得一「統貫」的作用，其關切自然是文化與社會的。賀麟說：「民族復興本質上應該是民族文化的復興。」「中國近百年來的危機，根本上是一個文化的危機。」這是很標準的文化決定論的思路，儘管賀麟也提到「中國近代政治軍事上的國恥」，但他把原因還是歸到學術文化這一根本，並沒有放在軍事成敗上。基於這一認取，其邏輯走向便很自然地順行下來，即民族文化的復興，「根本的成份就是儒家思想的復興，儒家文化的復興。」由此，儒家思想的新開展也就關係到中華民族的新前途；就是說，民族的命運與儒家思想的命運是同一消長的。

　　說新儒家學派產生於憂患並不過分，所以新儒學問題不屬於哲學問題，而屬於文化學與社會學問題。更明確地說應該是文化論。新儒學自始所行的便是自己的路線。賀麟說儒家思想是最舊的思想，但是「也可以說是最新的新思想」。關於現代與古代交融、「最新與最舊的統一」，賀麟有詳細明白的框定。他說：「在思想和文化的範圍裏，現代絕不可與古代脫節。任何一個現代的新思想，如果與過去的文化完全沒有關係，便有如無源之水、無本之木，絕不能源遠流長、根深蒂固。文化或歷史雖然不免經外族的入侵和內部的分崩瓦解，但也總必有或應有其連續性。」

　　如賀麟所言，新儒學運動只是時間與學力的問題，「就是中國現代思潮的主潮」。而且，很多人只是不自覺其有儒家思想罷了。他提到胡適的意見：「提倡一切非儒家的思想，亦即提倡諸子之學。」但賀麟並沒有明確倒向百家，而是保持（用諸子充實發揮儒家）的思路，並且認為：「五四時代的新文化運動，可以說是促進儒家思想新發展的一個大轉機。」因為相比於曾國藩、張之洞等舊人物，新文化運動汰除了儒家壞死的形式末節，使之更為輕鬆；而舊人物的所行只是掙扎意義上的。但最核心的還是東西間觸碰的問題。「西洋文化學術大規模的無選擇的輸入」，「給了儒家思想一個考驗」。這裏談儒家思想，包含著華化西洋文化的問題。賀麟說：「儒家思想是否復興的問題，亦即儒化西洋文化是否可能，以儒家思想為體、以西洋文化為用是否可能的問題。」一說到儒化，馬上便指向了敏感的關節點，即人文獨立與民主、科學諸問題。

　　就個體而言，首先是要確立人格主體；而群性的文化則必須面對獨立的問題。「如果中華民族不能以儒家思想或民族精神為主體去儒化或華化西洋文化，則中國將失掉文化上的自主權，而陷於文

化上的殖民地。」因為中國不能成為各種文化的「傾銷場」,坐視它
們各施其「征服力」,所以從現實上來說也需要儒家出來收拾領導。
賀麟所看到的不能說無識,但歷史上中國已經成了傾銷場,從它的
宗教情況來看就足夠說明一切了。「文化的自主,也就是要求收復文
化上的失地,爭取文化上的獨立與自主。」「理解就是征服。」這是
以吸收西洋文化為途徑,正如陳寅恪說的,一方面吸收外來之文明,
一方面不忘自己本來之地位。但是,西洋文化的表率是什麼呢?賀
麟說:「西洋文化的特殊貢獻是科學。」科學似是作人類之一般來理
解的,「沒有基督教的科學,更不會有佛化或儒化的科學」。

　　儒化的科學這一提法似可注意,賀麟對附會科學表示了明白的
反對。不過他真正反對的是庸俗化,並不是儒學與科學。他說:「譬
如,有人根據優生學的道理,認為儒家所主張的早婚是合乎科學
的。或又根據心理學的事實,以證明納妾制度也有心理學根據。甚
或根據經濟學以辯護大家庭制符合經濟學原理。亦複有應用物理
學、化學的概念,以解釋《易經》的太極陰陽之說的。」賀麟所揭
示的情況,到後來一直沒有中絕。而這種庸俗化的結果就是陷於既
非科學又非儒學,因此理智的態度就是「必須要界劃清楚」,不發
生低級無謂的相干。「使儒家精神中包含有科學精神,使儒家思想
足以培植、孕育科學思想,而不致與科學思想混淆不清。」可見賀
麟不會反對科學與儒學本身;只是他對科學的論斷卻有可商處。

　　事實是,科學在人文史中的生長發育與宗教神學諸問題是直接相
關的。可以說,沒有耶教人文,就生長不出近代科學,這一點賀麟已
經談到了;而儒家思想中的實學性,賀麟並沒有詳細談到。實際上,
中國對科學的接收,還是本以實學本體的,這是顯見的事實。也就是
說,中國式的理念將永遠是實學型的,而不會是科學型的。科學從

源頭處說絕對是一個人文概念，而不單純是一個理工概念。民國初年的學者在一些基本問題上的觀照並不一定完全到位，賀麟的議論沒有脫出這一時代限制。科學化儒家思想在賀麟看來只是一種時髦，這意見本身當然不錯。但是接下去談到發揮儒家思想須另闢途徑時卻有問題了——概言之，即以西洋哲學發揮儒家的理學，因為「儒家的理學為中國的正宗哲學。」說起來，這樣做是欲儒家哲學內容更豐富、體系更嚴謹、條理更清楚，也就是強化它的技術工藝性。而實際上以理學為宗只是一種個人理解與認同，畢竟理學只是傳統理論思維區域中的一塊。賀麟所謂西洋哲學顯然是以德國哲學為重心，他談到德國幾位哲學家時曾比附德國古典哲學為一種理學。尤其是德國哲學的體系化，更為人們通常所關注。但是體系化畢竟只是形式，不同的人文，形式系統是不一樣的。像法國哲學，主要就是由一些重要文人來擔負；而英倫哲學又表現為另一番面目。

　　賀麟在講到民主的時候，將美國政治比為具有儒家風度，甚至比為王道。實際上這是沒有必要的，因為如果認同王道，完全可以自信地去講，話語獨立；援引某國政治來說則會有非類的問題。「政府有積極地教育人民、訓練人民、組織人民」，「以達到一種道德理想。這種政治思想就多少代表我所謂儒家式的民主主義」。「美國政治特別注重道德理想，比較最契合儒家所謂王道。」賀麟對民主是有區分的，即他不太認同消極民主，所謂政府越少管事越好那種；從這一點來觀察，在賀麟的思維中還是貫穿有修齊治平的東西，平治是不可能退居事外的，所以他也特別推重孫文的力行哲學。簡言之，即中國需要一套能應付民族需要和世界局勢的辦法、方案；通過「泛化儒道社會」的經營達到興邦建國的目的。從賀麟的議論來看，諸多事情是通過解釋、要求與願望聯綴到一起的。

　　科學與民主是新儒學必須面對的問題，傳統的儒家在政治上只須講仁道，而現代則不能繞過民主政治。不過賀麟講到申韓式的法治時似有問題，因為韓非的政治思維是有道家思維作中軸的。比照來看，賀麟的認識便有印象化之嫌。而另一方面，就是他對宗教問題的態度，同樣值得討論。因為賀麟在講基督教問題的時候，明顯有人文博弈的印跡。簡言之，就是儒家到底是不是宗教，實際上已不再是單純的學問問題，而是一個角色性的問題。也就是說，儒教今後必須扮演一個宗教，這是它的人文角色安排。早在利瑪竇來華的時候就明確指出過，儒家不是宗教。這一出自教士自己的判斷本來是沒有多少討論餘地的；即以道教是准宗教而言，中國的傳統就缺乏嚴格宗教性。所以二十世紀以降任何關於中國宗教問題的討論，都只能在文化論的框架內定位，這是必然的。賀麟說：「須吸收基督教的精華以充實儒家的禮教。」這是因為，「儒家的禮教本富於宗教的儀式與精神，而究竟以人倫道德為中心。宗教則為道德之注以熱情、鼓以勇氣者」。「基督教文明實為西方文明的骨幹。其支配西洋人的精神生活，實深刻而周至，但每為淺見者所忽視。若非宗教的知天與科學的知物合力並進，若非宗教精神為體，物質文明為用，絕不會產生如此偉大燦爛的近代西洋文化。我敢斷言，如中國人不能接受基督教的精華而去其糟粕，則絕不會有強有力的新儒家思想產生出來。」歷史原創時代的客觀動力，是否還要強納為既創以後時代的主觀動力，此二者必須別同異。

　　無論宗教還是藝文，都要求儒家廣泛消化、接收。但是這一思路到底是會產生化合的作用，還是只打出了一個人文補丁呢？關於賀麟的貫穿性的泛儒化思維，我們可以看下面一節陳述。「就生活修養而言，則新儒家思想目的在於使每個中國人都具有典型的中國

人氣味，都能代表一點純粹的中國文化，也就是希望每個人都有一點儒者氣象，不僅軍人皆有儒將的風度，醫生皆有儒醫的風度，亦不僅須有儒者的政治家（昔時叫做儒臣），亦須有儒者的農人（昔時所謂耕讀傳家之儒農）。」「何謂儒者？何謂儒者氣象？」「最概括簡單地說，凡有學問技能而又具有道德修養的人，即是儒者。儒者就是品學兼優的人。」從這些述說中，我們都可以清晰看到人文急救、應急性處理的態勢。所以賀麟說「孫中山先生則無疑是有儒者氣象而又具耶穌式品格的先行者。」這也是要立宗主人物的意思，他在《近五十年來中國哲學》一書中花半數以上的篇幅來談孫文哲學就是必然的。賀麟的願望是：如果各項問題的解決，「都能契合儒家精神，」「同時又能善於吸收西洋文化的精華，」「我們相信，儒家思想的前途是光明的，中國文化的前途也是光明的。」

新儒派少壯

　　新儒家在海外一直很活躍，影響也大，像杜維明就始終致力於宣傳儒家和維護儒家的工作。杜維明的基本思想，都可以從這樣的話語中把握，「我覺得我們現在面臨的課題是讓本土知識具有全球普世的意義」（《儒家傳統與文明對話》序）。這種新儒派的思想從總體性質上來說無疑是一種後殖民時代的思想，但與其認為這種後殖民思想是每一個話語言述者自己認同的，不如說是被某個漩流攪進去了。如果我們在這裏提出一個根源性的問題：對話不如談判，那樣豈不是更為直接？為什麼還要從哲學上去繞彎子走遠路呢？難道是為了永遠的懸而不絕？可以說，杜維明的說論完全是一種場面上的話語，充其量只是一種發言和呼籲。

　　杜維明關心的主題，如生態意識、女性主義、宗教多元、全球倫理等等，都是當代醒目的主題。杜維明談到，要把儒家的仁作為一個同心圓向外推，從而形成一種普世價值。但是在他的知識結構中卻有一個致命的缺陷，就是儒家經典文本的訓練不夠，這在華人學者中也是普遍的問題。所以在杜維明的話語中，只有一些大而化之的援引，而且很多年這種情況保持不變。因此，在話語者那裏，便普遍存在一個「知檢」的問題。沒有知檢，學人對公眾的影響可能永遠不會有一個正當、恰切的保證。

　　杜維明特別突出一點，全球的技術統一，帶來的是具體性的更加凸顯。杜維明說，中國知識份子受啟蒙心態的影響太深，因而注重工具理性而忽略目的理性。就是說，一切都要看它有沒有用，沒有用便全無價值。更糟糕的是，中國採取的還是法國式的啟蒙，即打爛舊的造新的，是破壞性的；不是英式啟蒙──慢工出細活那種。由於這些啟蒙心態，導致了現代中國精神資源的貧弱。首先是物質性的人類中心主義──不是科學、而是科學主義十分有勢力，進而導致社會達爾文主義的出現和浸淫。這些意識形態使很多精神資源被邊緣化，所以，二十一世紀的社會首先是要注意培養社會資本，另外還有文化能力的發展（技術能力之外），杜維明稱之為「體知」。他引李慎之的話說，近一百年來，中華民族發生了一種「集體健忘症」，只有短暫的「歷史記憶」。不過杜維明把一些愚昧時代中的愚昧行為（如文革中的一些事情）作為論理的例子來說明問題，這本身在名理上就是不通的，同時也使人產生對「選擇論證」的擔心與提防。杜維明所要突出的是不忍的人類情感，所以他特意用了一個詞──魯迅時代。從此，國人被推上了「孰不可」的不歸路。杜維明講的所有這些都是為了一個邏輯導出──以前不是這樣

的，現在完全反過來了，所以必須、也只有重新發掘傳統文化的精神資源，才能如何如何。可以看出，所謂新儒家幾代人的一個共同特點就是：對中國傳統的知識部門缺乏基本的瀏覽，所以說話千篇一律、如出一轍。誠如騙子黑格爾說的，中國人不知道自己的知識資源。這話只說對了一半，幸好西洋也不瞭解中國的知識資源，否則中國更麻煩。一般來說，常人並不需要瞭解那麼多東西，但是如果要出當發言者，就必須有所接觸瞭解了，否則只是亂說話。令人不解的是，為什麼很多學人要自己狹化、退守到一個局部，比如只局限於孝順、生孩子之類等等，其實這是很不體面的，是知識上的不體面。

杜維明說：「今天來看，這（黑格爾哲學）只是地域觀念極其濃厚的一種論說，」（《儒家傳統與文明對話》十四）而馬克思學說也只是黑格爾哲學的一種例證，實際上都是虛構。杜維明提到黑格爾是因為，他認為黑第一個把中西和平對話的可能打碎了──用他自己的心靈取向。即使是韋伯理論，也仍然是黑格爾理路的歷史變種。直到哈貝馬斯，始終不能脫離這些套路，因為德意志思維必然是前後一貫的。所以思想就是論證，即自我證明。杜維明指出：「他（哈貝馬斯）對各種不同的理性進行現代詮釋，當然也不脫歐洲中心的格套。」（《儒家傳統與文明對話》十四）這才是對哈貝馬斯學說理論的根本總結，這一點出可以說看得清清楚楚。所謂的分析人類人文史中各個理性類型，無非是要歸落於德意志型的「詮證」而已，根本就不是、就不屬於客觀的知識分類學，根本就不是學術研究，僅僅是個人性虛構而已。所以，無生命的、中性的學術研究本身乃是人類人文必不可少的一種抗體，是對假冒學術研究的創作的抗體。上面所有這些觀察都反映了杜維明的敏感性，敏感是杜維明

最顯出的優點，基本功不好是他最大的缺點。杜維明是（就像）新儒家的觸覺器官、觸鬚。所以他能揭示很多歐洲思想、比如德國思想中的種種陰暗面向。大致上說，德國思想可以劃分為戰前哲學和戰後哲學兩種。像杜維明批評的黑格爾哲學，其實就是一種戰前哲學的歷史性籌備。包括前段海德格爾哲學、斯賓格勒歷史理論等等都是。1945 年以後進入戰後哲學，像後段海德格爾哲學、哈貝馬斯理論等等。嚴格說來，康德哲學並不是完全德意志氣質的，因為它包含著英、德兩重性，實際上是一種混合體、混雜體。杜維明也說到了康德哲學的相對溫和性，按照他自己虛擬的——如果是康德哲學那種局面，古典對話其實未必不可能。（參見高宣揚《德國哲學通史》）

杜維明談到一個情況，就是在所有的人類人文中，人們對儒家的苛責最重：它必須完成這個、造成那個，開出這個、轉出那個⋯⋯這是為什麼呢？公平嗎？其實這個問題並不難回答，它正說明了儒家的實力，也就是在學理上的優長。我們可以發現，整個儒學史實際上就是要回應各種攻難和批評的，而最後它都能一一回答。自孔子而至民國，無不如此。只是古代來自佛、道，近代加進了西學而已。歷來的批評本身就能說明問題，正言若反，人類對棘手者向不容情。宗教信仰不需要講任何道理，有人類群性情感就夠了。但儒學點滴都要論理，所以這種不公平實際上也是一種抬舉。杜維明談到，一戰以後，梁啟超最先看到現代文明出現的弊病，提醒國人另做思考，隨後張君勱引發科學、玄學論戰。從民初的種種事情來看，與其說是當時富國強兵、以西化為現代化的危機感壓倒了一切，不如說是工具理性已經佔領了知識份子的心靈——工具理性被視為救亡圖存的不二法門。當時的幾大論題——農業和工業、資本主義

和社會主義、文化本位和全盤西化，討論得已很有深度。後來因為日本侵華的外患、國共對立的內憂，政治、社會、文化出現了全面的爛相。這一時期，知識份子對現代化的思考遂更轉深沉。並且指出：現代化絕不是西化。杜維明提到一個很重要的人文史消息，就是，在世界上最早提出現代化理論的是中國，美國是在五、六十年代才進入現代化理論的。(《儒家傳統與文明對話》四) 民初的現代化與西化討論導出了一個直接的結果，就是將現代化與西化兩個概念分開，從而確立起了現代化的理論。這其中的關鍵人物有胡適、馮友蘭等等。但是，由於當時的一切重大討論都是從中國出發、是為了中國，所以根本不可能想到要為世界提供和推行、倡導什麼。從這裏來說也算是歷史的教訓，也就是隨時應該關注世界的情報動態，以期做到同步，不能只囿於國別性的操作運行。杜維明說，二三十年代、六十年代、八十年代分別有文化浪潮的興起，討論現代化等重要問題，這一條線橫貫中國整個二十世紀，這是需要牢牢把握的時代主線。只是六十年代、八十年代的見識水平還趕不上三十年代，這是令人遺憾的。

　　杜維明談到觀念的災害並回顧了現代新儒家的發展，應該說，新儒家的精神可嘉超過了其技術成就。從另一面說，人們對儒家的成見是不可否認的，它源於各種觀念定式。就人文分類學的角度來講，中、西間有一個輕重性與規定性的根本不同。比如說中國沒有反科學，而實學對現代技術的推進卻是動力遠遠不足的，這就是輕重性；西方在反科學的宗教傳統下，一旦刺激出什麼來、爆炸出什麼，其動能將是全方位的。比如教權刺激出自由、平等、人權等等，都有一個重新規定的問題，這是規定性。輕重性是很難作重新規定的，也就是說根本地「很難重新」，這是它夾生的地方。比如君權

不廢除，政治至多只能夠開明，帝國很難走向民國等等這些，都屬於很難重新的問題。正如方言越相近、口音越難改一樣。德國人說英語往往沒有華人標準，也是因為德語在牽制的緣故——總是有很重的口音，這就是輕重性。所以輕重性比規定性更麻煩的地方就在於——它容易夾生化，不那麼乾脆、徹底。實際上，杜維明一直在謀求儒家的普世性，所謂「共法」的機制，只是他的底氣不那麼充足罷了。應該說，現代新儒家與其說是在爭未來，不如說是在爭歷史、爭過去，也就是耿耿於一個原創權。

「儒家人文學，我稱之為涵蓋性的人文學，它有四個側面：個人、群體、自然、天道。」（《儒家傳統與文明對話》十四）杜維明認為，儒學能夠提供一整套的人倫日用間的具體操作，所以儒學能夠幫助現代世界建立某種平衡。杜維明說，儒家的恕道和仁道可以作為全球倫理的基本原則，這一態度也許方便寫進倫理思想史。所謂恕道就是己所不欲、勿施於人。仁道則是指己欲立而立人、己欲達而達人。杜維明說到，仁是一種差等的愛，批評仁的人認為博愛比差等的愛更符合平等原則，這顯然是胡說。因為差等的愛更符合人類天性，也更符合、順應人類的權利。比如說我不喜歡一個人，就不能強迫我喜歡，否則我的「情自由」權利就受到了侵略和攻擊。也就是說，愛人是人類情分，不是人類本分。所以博愛是宗教概念，不是法律概念、不是法權概念，人類經常陷在嚴重的概念錯誤中。儒家所謂愛人而不愛親者，謂之悖德，講得很清楚。人性首先都是愛己的，本來也應該如此。所僅當限制者，只是不能因己而妨害人，如此而已。所以不是道德允許不允許什麼，而是他人允許不允許什麼，應該用他人一詞全面替換道德一語，道德倫理學才算完成。杜維明在談到這一節問題時，沒有辯明的

當。由於杜維明回到了儒家的核心價值——仁、義、禮、智、信，所以他非講仁的問題不可。至於義、利，墨家早就給出了終極的說法——義，利也。可以說，中國歷史中的義利之辨，都不能超出此義利合一論。杜維明沒有特別地解說義，他只是講到了禮，而且是從社會資本和文化能力來解釋禮的。杜維明認為，法可以安定社會，但不能使社會的動力提高。實際上，禮、法之間的關係，還有一個社會硬體與軟體的關係在裏面。

值得注意的是，杜維明講到了儒學的第三期這一問題，也就是，儒學還能否進一步發展、其前景如何？這是從時間上說。從地域上論，儒學在歷史中曾經長期居於旁支的地位，比如南北朝崇尚佛教，儒家的地位是後來自己爭取來的，所以對歷史中的儒家不能持籠統的態度。當杜維明從層次上說歷史儒家的問題時，暴露出深刻的問題。他說：「大家認為在唐代儒家的傳統已經被佛教的傳統所取代，可是仔細研讀《貞觀政要》卻發現該書基本上是儒家的精神。此外，《五經正義》亦是作於唐代，連唐玄宗的一個重要觀點也是孝。」（《儒家傳統與文明對話》十五）從這裏可以反映出杜維明知識準備、訓練上的很多問題，就是浮面化，缺乏真實的基礎。《貞觀政要》是為政之書，佛教能夠提供政治理路嗎？所以我們在在講實學與玄學的區別、講政教與風俗的區別，這些都不是白說的。官方不能不以儒為主，佛教不屬於思想史的範疇，而屬於文化史的範疇。二十世紀之所以大講佛教問題，還是因為受到西學影響而發生的思維模式和研究模式。所以佛學乃是西方哲學的現象，話語上的現象，它本身並沒有自性。更主要的是，為什麼唐玄宗會注重孝，因為唐代的政治向來不穩定，這一點，陳寅恪在《隋唐政治史述論稿》中有精闢的闡論，絕不是一個簡單的書面問題，而是一

種歷史情節。所以杜維明的話語說明他自己在學問技術上從來沒有真正「下去」過，常識上還有問題，這樣去做儒學的工作，場面性就是必然的了。亦即場面話語、場面解讀，非場面的也不要，因為沒有意義。

杜維明說，儒家傳統受到西方啟蒙思想的衝擊而被解構了。對儒家傳統的解構應如何評論是很大的問題。啟蒙是西方十七、八世紀開始的文化運動，杜維明特別重視啟蒙心態。尤其是康德的「敢想」，這是康德講的啟蒙。杜維明說：「在中國影響最大的理念是富強。」（《儒家傳統與文明對話》十五）富強包括經濟權力和軍事力量，但個人主義才是人類走入現代的不折不扣的真正核心，無論人的尊嚴、人的解放、人的自覺、人的獨立性，以及自由、理性、法治、權利、市場經濟、民主政治、市民社會、現代化、全球化等等，數不清的名目都繞著個人而展開。也正是因為個人主義最不拂人之性，所以其競爭力最強，從而鬥敗了所有其他人文類型。可見真正主導一切的決定力量還是人性，強弱之形、其勢顯然。所以杜維明說，今後儒家的考驗也在於此。但是這裏面也有一種報應，既然儒家在歷史社會中妥協得那麼多、只是跟隨，它就不能怨尤被棄的一天，這與不自立的人是一樣的。實際上，現代儒家還在重複著如泣如訴的小女人相，而且其情還超過了前代。李澤厚說救亡壓倒了啟蒙，但是杜維明進一步認為，當時人的結論是：啟蒙是唯一的救亡。應該說明的是，無論啟蒙曾經在中國近現代史中發生過怎樣的影響，啟蒙作為一個神學概念的性質卻是無法改變的，至少它是從神學來的。

杜維明喜歡講舊道德、舊婚姻、舊家庭等等，但是必須說明，儒家對人的私生活其實是不管的，如果不是家作為國的基層單位，

那麼在儒家文獻中家這個東西提都不會提。儒家文本中凡涉及私人生活類的部分很少，或者說大而化之，完全是禮法的內容。古代生活中，個人度不可能有多少發展，這便是勢，全人類都一樣。這些到底是社會問題，還是歷史文化問題呢？社會與文化二者似乎沒有完全廓清。杜維明談到，儒家問題中有一個聖王異化為王聖的問題，即儒家聖王的思想異化為王聖的實踐。所以五四的批判太表面化、太膚淺了——真正好的東西被扔棄，而糟粕卻積澱了下來。又比如三綱，其實就是君、臣、民的倫理。君臣是國，父子夫妻是家，所以家政也是政教的環節。帝國時代的倫理只能如此，到民國時代這些東西被換掉也是自然、當然而必然的。杜維明將三綱與女性主義等話題結合著說，是否的當呢？因為任何宗教、任何古代人文，對女性問題其實都是很大男子主義的，所以，我們絲毫沒有必要以保姆似的求全標準去衡說一切。儒家並不需要承擔或者承諾大全的角色，它只要有自己的幾點可取就足夠了。就個人權利方面說，如果說人類人文史在古代社會、在過去是普遍地要求個體給出什麼，那麼近代以後的人文就是一轉而強調個人能得到什麼，這正是一個陰陽面的關係。個人性在發育中，這正是人類近代以來的大線索。像過去歐洲人通過教會得救的信念變成通過信仰而得救，便是一大歷史轉折。但是三綱、六紀等等畢竟是漢以後擴大了的儒教倫理成分，儒家問題是否可以僅僅放在倫理層面上談論，這是一個問題，因為那樣就太狹化了。

其實文明的消長之勢是多端的，比如新疆原來是佛教的區域，可是回教興起以後，佛教就衰滅、絕跡了。六朝是中國佛教大發展的時候，這與漢家失統有直接關係，不是單純說明什麼或者說明什麼單純問題的。因此，文化史上的問題雖然可以比較，但是絕對不

能比附，問題比較與問題比附總是容易互相滑入。比如佛教問題與西學問題就是完全不相類的，但最後還是搞到了一起，可以說此二者為二十世紀學術研究中最大的一道狂舉題目。二十世紀就是一個羅列之路、是一個功能表之路，永遠狂奔在從一到十、到百、到千、再到萬的開列路途中，也就是名理上的夸父之逐。所以杜維明講要對西方全面瞭解，看似有理，其實是一條不得法的死路。是把握化的瞭解、還是導向追逐化？實際上，這還是因為對西學的底細無所把捉。作為具體學問部門的西學研究，是不能作政治化的張大的，這是不合適的。值得一提的是，因為一點消息而就馬上論證儒家如何，在這件事情上中、西方學者表現出完全相反的感情傾向。像杜維明這樣的學者，他會馬上傾向於儒家的機會的捕捉，而西方學者則是急於論證儒家已經被徹底地逐出了人類歷史舞臺。很顯然，西方學者只是希望儒家永遠退場，而中國學人則盼望儒家的強勢復活。對否定不了或者肯定不了的，便會馬上作規定性上的調整變動。比如說儒家是什麼、不是什麼，是怎樣的、不是怎樣的等等。這種爭執拉鋸、文化兩造永遠不會停止，也永遠不會有結果。但是無論爭訟的雙方，無一不是可憐的失敗者，因為他們完全沒有學術上的事情，只是擔心、恐懼、嫉妒、不平衡而已。說到近代以來的儒家困境，其中有一點，就是：對事變成了對概念。比如一件事應該怎樣做，這是很簡單很直率的。可是一旦陷入對概念標籤的糾纏，就成了毫無意義的書面的東西。以儒家和裹腳的關係為論，就可以宣判儒家死刑。只是這樣宣判，人類人文就全死了。比如德國發動兩次大戰，說不清、無法辯白的德國文化就死了。為世界生產、傳播負思想，製造社會革命、動亂及後遺症的法國文化思想也死了。於是只剩下英、美一系等著它的末日審判。這樣，西方文化問

題也就成了英美問題，可以歸約到單一的英美研究中去了。杜維明提到，有人認為民主就是政治上輪流坐莊，但這要看是什麼情況。像英國，王位是繼承的，首相是坐莊的。正像唐君毅劃分君主立憲運動和民主立憲運動那樣，王國民主與民國民主相比，在形式上還是保有不同。關於人文的取擇，就拿考試制度來說，擴大了說是泛考試精神，就不能不說與儒家的精神傳統及淵源有關。這一點怎麼驅逐呢？如果驅逐了，只能是人文的損失，除非恢復。所以還是那句話，儒家的資源在於它的辦法系統，很多人看不到這一點，是因為錯了路頭。

　　以科學為例，在現代就是一個實學的東西，它與神學已經沒有什麼關係了。僅僅是現代科學的那些技術內容不是中國人研發出來的罷了，但是實學並沒有規定人類通用技術必須由誰來原創、一定要由誰來原發出來。實學所注意的、所關心的，只是有什麼出來、有沒有用這一件事。其他的屬於自尊心問題，政教不管。簡單地說，別人的好壞跟我的好壞無關。但是杜維明最多能到達的層次，始終不能脫離「機緣」這一關鍵字，而這種機緣論是有限的，因為沒有任何一個大的人文是可以在機緣上賴以建立起來的。至於說杜維明認為英語是世界通用語言，儒家應該利用英語，倒是一種明達的意見。杜維明喜歡講文明對話，喜歡對話式模式，而對二分思維——非此即彼加以拒斥。杜維明談到，儒家有兩個原則觀念可以作為普世倫理的基礎，那就是：勿施於人和推己及人。雖然杜維明的論說向來圓熟軟美，但他觸碰到的問題還是不少。他強調的儒家與各大宗教對話，以及當下的人對生態的關係等等問題，恐怕更多只能是姿態上的意義了。應該說，異端思維是宗教的根性，這種根性永難脫離。因此，一切來自西學的話語都是攻乎異端的、都是

人文上的滅國戰，所以文明對話殆不可能。攻乎異端，斯害也已。異端性是神學人文傳統的核心根性，在異端性下，一切嚴格意義上的研究都是不存在的、不可能的，它必然指向某種意圖目的倫理。也就是說，域外的學者們不只是熱心於理解中國的理論並將這些理論置於歷史背景之中，學者們企圖評判它們，他們是一些倡導者和社會理論家。

附錄

錢穆

　　錢穆自己不承認是新儒家，雖然有些人那樣看他。《現代中國學術論衡》是錢穆關於中國思想學術文化的通論性著作，可以代表他一生的觀點。儘管錢穆學問很好，但客觀地說，其思想總不免流於淺泛。雖然，作為二十世紀最主要的文化辯護人，錢穆的角色地位不容替代。所以在這裏最重要的是「意見」，我們所要面向的也是意見。文化比照，首先是它大而化之的特點。錢穆說：「文化異，斯學術亦異。中國重和合，西方重分別。」（序）正是這樣。但令人尷尬的是，大而化之、老生常談的東西卻往往是簡單有效的，或者就是有道理甚至對的。這種現象並不奇怪。像古人說的：西方屬金，主分；東方屬木，主合，就是緣於經驗觀察。所以仁義禮樂等等名目，也是按照這種兩分法去劃分的。傳統的陰陽法在近世也施用到了文化比較上，對此我們必須有一個清楚的透視。否則，在我們不屑於二十世紀思想的某些行為時，我們自己可能也就輕易地、簡單化地滑過去了。

　　錢穆本著他的學識經驗指出了一點：「民國以來，中國學術界分門別類，務為專家，與中國傳統通人、通儒之學大相違異。循至返讀古籍，格不相入。此其影響將來學術之發展實大，不可不加以討論。」（序）這些話頗具有預言的意義。我們在討論先秦思想的時候說過，中國人的知識是有一個體例的。這個體例就是通儒、通

人的「原因」。往極處推，這個體例就是陰陽、一。所以，《周易》是為華文化立法的書。它是體例，不是體系，儘管它有自己的一套作業系統。這正是周易重要之所在，並沒有太多的懸念和複雜。上述這些同異我們一定要區分、正別清楚，否則以後的思考運行會缺乏基礎。由此，因為中國人找到了一個統一的知識體例，所以通人、通儒也就成了自然的事情。但是西學的格局東漸以後，中國原來固有的這一套體例系統被替換掉了，代之以西學的門類劃分安排法。而這就是錢穆所說的事況的成因。簡言之，人類的思維系統是各各不同的，本來有多套系統並存。當一套系統取得專斷地位時，人類本身的損失也就造成了。因為很多事物並沒有被認真研究地對待，就在心理和「實際」中廉價地流失了。西學並沒有找到其知識體例，因為它始終在找尋中。但是質實的學科精神帶來了豐碩的成果，尤其在微觀領域，將人類知識真正推向了現代。

　　錢穆重點回顧了幾個人：康有為、章太炎、梁啟超、王國維、胡適、馮友蘭等等。這種回顧本身就是他對二十世紀思想的意見。因為自清季以來，思想界真正有影響力的核心人物並不多見。錢穆說：「兩人雖同治經學，其崇儒尊孔之意實不純，皆欲旁通釋氏以為變。」（序）這就很明顯地表達了錢穆對康有為、章太炎的否定態度，即認為其學不純。佛學作為玄學，我們早已說過，其性質與實學是根本不同的。康、章欲旁通釋氏，顯然連歷史中的概念也沒有搞清楚。而康有為、章太炎在思想上偏於幼稚，並不能歸咎於時代原因，首先還是自己的問題。像同時代的梁啟超，識見之卓，就遠超乎康、章之上。清季的很多老先生，習氣大於本領，意見多於才能。其時士群之凋敝，已有很多人論述。錢穆說：「如任公」，「其識卓矣！」「惜任公為學，未精未純，又不壽」，「此誠大可惋悼矣。」

梁啟超的學問和思想都是宏觀型的，所以他只能進展到那一步。但是話說回來，時代所要求的也就是這種宏觀。作為清季學術的重鎮，梁啟超實為第一人。

　　但是錢穆對同時代人的評價顯然就很不客氣了。可以說，錢穆論人論事有一個基本的立場，就是看他們對中國文化和儒家的態度如何。這裏面當然不免要雜進很多個人的情緒，他說：「則適之所主持之新文化運動，實為批評中國舊文化。」「要之，重在除舊，至於如何布新，則實未深及。」這一評價當然也是事實。重要的是，在民初那樣的時代，中國是必然要經過一番破舊的歷程的。這個過程很難省略，其嚴酷即在此。錢穆提到，四九年以後，大陸進入政治年代，思想上的事情告一段落。但是，「若謂此一國家不建立於民族精神，而惟建立於民主自由」，卻成了錢穆最關心的一大問題。也就是說，民族性如何安頓，在錢穆是繞不過去的根源性問題。他說：「孫中山先生三民主義首為民族主義，則不可不顧及五千年來中國之人文大傳統。」（〈略論中國社會學〉）就是最好的說明。錢穆暗示：「如有人謂，非先通康德，即無以知朱子。」這顯然是指牟宗三說的。在錢穆看來，這種見解顯然荒謬不經。錢穆著《朱子新學案》，就是對時人的一種回應。當然朱子學之重要自不用說。所以，唐君毅、牟宗三等人發表中國文化宣言時錢穆拒絕署名，就是因為意見根本不同。我們看錢穆的一生行事，常有一種孤軍打鬥的感覺。那麼對錢穆所說的事實，應該如何校論呢？很明顯的一點，就是錢穆提到的那些先生西學並不到位。或者流於一偏，或者瞭解過時。若以之措諸中國學問，就難免要出問題了。

　　錢穆在〈略論中國社會學〉一節中說：「哲學一名詞，自西方傳譯而來，中國無之。故餘嘗謂中國無哲學，但不得謂中國人無思

想。」這是一個基本的觀點，陳述了一個事實。所謂思想，就是只要頭腦一運轉思考，便是思想。但是錢穆囿於時代的態度，又不得不做些調和。「惟中國哲學與西方哲學究有其大相異處，是亦不可不辨。」顯然又默認了中國哲學的說法。錢穆先是舉出中國社會的人際性、舉出孔子的「仁」，謂「此顯見中國哲學與西方哲學之有不同處。」接著又說「仁」沒有一個歷史的統一完成的定義，「此又中國哲學與西方哲學之一不同處」。簡言之，錢穆像「拉羊屎」一樣地具體舉出禮、智、儒、墨、道等等一長串各方面種種的所謂中西間的差異不同，顯然在名理上陷入了狂舉。「狂舉」不可以知異，錢穆所講的都是「有什麼不同」，而不是「為什麼不同」。因此，他是不可能說清楚、說透中西文化之異的。因為二十世紀的中國學人不可能有名學上的訓練，所以他們只是「具體不同」地走上了、重複了類似錢穆的路子。大家自以為找到的本質的區別，其實只是各個具體的不同罷了。所謂的中西比較，都沒能達到基本的別同異。但是，錢穆畢竟是有學養堆積的，他還是看到了不少問題。比如中國思想的共通性、一貫性、和合性等等。只是錢穆思理為短，議論總嫌拖遝，不能爽快地拎出來。錢穆指出：「中西文化之不同，其實起於農商業之不同。」這一論見可謂明達。他講了一個很重要的觀點，即西洋文化重「創進」而失於「守成」。「故一部西洋哲學史可謂繁花盛開，而一部中國思想史，則惟見其果實累累，不見有花色之絢爛。此亦一大異。」由此可以說，錢穆的《現代中國學術論衡》是在一個整齊的「述同異」而不是別同異的「體例基石」上形成的，是狂舉的一部書。這在二十世紀是有典型意義的。所以，我們完全可以開列一個詳細的對照表來顯示這一點：

中	西
宗教上	**宗教上**
魂魄	靈魂
鬼神	神
天（抽象存在）	上帝（具體存在）
可證	不可證
己心	魔鬼
道義觀	功利觀
自己	外力
農事的	業商的
樂觀	悲觀
尚和	尚爭
學教	宗教
信在內	信在外
人文的	宗教的
生命界	靈魂界
多神	一神
文教	宗教
禮教	宗教
名教	宗教
德	能
聖	神
孔教	耶穌教
政教	教政
師	教主
無宗教無哲學	宗教－神學－哲學
自然	科學
性德	真善美
在心中	在身外
佛教	基督教
哲學上	**哲學上**
無哲學	有哲學

西來的	東漸的
人際的	神際的
學與思	思辨的
重和合	重分別
天	神
自然的	人格的
保守	創造
農民意識	個人主義
生活境界	唯物史觀
重系譜	重專利
貴同然	貴特別
守成	創進
道藝	技藝
科學上	**科學上**
人文的	物質的
生命的	機械的
有機的	無機的
活而軟	死而硬
由人文發展出科學	由科學演出為人文
宏觀的	微觀的
淺嘗輒止	擴而充之
心理學	**心理學**
會通	隔離
孝心	性愛
天倫	愛神
屬人文科學	屬自然科學
圓形的	線性的
史學的	宗教的
重時間	重空間
早熟	晚熟
道德心理學	神學心理學
主抽象	重器官

循環的	超越的
體用論	工具論
元氣	微粒
心物一體	心物對立
一貫	雜多
自卑	自大
史學	**史學**
綿延統一的	分開隔斷的
根源之學	學科之一
重歷史	不重歷史
溫故知新	厭舊喜新
經世致用	無關當前實際
天下的	國際的
天下觀	國別觀
尚禮	重法
共同性	分別性
重人不重事	重事
修齊治平	僅記往事
化	變
括囊群學	分裂為用
經史傳統	歷史哲學
由人代天	以人爭天
不以成敗論	以成功論
考古學	**考古學**
重經驗	重成績
重人不重物	重物不重人
考其人	考其物
考證	考古
重會通	重實物
書面的	實體的
教育學	**教育學**
尊德性	傳授知識

學為人	治外物
統一貫穿	分割門類
通才通人	年級學制
政治凌駕	大學獨立
讀書養性	研究求知
成人	社會
明體	達用
政治學	**政治學**
會通	分裂
泛政治的	學科之一
禮法	法律
社會學	**社會學**
單層結構	複合結構
天下社會	地上社會
共同性	分別性
天下	國際
風俗	宗教
氏族社會	團體社會
以家為本	個人為本
孝弟忠信倫常	自由平等獨立
先問風氣	必論經濟
安足	進步
直銷	擴張
文學	**文學**
內反	外馳
自上而下	自下而上
泛化的	專門的
重情不重事	重事不重情
藝術	**藝術**
人生本體	工具物化
文學的	科學的
無名目	美學

心性理	真善美
修養德性趣味	哲學宗教藝術
日常的	神教的
虛靈	質實
世俗的	宗教的
重情	重事
音樂	**音樂**
重和合	重分別
音樂文學一體	音樂文學各別
重意義	尚技巧
民間的	學院化
心理音樂	唯物音樂
尚少數	尚多數
禮樂傳統	個人獨尊

　　由此可以說，我們再作過多的羅列已經沒有意義。因為任何人一經獲得直感的認識，都可以順利地舉一反三。像錢穆論中國科學，其所舉列者其實都是實學的東西，可見基本概念要搞清楚是多麼重要。直言不諱地說，在錢穆拉雜的述說中，稀裏糊塗、俗不可耐、土裏土氣之處比比皆是。這樣的文化辯護，不惟無益，反而有害。因為在世人眼裏，這樣的華文化還是不維護的好，其威信不升反降。其實錢穆頭腦的落後，也可以從一些細節上看出來。比如他談雷根、教宗遇刺之事，謂「以一美國大總統，以一羅馬教廷之教宗，其地位身分同在全世界普通人之上……」（〈略論中國心理學〉）便絕無平權意識可言。這是一種奴性思想，從這裏來說錢穆就比不了胡適。《儀禮》說得明白：天下無生而貴者！門閥、門第勢利觀看來根深蒂固。學人尚且如此，歷史社會要自發地轉易其思維，談何容易！錢穆說：「中國文化中，則不自產宗教。凡

屬宗教，皆外來，並僅佔次要地位。」（〈略論中國宗教〉）這明白是認為中國無宗教，中國是非宗教的。但是錢穆在論「信」的時候，很明顯容易發生概念的「移換」，這是他不精名理的反映。當然我們主要還是看錢穆論說中有建設性的方面。他說得很明白：「今日人生已成為一機械之人生，如電燈自來水種種日常生活，皆賴機械。電腦尤然。非賴機械，人生將無以度日。現在世如此，未來世益然。百年前馬克思已倡為唯物史觀，此下唯物當轉為唯機械。」（〈略論中國史學〉）又說：「馬克思則僅一經濟思想家，非一政治思想家。」「必認清馬克思共產思想非一政治思想，其流弊乃可減。」（〈略論中國社會學〉）可見錢穆的意見是認為，馬克思之學乃歐洲近世物力大發展時期的一種「反映」、在時代思想上的投射。所以任何思想都是一種歷史思想，都是具體的，抽象的只是表述形式。所以錢穆說歷史最根本，史學高於一切，可謂常識。用他自己的話來說，是「就於史學立場，而為經學顯真是。」（《錢穆與新儒家》）又說：「如太空飛行，近人乃謂當以征服太空。其實所能征服者，僅地球附近四圍之太空，實亦未能真征服。外此尚有太陽系之太空，尚有不知幾千萬倍以上之整個自然體之太空，豈當前機械所能征服？」（〈略論中國史學〉）這是作為一個歷史學家對人類之當前和以後給出的論斷。又說：「人類生產當求以農工為本，不當以商為本。農工乃係生產，而商業則非生產。故商業乃朝向於農工而前進，非農工朝向於商業而前進。」（〈略論中國史學〉）錢穆總是從農、商兩元素去論中西文化的不同根性，這都反映了他的根本意見構成。如此之類多矣！從這些論述我們可以看出，錢穆主要是作為一個學者，所以其思想表述方面有著很強的羅列性。

　　錢穆的弟子余英時說：「錢先生曾說，他一生都被困在中西文化的爭論之中。這是大可激人深思的自白。他又說：『餘之所論每若守舊，而餘持論之出發點，則實求維新。』換言之，他的基本立場是要吸收西方新的文化而不失故我的認同。這和陳寅恪先生所謂『一方面吸收輸入外來之學說，一方面不忘本來民族之地位』是完全一致的。這正是錢先生被中西文化之爭所困的根源所在；不用說，陳先生也同在此困中。主流派的中國知識份子或認同於北美的西方文化，或認同於東歐的西方文化，都能勇往直前，義無反顧；他們只有精神解放的喜悅而無困擾之苦。但是像錢先生、陳先生這樣的學人則無法接受『進步』和『落後』的簡單二分法，他們求新而不肯棄舊，回翔瞻顧，自不免越來越感到陷於困境。」（《錢穆與新儒家》序）

　　余英時是錢穆的學生，又是錢穆的傳人，他指出的當然不會錯。余英時說，錢穆的民族認同基本上是指文化認同，而錢穆的本位意識是最強的。余英時專門討論過錢穆與新儒家的關係，他說，錢穆不願意接受「新儒家」之名。這是合乎事實的，不僅僅因為錢穆有一份驕傲自矜，更主要是認同上的問題。正如余英時所說，新儒家之名具有特殊的涵義，不是錢穆所能認同的。說白了，儘管錢穆可以保持學者的涵養，卻無法規避新儒家普遍透出的殖民氣。余英時引章學誠的話說，學者要有宗主，但不可有門戶。錢穆就是不要有門戶的學人，所以他總是一個人。錢穆十歲時，他的體操老師錢伯圭對他說，中國歷史走了錯路，所以才有分久必合、合久必分的循環。英、法諸國合了便不再分、治了便不再亂，所以中國應該學西方。這番話影響了錢穆一生，使他不斷思考。錢伯圭的話源於梁啟超，梁任公在《新史學》中援引社會進化論批駁孟子一治一亂

的歷史循環論。這反映了人文中的一個普遍要求，大家都不喜歡亂的重複循環。錢穆的終極關懷是：中國文化何去何從？他始終不肯認同新儒家。余英時指出，二十世紀中國思想史上幾乎找不到一個嚴格意義上的保守主義者，大家都在尋求和謀求變法。所不同者，只是變的輕重程度。其實這正是問題所在——沒有嚴格的保守主義，便不能具備有效的抗體。為什麼二十世紀的中國像骨牌？這是後人應該深自檢討的地方。說白了，不能因為自己是一個大笨蛋，就把一切比自己強的都吹捧為聖人，這是什麼邏輯呢？像胡適就是問題主義者，李大釗就是主義主義者，學人之間的清醒與糊塗也是不一樣的。但是到後來，兩次世界大戰的事實卻使錢穆看到——治而不再亂的說法崩塌了，嚴重的文化問題在哪裏都一樣照發生不誤。因此，不再論僅僅是一種美好的願望，而循環論可能才是事實真相。實際上，二十世紀的一切本身已經說明，無論中、西，大家最後都輸了，都一樣是輸家，誰也不能夠再自吹為優秀，優越性必須讓位給痛心做人。人類不是雙贏，而是徹底全輸。事情就是這麼殘酷無情——它使此前的一切都成了老土的神話。可以說，人類或者永遠不文明，如果變得文明——真正文明，最早也得是二十一世紀以後的事了。

余英時說錢穆、陳寅恪對華文化有怎樣怎樣的信心，值得一說的是，二十世紀的學者，如錢穆、陳寅恪等人，無論對傳統文化抱怎樣的信心，都還是局限於域內思維，這樣的自存，並不具有終極意義，沒有太大的價值。自身的保存是本分，不須多說的。所以還是古人的氣象、局量更大一些，也更單純，就是：人生天地間，能為宇內擔當什麼？二十世紀的學人，由天下思維的傳統退化、收縮為中國思維的，這本身就已經自行取消了思想的終極性，再如何表

現，又有多少價值和意義呢？所以這裏有一個起點高低的問題。余英時的意思是說，要透進傳統、透入傳統，所以他說出了這樣的話：今天研究文化，客觀的實證和主觀的體會兩者不可偏廢。我們說，主觀體會主要是用於創造，不展開運用，文化也不能開出新的內容和局面來。

那麼，錢穆治學的宗主是什麼呢？就是抉發中國歷史和文化的主要精神及現代意義，所以最後必然要歸宿到儒家思想。儒家思想是錢穆認同的基本價值系統，包括兩個層次──歷史事實的層次和信仰的層次。錢穆認為，儒家的價值系統不是少數聖賢的設計，而是自然成型的系統。因此歷史中的儒家便有自然的、深厚的根基。但是問題也就來了，既然儒家是以百姓日用為基礎，那麼，當現代日用生活已經完全改變以後，儒家豈不是無所附著了嗎？所謂日用不變，儒家亦不變。日用變，儒家何變？像唐君毅、牟宗三等人一樣，錢穆也十分注意中國歷史社會中無階級性這一點。而且他認為，作為人文社會，歷史中國的優點在世界文化史上僅見。比如官員選拔的制度，官吏由全國各地的平民而來，以德行、知識為絕對考評標準，道德與知識並重這一點，唐君毅等新儒家學者已經說到了。因此，除了現代社會，皆不能與中國社會相比並，中國社會的此一優長為其他人類所絕無。所以近代中國的轉衰，乃是由士群的不振所致。由於士人的不得力，自然也就擔待不起整個國家了。錢穆說，歐洲政治權力所憑藉的是武力（軍人）、身分（貴族）和財富（早期資產階級），所以解放農奴始終是其核心問題。錢穆堅持認為，封建專制這樣的詞眼是中國現代史學中概念性的錯誤，是誣詞。錢穆的意思是說，與其說儒家是助長君權的，毋寧說是限制君權的。而基於儒家理論建立起來的科舉、諫議、封駁等制度都有通

過士權爭民權的涵義。但是更直接地說，士本來就是民的一支，所謂士民者，士權當然是一種特殊的民權。因為歷史社會中士階層的人數相當大，而且越來越多。在日用生活中，可以說影響周圍人的、影響鄉黨的都是士。所以中國歷史國家的成敗，「士責」最重也最大。余英時做了一些辯解，他說錢穆並沒有把儒家政治與民主劃等號。這是應該的，正如林同濟早就指出過的，政治形式優劣論是一種很淺的觀點，更主要的關鍵是要看一種政治的擴充機能和發揮活力。比如英國是王國，在政治形式上不如中華民國，「王」名當然遜於「民」名。可是英國的開明秩序比中國做得好，這就是實做的問題，也就是具體操作、擴充發揮的問題。儒家政治也是如此，它並不需要比附誰。像帝制時代儒家沒有條件做的，民國時代機會卻來了。好比大司徒之官掌教天下，天子、諸侯、皇帝在的時候司徒不可能當政，充其量為素王而已；可是民國時代機緣不一樣了，司徒有了做國家元首的機會。所以對儒家來說，其在現代社會中的處境不是更困難，而是更自由了。只是世人看不到這一點，其迷固久罷了。如果我們設想：大儒負責國家道路，總理負責日常行政──就像民初的行政院長那樣，那麼，這樣的配合無疑可以說是最優化的。比所謂總統、主席之類都要優化。余英時詳論了錢穆為一位現代儒家的事實，只不過他是一位單獨的儒家。錢穆把儒家看成一個不斷與時俱新的活的傳統，而與當代新儒家取徑迥異。比如對道統錢穆就保持自己的觀點和看法，他認為，道統之說如果從狹義處理解，乃是當初韓愈模仿禪宗自己搞出來的一個東西，陳寅恪亦持相同的觀點和看法。所以錢穆對韓愈甚有不取，他認為這樣就把人文搞得太狹化了，而且容易中斷。因此，在錢穆看來，真正的道統乃是中國整個的文化大傳統，這樣才能夠保持匯流百川、生生不絕。

所以我們說，錢穆已經不是對現代新儒家有意見，而是用超越歷史的態度抉擇各代，凡自己認為不當理者皆所不取。所以錢穆不加入新儒家是必然的、肯定的，其見解就與新儒家根本不同，比如在道統觀上。可以說，這樣也多保存了文化上較純之一線。

余英時特別指出，所謂新儒家，主要是指熊十力的哲學流派。大陸的「新儒家」概念太泛，失去了其應有的意義。關於新儒家的劃定，余英時一共談了三種可能情況。另一種比較具體的新儒家概念的確定法，就是從發揮儒家哲學的標準來定所謂新儒家。照這個辦法，梁漱溟也被視為新儒家。但是梁漱溟宗的是佛教，他是否可以算新儒家還是一個問題。我們說，余英時的這一論見是很切中情理的。通常以梁漱溟為新儒家，正反映了思想史研究中概念的紊亂和混淆情況，有待全面廓清。至於海外流行的「本義」，新儒家即指熊十力學派中人。余英時的意見，可以說是迄今為止最確當、最合理的，應該採納。我們當然也可以想到，這些分別會不會有標榜聲氣之嫌？但是綜觀二十世紀思想之大致脈絡，這些說法還是很有道理的。像熊十力所尊之陸、王一系，在錢穆看來便是儒學中之所謂「別出者」，錢穆是講朱子學的。他說，陸、王一系的人常以一二字或者一句話教人，結果易簡工夫登峰造極，反而是前面無路可走了。

我們看余英時的一番討論，確實有提示意義。他說，新儒家重建中國文化價值系統的立場，固極明確，但為什麼新儒家要把如許的力氣集中在道統、心體等事端上，卻不能不問。余英時特別提到，新儒家批評傳統之厲害，往往超過五四主流派。比如熊十力說，家庭為萬惡之源、衰微之本。秦後二千年，只有夷化、盜化、奴化，何足言文化？等等。所以，具體有形的現實既然指望不上，就只有

寄望於無形的精神了。這也許正是新儒家大談道統、心體的原因。就像康德在本體論、宇宙論、自然神學證明上帝存在紛紛破產的面前，不能不寄望於道德論出路一樣，但卻始終只能是神學的。新儒家也只好寄望於道統、心體的出路了。與神學破產不同的是，新儒家面對的是歷史事實的破產，是二十世紀殘酷現實的種種破產。余英時說，新儒家倡導的是教，而不是學，所以道統也就意味著統一教義，這一觀察是非常敏銳的。但是，新儒家面對的難題與宗教又不一樣，宗教分教內教外、徒眾和一般人，而新儒家卻面對社會實踐、凡人無所不包，對大眾應如何安頓、該給他們一個怎樣的交待便是問題？亦即，怎樣重新安排人間世的秩序？

　　被余英時稱為「良知的傲慢」的新儒家，顯然是問題重重。余英時對新儒家的把握，首先是抓住其「開出說」，這是根本的問題。所謂開出是指兩個──道統開出政統和學統。余英時強調，新儒家這麼做是為了安頓民主與科學，因而開出是新儒家特別構想出來的。這是否可以說是別出心裁呢？照五四主流派那種單純西化的主張，中國文化在現代轉化中有完全失位的可能，這當然是文化派所不能容忍和接受的。由此，內聖也就被安設了某個高出一切的位置、一個高出一切的地位──因為內聖是一切價值的本源。新儒家要重整儒學的核心地位，但又不是簡單的復古，而是裝進了新成分。比如用康德哲學中現象、物自身的兩分來劃定內聖、外王兩個世界；用黑格爾的精神客觀化而實現其自己的說法來搞開出說等等。余英時講這些，很明顯帶著對新儒家的批判、否定意味。他說唐君毅等人的「良知自我坎陷」理論隱伏著實踐上的困難，這就等於說唐君毅的一套根本行不通、不可行，完全是一己的、一廂情願的虛構。實際上，歷史上早就已經發生了「儒者本業」的困惑。在

歷史社會中，儒就像毛附者一樣，不是依傍這個，就是依傍那個。與其說儒是特立獨行者，不如說他們是機會主義者。新儒家的最大錯誤就在於，它把人類本來卑之無甚高論的東西，比如科學、民主等等給弔詭化、玄秘化了，從而無法落實、無從登階。新儒家所講的超拔的聖人境界既然為根器下者所難以體驗，而新儒家自己又以民主、科學自任，這就等於把樸實的東西搞成了沒個入手處，當然是非常可笑，道理上完全不通。余英時說這些，無異於指明新儒家已經到了荒謬、途窮的地步。以文化論來助長一切，這本身就是二十世紀一個最大的教訓。正如余英時指出的，新儒家不是事前的先覺，僅僅是事後的解釋、澄清。

　　余英時根本上是反對新儒家良知說的理路的，新儒家的不當在於，應該由實學應對的，他們卻劃給了心性之學，結果問題變得無比複雜。可以說，「自覺選擇玄學」的不歸路，沒有不把本來簡單的事情弄複雜的。余英時指出，民主與科學是現代中國人的兩大新價值，新儒家想居於最高的指導地位，把二者納入其下，這是新儒家的心理。實際上，新儒家給出了與現代西方社會發展趨向相反的命題，就是以良知的傲慢來對知性的傲慢。需要說明的是，古代所謂聖人是指人群的領袖，比如先秦書中常說的上古聖人就是指三皇、五帝等等。但是越往後來，聖人越是收縮到道德之域中去了，成了論德不論位。所以余英時諷刺地說，新儒家的「最高人」在現代社會找不到其名位根據。熊十力曾經對蕭公權說，西洋哲學與科學都缺乏妙義，沒有研討的價值。余英時總結新儒家的心理構造，認為他們根本沒有脫離中國讀書人「狂」的基本性根，此即良知的傲慢。但這也是問題之所在，因為心理太恣肆，理性必虧折。所謂氣質之性太強，義理之性必差。余英時認為，良知的傲慢有對「知

性的傲慢」的針指性，即所謂受到了西學的刺激。但是客觀地說，新儒家所講的知識與道德的問題確實是存在的。近世科學的發展，自然科學家自以為可以代表和體現人類最高道德——無私地追求真理、訴諸理性的說服力、保持誠實公正等等。科學代替了宗教、科學家代替了牧師……但是卻忘記了一點——科學鬼子，毒害世界的科學鬼子。即從這裏而論，新儒家也不全是在說廢話。

余英時比較過兩種傲慢的思想結構以後，指出新儒家其實是科學主義的反模仿。比如真理－道體、客觀性－主體性、事實－價值、理性－良知、科學方法－證悟、認知身分－道德身分、科學理性－良知發用……整個系統的內在結構完全相同，所以道德主義只是科學主義的一種反向模仿。畢竟，知識話語的份額留給新儒家的已經不多了，所以新儒家只好死抱住道德不放，其可憐也在此。因此，新儒家已經是教而不是學了。余英時說，新儒家的主要特色是用一種特製的哲學語言來宣傳一種特殊的信仰。余英時表示，自己對新儒家並無門戶之見，只是道不同不相為謀。但我們說，這其中明白的聲明性是顯然的。

中國二十世紀的所謂反思有一個最總則性的錯誤，就是：世界原因（成因）國別找。簡單地說，自毒品戰爭以來，中國所面對的是世界史問題，所以根本就不能再囿於國別思維，不能在中國一國尋找、歸結事情的原因和成因，這是原則概念性的錯誤。如果我們總是囿於「你為什麼這麼不當心」的思維，那就太幼稚了，因為局中人沒有任何人能夠當這個心，除了少數份子。因此，我們所面臨的是整個世界史的問題，這並不是推卸責任。對自身的不合理的批評與世界史其實是沒有多大關係的，而且，世界史的到來其實更有利於修正自己以前的不足，因為條件更豐厚了。

　　余英時總結說：「以各種方式出現的中、西文化的長期爭論，歸結到最後，只是下面這個問題：在西方文化的強烈衝擊下，現代中國人究竟能不能繼續保持原有的文化認同呢？還是必須向西方文化認同呢？」（《錢穆與新儒家》序）余英時指出，五十年代以前，文化認同的爭辯僅僅是停留在理論的層面。由於社會進化論和實證論長期支配中國史學界，幾乎成了天經地義，中西文化差異被理解為社會進化階段的不同，西方認同論最終取得壓倒性勝利。但是由於西方文化的內在分裂，中國人的西方認同也一分為二，於是有了東歐、北美之爭，以及其他各種爭論。可以注意的是，余英時撐出了一條二十世紀的主線。他說：在實證論的化約運作下，社會結構和經濟形態被看作決定性的歷史動力。文化概念則在史學、社會科學研究中退居「殘餘的範疇」。中西文化之爭最初是起於對中國文化的認同與回護，而結果卻是──認同了西方，所謂反者道之動。為什麼在相當長的時間內國人會對此認同抱以坦然呢？余英時認為，概念上的偷換是重要原因。「西方」不再是一個地理名詞，而是成了「普遍」的代號。「現代西方」象徵著「普遍的現代性」。通過這樣的轉換，認同「西方」變成了認同「現代」。「現代化」一詞取代「西化」一詞而普遍流行。民族意識不能容忍「西化」，但是對「現代化」卻很激動。而且「文化」既已退居於「殘餘的範疇」，中西文化的論辯也就失去了意義。社會結構、經濟形態的變更才是現代化的首要任務。晚清以來的、強烈的民族文化意識變成集中於推動「革命」，而革命一有挫折，便要歸罪於它的障礙物。有形的障礙都不復存在了，於是文化就必然要被推到前排。這就是「文化認同－文化否定」的時代主線。

　　但是二十世紀行將結束時，社會進化論、實證論，包括五、六十年代興起的現代化理論，都受到了挑戰和質疑。冷戰結束後，世

界的衝突不但沒有和緩，反而加深了。而且這些衝突幾乎全部起源於民族、文化、宗教的差異。所謂過了時的文化論題又被撈了出來，甚至還發生了文明衝突論的胡說。這些都反映和說明了時代的某種徵候，文化一直是一股真實的力量，化約論是靠不住的。余英時的這些意見代表了一種觀點，我們可以視之為文化論的某種不甘，雖然也不能否定其中的客觀性。比如現代化理論是否會過時，就是一個深可關切並值得思考的問題。杜維明說過，現代化理論是民初的學者提出來的，但是沒有推布到世界。五六十年代美國學界講現代化理論盛行一時，以美國之國家地位，現代化理論思想才廣為全世界所重視。現代社會諸問題的滋生與複雜性，已經遠遠地離開（並異於）所謂富強之術的初衷了。所以對現代化一義怎麼看、如何把握，首先就面對著時代刻度單位的考驗。雖然中國要完成和達到的，仍然是一種實學的、效果目的的前路。

正是在這樣的大場景下，文化問題的困擾不僅沒有過去，而且更加深了。余英時自己也是這樣切入文化問題再討論的。從師法傳承上來說，余英時還是一定程度地承襲了錢穆的衣鉢，雖然他自己很低調。余英時說：「關於師承方面，我治中國思想史從開始便是受錢穆先生的啟發，這是大家都知道的。」「但是我絕不敢說能傳錢先生的衣鉢。錢先生是一代國學大師，他的中國學問方面的深厚功力是我永遠無法追攀的。我對於中國思想史的一些粗淺褊狹的看法，恐怕錢先生是不大能同意的。不過他老人家度量極大，尚肯容忍我這學生而已。所以錢先生啟發了我，使我走上治中國史的路，這是千真萬確的事實，至於我是否繼承了他的學術則另當別論。錢先生從來反對在學術上立門戶，所以這一點並不是很重要的問題。」（〈從反智論談起〉）

作為最有代表性的海外華人學者，余英時說：「我也曾受到陳寅恪、陳垣兩位先生的影響。但是我並未見過他們，只是試圖從他們的著作中吸取他們的長處而已。」（〈從反智論談起〉）作為錢穆的學生，余英時當然關切現代儒學的困境問題。他說，歷史上的幾次困境儒學都調整過來了，而十九世紀中葉以來的困境卻是空前的──由於社會解體的長期性和全面性。這種情況與儒學本身的性質當然也有直接的關係，因為儒學不是單純的哲學、宗教，而是一套全面安排人間秩序的思想體系。「儒學基本上是要求實踐的，無法長期停留在思辨的層次，」（〈現代儒學的困境〉）因為儒學落實到日用的各個角落，所以歪曲在所難免。同時這也說明了，儒學根本上乃是行性的。余英時說，五四運動反儒學，儒學的困境才發展到全面階段，而洋務運動時期已經是前期醞釀了。「其實所謂新文化即是西方文化，而以民主與科學為其主要內容。」（〈現代儒學的困境〉）實際上，余英時碰到了一點，就是「原因羊」的問題，儒學正是這只羊。在晚清，人們可以把一切的不成功歸於舊制度，五四以後卻不能如此了，所以必須另外找對象。我們說，這就是所謂「狂歸」──狂歸不可以知因。這個對象不可能是已經崩潰的制度，所以只能是制度後面的精神和思想。於是儒學就倒了黴，現代儒學的困境即自此始。但是這也意味著：原因在時間中瓦解。因為只要有充分的時間，一旦某個對象怪罪不上了，就肯定得再找下一個。所以原因就像驢頭前面掛香蕉，似乎看得見，卻永遠夠不著。

說到這裏，我們便不得不指出現代學人的一個普遍的誤區，就是到底是儒學為了，還是為了儒學？這一層區別沒有搞清楚。也就是說，他們只是想儒學、只是想到了儒學，而沒有看到儒學。如果儒學是有用的，一定是由於它的可服務性，它才是有用的，否則何

必要儒學呢？道理是這樣簡單，事實也如此無情。這就是說，儒學的可服務性大（多），它就大（多）。儒學的可服務性小（少），它就小（少）。一切都由儒學自己做，而不是人來做什麼。看到了的，肯定自信；沒有信心，說明未看到。這是一個不爭的事實。如果儒學沒用，它就該消滅。誠如黃以周說的：實事求是，勿做調人。人常說，天下之大，知我者幾人？我們也可以說，歷史之久，知儒學者幾人？作為不慍的儒學，慍怒的都是同情者。

余英時談到，儒學在以後如何寄託？這是最大的問題。因為儒學是全面性的，若無所寄，便成了遊魂野鬼。基督教雖然在學術思想領域到處撤退——科學攻佔哪裏，它便退出哪裏。但是基督教最終有其特定的存身之所，儒學沒這麼幸運。所以余英時說：「無論我個人怎樣同情儒學，我對於儒學困境的估計寧可失之於過高，而不願失之於過低。」「思考是脫出困境的始點。」（〈現代儒學的困境〉）這便是一個同情者的態度。

儒學的現代生命力

我們說過，孔子的時代，儒已經不行了，更不要說現代。孔子要為他的時代作出一番努力、付出一份辛苦，現代人更沒有什麼可抱怨的。我們說，以後中國文化道路的選擇應該是百家的，而不是儒家的，因為百家比儒家更廣闊。那麼，百家和儒家的標準是什麼呢？簡單地說，就是絕對自我認同。即：自己認同什麼，就是什麼。比如我認同儒家，那麼我就是儒家；我認同百家，那麼就是百家。按照這一準則（自己認同什麼就是什麼），像武訓那樣篤信儒教的，肯定就是儒家了。儘管他是一個乞丐，不識字，但他只能是儒家。

同樣的道理，一個人對儒家學說瞭解再深，如果他篤信基督教，那麼他只能是一個基督徒，而不可能是儒家。這倒不是鼓動異端精神，而是只能這麼算，這就是正名，也就是名演算法。這就是說，「是什麼」與水平無關，而與認同相關。所以決定一切的乃是絕對自我，即自我認同。這就是認同決定一切，即認同決定論。加入黨派或者需要批准，但是「自認」卻無從批准。可見，凡終極的都是簡單的。古人講「自作元命」，也包含這個意思。說到這裏，我們不能不對儒學的現代生命力問題表示一個基本的看法。其實所謂儒學的生命力（包括現在和將來）應該是不成其為問題的，我們只要看一看經典中大量的技術內容和資源就能夠明白這一點，比如〈儒行〉。如果要展開詳細的申論，必須很大的篇幅才行。但儒既為「術士」之稱，其技術含量當然是不少的；而孔子之儒尤以立身、治國的方案為多。現代人談到儒家，往往是家庭倫理、孝道一類印象派的東西居多，這是不對的，把問題簡單化了。尤其從文化論上來說，經過新儒家派學者的助長，儒學及儒學問題就更不可能保持「雍容舒泰」，而顯得煞有介事、神經兮兮了。正如《大學》中所言，心有所憂患，則其心不正。唐君毅謂：「真正的智慧是生於憂患。」（《中國文化與世界》）這與《大學》的說法顯然不符。究其根源，新儒派學者的讀書來源、學術出身，或者自西學，或者自佛學；學成定型以後，由於文化上的感情而出入儒學，這樣的訓練當然是不行的、夾生的。即使用力於儒學，大多也只是局限於宋明一塊，而不能得歷史之全。借用馬浮的話來說，新儒學派的根本問題，就是「錯了路頭」（《泰和會語》）。因此，如何回到平實的常態，不再自我助長和誤導，才是真正的出路。也就是說，只有平常才是正路，偏奇怪異是沒有希望的。而且，未來文化的評價標準本來就是多端

的，現在影響我們生活的很多前端的元素，就源自印第安和黑非洲。對此，我們又如何論呢？所以，近代以來文化論者們發言之無當，就是顯而易見的了。實際上，國家歷史景況對人們的影響才是主導的。但文化是有範圍的概念，任何一種文化，註定了只能和「一些人」發生關係。如果從人群量來談論、考評文化問題，這本身便有「膨脹」之嫌。想一想孔子時代儒的處境，以及歷代儒者的慘澹經營，現代人一時的困頓又算什麼呢？如果以為儒在歷史中是天之驕子，那就錯了；因為一切果實都是前人辛苦做出來的、爭取來的，原初並沒有什麼現成掉下來的東西。

第二節　文化論

所謂的文化論，是指二十世紀圍繞東、西文化問題發論而引申開去的思想，包括它的延伸部分，比如人文方案、辦法等等，不一而述。所以，從文化論的歷史發生來講，它是狹義的。但是一經擴展開去，它就是廣義的，這個不難把握。應該說，文化論、文化思想是中國二十世紀最主要的思想。

東、西文化

關於文化問題的討論，梁漱溟無疑是代表人物，同時他也是二十世紀佛家的代表。梁漱溟說：「熊先生應歸屬儒家，我則佛家也。」（《梁漱溟集》「我則佛家也」）以前人們把梁漱溟視為新儒家，這

是一個錯誤。梁漱溟說，東西文化問題已經成為時代主題，有研究的必要。但是，這裏面有三個意思需要澄清。一是，斷定東西文化必然調和，這是不對的。其次，覺得這問題太大，可以俟諸將來，也是不對的。第三，認為範圍太大，無從下手，更是不對的。因為東西文化事業雖遠，問題卻不遠，所以要及早著手。梁漱溟指出，世界已經完全西方化了。因此接下來的問題就是，東方化究竟能否存在？梁漱溟談到，從歷史來說，西方化是從徐光啟翻譯《幾何原本》的時代開始的，而國人對西方的認識也有一個由外而內的過程。人們先是看到武器、機械不如人，繼而看到制度建構不如人，最後發覺文化根子亦不如人。實際上，這是典型的文化論思路。正如我們說過的，把歷史成敗歸於文化論來解釋，會有隔靴搔癢的危險。因為文化論是最缺乏針對性的思路，也是最容易冒充深刻性的思路。所以文化論不是讓事情變簡單，而恰恰是把簡單搞複雜，這對中國是最「掣後」的。所以文化論是一條迂迴之路，這種迂迴性就是風險性。梁漱溟說，東方文化是否要連根拔掉，這問題不解決，中國民族就不能打出一條活路來。如果東方化本來不行、應該完結，那麼就得早想辦法。如果東方化可與西方化融通，那就趕快搞清楚然後去做，總之不能是懵懵懂懂的。所以梁漱溟在這裏的意思就是，看來我們別無選擇。

　　東方化能否翻身成為一種世界文化，這是第一位的。梁漱溟顯然已經是只考慮世界性而不再考慮國別性了，因為按他的邏輯，不能成為世界文化的就根本不能存在，如果可以存在，就一定是成為世界文化，絕不限於中國。這種非此即彼的意思，我們說還是有問題的。民初的文化論思維有其特有的時代狹隘性，也就是說，學人普遍地還是抱著爭奪宗主權的思維，而不是人類自然選擇、認取的

思維。還是一種得勢、失勢的東西。舉例來說，黑人的藝術與文化影響現代城市生活至深且廣，而且往往是流行、前導的。對此，文化論者應該如何看待、衡論呢？所以很多事情絕不是非此即彼的，多樣性本身就要求對標準進行討論。梁漱溟認為，文化應該從三個方面看，即精神生活方面、社會生活方面、物質生活方面。這三個方面，東方化都不及西方化。梁漱溟說，很多人認為東西文化問題太大、範圍太寬，無從研究討論，其實這都是疲緩、劣鈍的表現。如果認識到別無選擇性，自然就不會如此了。

　　什麼是西方化呢？各人的看法很不相同。清代人們認為堅甲利兵就是西方化，後來認為政治制度是西方化，民國認為工、商是西方化，不一而述。梁漱溟批評說，眾人都公認西方文化是征服自然，東方文化是隨順自然，其實這是一種似是而非的論調。因為東西文化都要征服自然，否則人不能生活。所以在征服自然上，東、西二者只有程度的差別和不同。故而，對西方文化不能只看它物質上的燦爛，還有社會生活的方面。這裏梁漱溟所用的方法，其實是一種比較的方法，通過比較，步步推進，得出結果。他認為日本人用自然的、人工的來分別東、西文化，不如陳獨秀分得高明，陳獨秀是以德、賽兩先生說西洋文化。但是陳獨秀又不及李大釗，李大釗是用動、靜來說東、西——東方是靜的文化，西方是動的文化。梁漱溟對此很欣賞，以為是一語破的。所以他直接引用了李大釗的分別，如下：

東　　西

靜　　動

自然的　人為的

安息的	戰爭的
消極的	積極的
依賴的	獨立的
苟安的	突進的
因襲的	創造的
保守的	進步的
直覺的	理智的
空想的	體驗的
藝術的	科學的
精神的	物質的
靈的	肉的
向天的	立地的
自然支配人間的	人間征服自然的

　　但是梁漱溟並不滿足，他拿出了自己的意欲說。梁漱溟所謂意欲，與叔本華所謂的意欲略相近。他認為，一家文化的根源，都是從意欲發出來的，由這裏去推求，就是梁漱溟的方法。生活就是無盡的意欲——不斷的滿足與不滿足。所以梁漱溟看西方化就是，「西方化是以意欲向前要求為其根本精神的」（《東西文化及其哲學》第二章），由此產生了科學、民主兩大異彩。梁漱溟的這種解釋，其實就是說西方文化是直線向前的。他很自信地說，自己的這一個發明把一切都搞定了，意欲說比李大釗的動靜說還要好，因為李大釗的方案太呆板。實際上，梁漱溟是一個思考不大清楚的人。簡單地說，就是梁漱溟在「想好了再說」這一點上有明顯的缺欠，他更多的是把自己所想的過程給予別人，而不是真正有了什麼眉目。梁漱

溟自己說得很明白，他就是在找尋「異點」，沒有獨異點，怎麼能有別於他者呢？由此可見，二十世紀最大的問題，還是別同異的問題。但是二十世紀的學者，都不知道名學方法。他們所謂名學，其實就是邏輯學的漢譯。

梁漱溟說，從技術資源上看，中國還停留在手藝，而西方已進展到了科學。手藝是散放的，但科學卻形成了正規軍。梁漱溟說，科學精神是要求客觀共認的絕對一致，所以西方是科學精神的，而中國是藝術精神的。藝術在西方也是科學化，科學在中國也是藝術化，並且舉中醫為例來說明。像西方那樣做去，步步穩實，自然今勝於古，這是必然而當然的。中國靠自家獨得、個人修為，所以後不一定勝前，進步還是退步就沒有保障。從這一點來說，顯然還是西方好。所以中國只有術，沒有學。中國的知識，都是應用題性的，即梁漱溟所說，中國是求用而不求知的例子。這種最終的不正規乃是最大的問題。由此，我們也可以說，如果把二十世紀學者們所找出的種種問題點全部匯總，形成正規軍，那麼在學問資源上一定有很高的、十分現成的價值，完全可以足補過去的缺失。比如說原來不夠正規的，現在一旦正規了，既有的本土資源就不再是舊觀了，這是必然的。所以文化論首先是一個提醒、提示，這是文化論與其他學問部門的分工。

梁漱溟以中醫為例說，西方是注重科學實驗的方法，而中國則是直觀、猜想的方法。所以中、西間有玄學的方法與科學的方法之不同。顯然，梁漱溟在這裏所說的玄學，其用法與我們通常所說的玄學有異。梁漱溟講的玄學比較簡單，就是指糊塗地看事情。所以梁漱溟說，中、西的話語完全不同。比如說中醫，都是由非論理的精神主宰的，其說簡直是頭腦錯亂。所以中國是「有玄學而無科

學」，西方則是一切科學化，有科學而無玄學。「中、西兩方在知識
上面的不同，大約如此。」（《東西文化及其哲學》第二章）可見，
玄學與科學的對舉是梁漱溟擰出來的核心。但是，梁漱溟的議論卻
有分類學上的問題，也就是現成論的成分太重。比如拿近代以來的
科學大發展與中國的迷信陋習相比（這種態度也是很常見的），但
那充其量只表達了基於現實的不滿情緒，還不是真正學問上的事
情。梁漱溟說，思想是知識的進一步，直以態度為中心。態度不同
於意見，態度比意見要高。像宗教就是思想的特別態度──信仰，
信仰超越現實世界。但是梁漱溟罵基督教是一個很呆笨的宗教，科
學昌明以後，西方人就不信上帝了，由此可見科學的效果。所以歸
結起來說，西方學術就是處處都表現為一種科學的精神。

　　可見，梁漱溟的議論根本沒有脫出科學、民主兩件事，但是他
自己總說非限於此。梁漱溟曾經談到，他與張崧年談話，以為西方
化有兩樣東西他完全承認，一是科學的方法，一是人的個性申展、
社會性發達，覺得這是自己的發現。後來看見外人論科學與自由為
西方兩大精神，才知道有人說之在先。所以梁漱溟說，民初鬧復辟
並非少數黨人的意思，而是大家心理所同。因為那個時候的人還很
難想像沒有皇帝怎麼行？那時的人們，對平等、自由這些東西都難
以想像。比如中國人對權的理解，通是威權的權，權利觀念是從來
沒有的。所以國人對西方人要求的自由都懷兩種態度，「一種是淡
漠的很，不懂要這個作什麼，一種是吃驚的很，以為這豈不亂天
下！」（《東西文化及其哲學》第二章）應該說，在這裏梁漱溟分得
還是很清楚。他說，對西方的權，一層是公眾的事大家都有參與做
主的權，二層是個人的事大家都無過問的權。實際上，作為一個佛
教徒，梁漱溟還是捉住了一些西方文化的精神。從這裏來說，我們

也可以講，道德都是公共領域的，私人領域無所謂道德。這也就是說，道德都應該是公德，而不是私德，只有公德才成其為道德。所以中、西兩異的一大端就是：愛重自由與放棄人權。梁漱溟如是說。

　　所以中國人不是「人」，只是皇帝的東西，他們是沒有「自己」的。這種說法，與孫文恰恰成為一個對比。梁漱溟說，所謂共和、平等、自由等等，只是說大家都是人，誰也不是誰所有的東西，大家的事便大家一同來作主，個人的事便自己來作主，別人不得妨害。如此而已，別無深解。梁漱溟的意思，就是說這些都是卑之無甚高論的東西。這與胡適所講的民主政治就是幼稚園的政治，意思上有異曲同工之妙。梁漱溟說，西洋本來也有君主的，但是他人勇於奮鬥，把君主打翻了，有也等於沒有，所以歷史就不同。從人類倫理上來說，中、西間的社會倫理是完全不同的。在中國，兒女是父母的所有物。父母對子女可以打罵，可以殺，可以賣。妻子是丈夫的所有物，丈夫對妻子可以打罵、可以殺、可以賣。徒弟是師傅的所有物，也是一樣。但是西洋就不同，婆婆不能打兒媳，丈夫借妻子的錢要還，一言不合，就要離婚。種種文明的跡象，華人從來不曾夢見。梁漱溟基於義憤所說的這些，在當日都是事實，是當時東西文明的具體差異。所以在西化漸被中土的時候，老輩人覺得很不受用。而所謂社會性的發達，原來是帝制，現在是立憲共和。個人性一覺悟，家族制便很難維持，所以社會上的團體越來越多。梁漱溟說，原來把家的辦法推大到國，君主就是大家長。現在要把國的辦法推到家卻不行了，因為現代社會的組織性與家族是格格不入的。

　　從道德上來說，中國的傳統是私德型的，而西方是公德型的。上面說的這些，就是梁漱溟理解的德謨克拉西。他認為，德、賽是西方化的長處，近年來社會上講了又講。但是人們卻沒有追問，西

方化怎麼會得到這個成功的？中國為什麼不能？梁漱溟說，對西方化不能只學它的「面目」，而要探明它的「路向」，只求面目是搞不好的。對上述問題的解答，人們總是持客觀說法的多，無論中外學者。比如說古希臘人勤勞是因為國小山多、食物不豐等等。但問題是，古希臘有很豐富的哲學，為什麼後來的希臘民族卻再沒有偉大的學問傳統了呢？成了一個極普通、平凡的民族，倒是其他歐洲民族接受了希臘的衣缽。僅僅歸之於異族征服嗎？這些現象很可以解釋解釋。梁漱溟說得很傲氣，他自己早有成竹在胸，不是這客觀的說法。「我們固然是釋迦慈氏之徒，不認客觀。」（《東西文化及其哲學》第三章）梁漱溟認為，文化是創造的活動、意志的趨往，是天才的創作、偶然的奇想，是只有「緣」沒有「因」的。這就是梁漱溟的主觀論，只認主觀的因，其餘的都是緣。比如地理因素，就只是緣，而不是因。

　　梁漱溟說：「我這個人未嘗學問，種種都是妄談，都不免『強不知以為知』。心裏所有只是一點佛家的意思，我只是一著一點佛家的意思裁量一切，這觀察文化的方法，也別無所本，完全是出於佛家思想。」（《東西文化及其哲學》第三章）可見梁漱溟的思想乃是佛家的文化論，他提出自己的生活論說，所謂生活，首先就是相續的事。梁漱溟將「我」分為前此的我和現在的我，其核心問題就是「礙」。所以凡是一個用力都算是奮鬥，奮鬥就是搬掉礙，生活就是相續的奮鬥。「當前為礙的東西是我的一個難題；所謂奮鬥就是應付困難、解決問題的。」（《東西文化及其哲學》第三章）所以從舉手抬足到改造國家，無一不是奮鬥。當然也有例外，比如說純娛樂就不能說是奮鬥，那是因為態度不同──娛樂是本能的流露。梁漱溟從三個方面講他的體認：物質世界，這是最周邊的；他心，

即他人的心，是不由我們控制和決定的；因果之勢，這是不由人改變的，比如人都會死。所以他說：「文化並非別的，乃是人類生活的樣法。」（《東西文化及其哲學》第三章）但是文化與文明有區別，文明是人類生活的「成績品」，比如各種發明創造。而文化是人類生活的樣法，雖然文化與文明總是關聯在一起。

根據樣法原則，人類對待、處置問題有三個路向。一、向前面要求。二、變換、調和、持中。三、向後要求。生活的根本在意欲，而文化是生活的樣法。文化之所以不同，是由於意欲之所向不同。所以西方化是向前的路向，中國文化是以第二條為根本精神的，印度文化是以向後為根本精神的。我們說，這完全是一個佛教徒的臆說。首先它缺乏分類學的基礎，而只是一種看似什麼的東西、一種似是而非的想當然。怪不得梁漱溟要強調路向，這是因為他佛徒的成心在起作用。但是梁漱溟看到了一點，就是英國在歐洲的決定性作用，對此他有詳細的敘說。梁漱溟說，十九世紀以來，西方人理智的活動太強太盛，在文明的成就上，在知識思想上，為其他任何人群所不能及其萬一，在精細深奧上無人可及，這是事實。至於東方文化，其實就是中國、印度文化。世以中國、歐洲、印度為文化三大系，這已經是盡人皆知的常識了。梁漱溟看得很清楚，他直言不諱地說，中國與西方不是走得快慢的問題，而是根本走的不同的路。如果不與西方接觸，就是再過一千年，中國也不會有火車、輪船、飛艇、德賽等東西。所以中國必須等待西方來升級，其優點才可能真正煥發出來。也就是說，中國自身的優點必須要以西方為觸媒來引發，這是一定的。

梁漱溟談到，平常人喜歡說西洋是物質文明，東方是精神文明，這種話很淺薄。因為西方的社會精神文明都很發達，而東方的精神

文明卻不見得好到哪裏去。有一點很明確的，就是梁漱溟對思想、哲學、宗教三者的關係，給出了明白的說明。所謂思想就是知識的進一步，所以思想的範圍很廣，哲學、宗教等都包括在內。所謂哲學就是有系統的思想，首尾銜貫成一家言。所謂宗教就是思想含一種特別態度，並發生一種行為。梁漱溟給了一個圖示說明，如下：

形而上之部

哲學　知識之部

人生之部

思想（廣義的哲學）

宗教

梁漱溟自己說得很明白，他的知識方法和所用名詞都來源於唯識學，他評判中國、西洋、印度文化就以此為準。梁漱溟認為，中國對宗教素來淡漠，而西洋宗教卻很盛，後來雖然失勢，但還在不斷變化以應時需。至於印度，則是以宗教為全部。哲學方面，中國的情況是形而上之部勢力甚普，且一成不變，而知識之部則絕少注意。人生之部最微妙，且佔全部。西洋的情況是，形而上之部初盛後遭批評，幾至路絕，今猶在失勢覓路中。但知識之部掩蓋一切，為哲學之中心問題。但人生之部粗淺，不及前二者之盛。至於印度，形而上之部完全是宗教的，甚盛而不變動。其知識之部研究頗細，但不盛。人生之部歸入宗教，倫理念薄，舍宗教別無人生思想。實際上，梁漱溟是以出世來歸結印度的。我們說，梁漱溟的知識態度和立場完全是心理主義的。他說：「此三量是心理方面的三種作用，一切知識皆成於此三種作用之上。」（《東西文化及其哲學》第四章）所謂三量就是唯識學的現量、比量、非量。我們說，這種態度與世紀之交歐洲哲學中的心理主義問題正可比照。比如現象學就是最反

對心理主義立場的，張君勱曾經專門談到過胡塞爾哲學。所以現象學家有到中國研究唯識學的，皆非無因。梁漱溟說，所謂現量就是感覺，只是單純的感覺。我們說過，佛家思維的最大問題就在於它不是形而上的思維，而是形而下的思維。這一點，宋、明理學家講得很多。比如說，理是不滅的，而實物是壞滅的。佛家講壞滅空，只能在形而下成立，像 1＋1＝2 就不存在壞滅空的問題。也就是說，佛學思維是依附型的，而不是獨立型的，這與印度的種姓社會可能有關係。像華嚴宗講金獅子就是這樣，它不知道金與獅子是彼此獨立的。所以說，一切的差異（思想、文化、哲學……的）都在例子中。比如梁漱溟舉例說，看見白布，白是我的影像，至於白布的自己，唯識家謂之本質。這顯然與名學的思維兩樣，名學是：白是獨立的，並不是白布的從屬，當然白布的白是一個別白，而不是共白，所以談不上誰現象誰本質的關係。這個白馬論已經講濫了。至於人能不能夠看見白、感覺白、知道白……，那是形而下的問題，是形而下的事情。所以從名學的思維論之，佛學的一套思維就完全不通了，很難成立。所以我們說佛學是人類智慧，而不是人類知識。實際上，基於形而下的立場，在西方哲學也是一個嚴重的問題，這個我們會專門討論。可以說，西哲的優點在語言，而不在本體。但同時也說明，可談的都是形而下，形而上沒得談——因為太簡單、話不多。

比量即所謂理智，而梁漱溟講的非量就是直覺。我們說梁漱溟的觀點是心理主義的，其實還應該加一個補充，就是他認心理的為妄，所以像覺得糖好吃等等心念都是由人的直覺妄添的。可以說，人類心理之繁雜，使人們簡直不願意去理會它。但是，不能因此而就說人的心理是虛妄的，其理據何在呢？雖然心理是形而下的，但

是心理有心理的所以然之理，否則心理便無由成立了。因此可以說，很多人沒有把繁雜與虛妄這兩個概念搞清楚，完全混淆了。梁漱溟說到，思想的路向往往取決於後人的選擇。比如古希臘的思想本來是很全面的，可是後來的歐洲只選擇其中的一偏，取向前的路向。梁漱溟談到了西方哲學的所謂形而上問題，其實這裏面有一個要問的東西，就是諸如上帝、神等等內容，嚴格說應該屬於想像世界。想像世界到底是形而上的還是形而下的呢？這個一定要搞清楚，至少想像世界是不能冒充形而上的。像形而上學這一譯名是不好的，它會把意思弄亂。梁漱溟說，西方哲學多為自然的研究，這種態度成就了唯物的傾向，在中國是不存在這個的。梁漱溟揭示出一點，就是，小乘佛教是絕口不談形而上學的。實際上，佛教的問題在近代一直很複雜。二十世紀佛教再度被關注是有原因的：或者是出於消化西學的考慮，進而比較歷史中的中、印關係，這是文化的態度。還有出於抵制基督教而談佛的，這是宗教的態度。有想收拾社會人心而倡導佛教的，這是社會的態度。有取資佛學思辨以對抗哲學的，這是學術攀比的態度。有就佛而佛的，這是信徒的態度。種種動機，不一而述。但是二十世紀論佛，普遍來說，都沒有注意人文史的方法。也就是說，如果對印度史詩、往世書、奧義書等古代文化不瞭解，佛問題是談不好的。華人學者喜歡談佛，但又不注意這一最根本的方法，所以說到底，還是因為地域、鄉土的狹隘局限，缺乏世界人文、世界文化史的素質訓練和觀念。實際上，人類佛教分四大塊，即印度佛教系統、西域佛教系統、漢傳佛教系統和藏傳佛教系統。東南亞、印度等地的是印度佛教，西藏佛教也是直接從印度學的。但漢傳佛教卻是從西域來的，也就是古中亞。日、韓佛教都是漢傳佛教的亞支。玄奘取經印度，求得的其實是最不佛

教的佛教，是印度教化的東西。這些季羨林在論浮屠與佛二譯詞時已經講得非常清楚。由此可見，梁漱溟談佛其實只是自作多情罷了。

終極不能建立在相當於上面，這不是安頓辦法，文化比附就是這點不好。梁漱溟特別指出，中國人在精神生活方面是徹底失敗的，因為中國人的心窮、精神窮。所以宗教、藝文都缺乏偉大深沉的氣概，沒有真情，更少人從事純精神的生活。我們說這個論斷是公允的，為什麼呢？因為華人的國家人格構成是利害型的，而不是生命型的。也就是說，中國人沒有受過愛的教育，所以中國人不會愛，這就是梁漱溟說的尚愛精神。應該說，中國是人類唯一的世俗社會，所以中國人的理念都是俗的，俗得熟透了。所以中國人沒有精神危機，只有物質危機。物質危機一解決，中國人的生活就飽和。所以中國人的生命域清晰恆定，也有限度。所以中國人不得精神病，只得神經病。中國的思想家無論多麼痛苦，從來不發瘋，非常理智，這種理智的定力，令歐洲人比如英國人非常驚訝。梁漱溟是一個道地的天才論者，他說，中國文化為什麼會走上第二條路呢？就因為上古出了幾個大天才，比如周公、孔子等等，替後人想得太周到，所以轉來轉去出不了他的圈，反而不能有發明創造了。維持得久，不能進步。又說墨子太笨，孔子太聰明。西方古代沒有出那樣的大天才，所以只好步步探索改進，反而能進步了。因此，人類歷史其實沒什麼複雜的原因，就是幾個天才在那裏起決定作用。「中國文化只是由於出了非常的天才，沒有什麼別的原故。」（《東西文化及其哲學》第四章）這其實是一種變相的聖人論，但是要知道，只有愚公才能移山，智叟是不能移山的。

梁漱溟說，物質生活以後是繞不過去的了，而社會生活則再不能用以前統馭動物那樣的辦法來管理。至於精神生活，男女問題是

一個大問題。梁漱溟斷言，宗教肯定會式微。中國人對宗教最淡薄，即使偶有宗教，也全是出於低等動機。所以未來世界文化精神生活的派頭，大致是中國走過的路子，這一點，「必不容否認」。「質而言之，世界未來文化就是中國文化的復興。」(《東西文化及其哲學》第五章)梁漱溟把世界三大文化說成了一種時間排序上的分工，無所謂誰好誰壞。他說中國、印度的「態度」就嫌拿出得太早了一些，因為問題還不到那個地段。所以中、印文化的失敗，只是因為當下不合時宜罷了。這就是梁漱溟的三期論，是二十世紀文化論的一種。「於是古文明之希臘、中國、印度三派竟於三期間次第重現一遭。」(《東西文化及其哲學》第五章)照這種說法，中國、希臘、印度三路向將先後登場，只是時間到不到的問題罷了。在一個大時間走了不該走的、別的路向，就意味著損失、病痛。這使我們想起了古人的四時論，比如說夏時行秋令則如何如何，所以對四時是只能順著它而不能亂的。梁漱溟信誓旦旦地說，他的這一套主張並不企求世人的諒解。

　　實際上，中、西論就是一種矛盾論，梁漱溟的時間段一說其實就是解決此矛盾的調和論。但問題是，時間長度既然這樣大，在時間還沒有到來時，別人也不容易就否定或者肯定，因為要等事實呈現，事實才是最雄辯的。這是梁漱溟理論討巧的地方，它容易使有宗教、有神秘情結的人覺其有理。既然有了這獨特的「三論」(三態度、三路向、三文化、三系統、三期、三……)，於是梁漱溟更煞有介事地說，當前就是：排斥印度，絲毫不容留；全盤承受西方文化，但是對其態度要改一改。批評地把中國原來的態度重新拿出來。梁漱溟指出，中國最大的問題就是它的夾生性，所謂不痛不癢，簡直就是沒有辦法。「及至變局驟至，就大受其苦，劇痛起來。」

（《東西文化及其哲學》第五章）這一觀察我們說是深刻的，所以
在中國，好的優點發揮不出來，壞的缺點也去不掉。簡單地說，就
是中國的生活總是在死亡線上掙扎，從來就不能說把自己搞得寬鬆
一些，活得痛快一點。出於各種鄙吝的患得患失，活得沒有性情、
沒有真實，結果到頭來失去得更多，全要丟光。老子說多藏必厚亡，
城府太深，失去得更慘。所以說華人沒有生命，只有利害。沒有本
性，只有嘴臉，嘴臉就是本性。所以川劇變臉是國民性的標識，很
有哲理。梁漱溟說，一個人群之有今日，全由於它的文化，莫從抵
賴。因此既往難咎，重要的是把以後的路走好。

　　其實梁漱溟對他所處的時世看得很清楚，他說，新派對自己的
一套主張說得頭頭是道，而舊派卻沒有人、只有情緒，都是一些「爛
貨」。在梁漱溟的論說中，實際上含著一個悲觀論者的憤懣與示威。
他說，我知道人類絕對好不了，但是我還要來為你們著著想，最後
還是讓事實來教育一切吧。所以熊十力罵梁漱溟瘋狂，梁漱溟回答
說，狂則有之，瘋則未也。這些都反映了民初那一個時代人們的掙
扎。我們說，梁漱溟對佛教是一廂情願的態度，只有主觀的願望。
簡單地說，你希望佛教是怎樣的，與佛教就是怎樣的，是兩回事，
所以其議論違反了人類文化發生的常識。因為任何文化都緣於彼時
的生活，說彼時的文化超前，難道彼時的生活也超前嗎？還是當時
就設計為超前呢？抑或可以從形似性上被後人附會、鏈結為超前
呢？因為一個思想的流行程度，就取決於它的可附會程度——能提
供後人怎樣的比附空間。所有這些，恐怕都要問一問。所以說，梁
漱溟的三論最終還是一種臆說，純系個人的演繹推斷。

　　梁漱溟說，照我的意思是，要像宋、明人那樣再創講學之風，
但這個講學又不是求高深，而是要致力於社會化的普及。我們說

過，宋、明儒做的最大一件工作，就是完成了儒學的社會化。梁漱溟自己也是這樣身體力行的。他說：「我是先自己有一套思想再來看孔家諸經的，看了孔經，先有自己意見再來看宋、明人書的，始終拿自己思想作主。」（《東西文化及其哲學》第五章）所謂先有自己的思想，其實就是佛家的思想。由此可見，梁漱溟是一個典型的出於己意而斷之的角色。這樣不經體察地去把握前人學說，可靠嗎？會不會適足以成為削足適履呢？我們可以發現一個規律，就是但凡好佛的，在學識上都有妄狂的習慣，都有很重的習氣──主觀、情緒、輕易、怪誕、虛妄、臆度、不以理……無論熊十力、梁漱溟，還是其他人，包括古人，概不能例外，這是需要我們留心的。

梁漱溟的東西文化論在當時就受到了很多批評，比如胡適的〈讀梁漱溟先生的東西文化及其哲學〉一文就很尖銳。胡適認為，梁漱溟東西文化論最大的毛病就是籠統。東西文化問題是很複雜的問題，絕不是「去除」或「翻身」可以解釋、處置的。所以胡適又回到了他的基本立場，即問題與主義的路線。也就是說，胡適認為梁漱溟沒有研究具體問題，而想找到一個簡便易行的解決一切之法，這是根本不對的。我們說，胡適的原則是一貫的，他在政治上批評李大釗等人，與在文化上批評梁漱溟等人，所用的原理都是一樣，就是問題與主義之分。所以胡適說，只有研究東西文化的具體特點和問題，用歷史的精神和方法尋求雙方在文化接觸中是如何取去的，這才是關鍵。所以，「梁先生的翻身論是根據在一個很籠統的大前提之上的」。胡適指證了梁漱溟一個很可驚異的文化邏輯：任何一種文化，如果不能成為世界文化，就根本不能存在；如果能存在，就必須成為世界文化。胡適認為，首先從時間和空間的考慮上來說這就是成問題的。如果否認了種種的時空之異不加考慮，那麼無論

怎樣劣下的文化便都可以世界化了。比如說穿鼻、束腰等等，只要
走運，都可以成為世界文化。所以胡適說梁漱溟的理論是「一條線」
上的文化哲學，而這種思想的根據就是梁漱溟自己的思想演繹。

　　胡適所指出的「這種全憑主觀的文化輪迴說」的邏輯，其關鍵
就在於它把「共時性的」變成了「歷時性的」──把共時化約為、
搞成歷時是梁漱溟東西論的靈魂。正如胡適所說的，「既不能分別
並存，只好輪班挨次重現一次了。」而且這種理論「是無法駁難的」。
中、西、印三大文化在人類史中本來是同時存在的、並存的，結果
非要被搞成排隊的關係。在時間關係上本來是橫的，結果一定要變
成縱的，這都是梁漱溟個人的發明。究其心結，其實就是不甘心華
文化從此旁落。所以胡適說，梁漱溟的文化哲學是不能辯的，梁漱
溟也不許人辯，它根據的是一個很籠統的出發點，是純主觀的。所
以梁漱溟的東西文化論，實際上反映的正是一個變動時代中的、不
可避免的理論亂相。

　　胡適指出，梁漱溟不講歷史，只講自己的思想作主，就是要把
一切文化簡單公式化。所以，東西文化論的形式越精細，便越容易
產生壞作用。孔子惡似而非者，可以亂真的東西，才是真正厲害的
殺手，看似有理的歪論最煩人。胡適批評梁漱溟的文化公式，其實
正如後來胡適自己說的，他花精力寫幾萬字的論文與馮友蘭討論
儒、道問題是白費精神，同樣，指證梁漱溟也是白費力氣。因為這
種指證就是舉實例批評狂舉，用有什麼批評是什麼，本來是毫無必
要的。狂舉哪裏是可以用例子窮盡的呢？狂舉是最「吃」例子的。
胡適做這些，都因為認真的性格，所以胡適說梁漱溟陷入了公式
熱。而胡適對佛學之本質的揭示更是清楚，胡適說，佛學其實就是
世界上一種最精深的理智把戲。

　　胡適指出一點，就是：梁漱溟在邏輯上常犯有「自我大前提的自相矛盾」之病。比如他說，一切人都不能違背某個生活的本來的路向，但是馬上又說，中國和印度就不是這樣的。這是自己否定自己的大前提嗎？如此之類多矣，梁漱溟沒能很好地圓轉、統一，所以我們說他應該先想好了再來說話，或者就是錘煉自己的表達。胡適談到了一點，即「有限的可能說」，有限可能論是解釋很多關鍵問題的根本，比如文化影響的問題等等。所以，即從有限可能論的常識來看，梁漱溟的學說也只是一些成見，以至於他「忍心害理」。其實，胡適的基本態度就是：歷史最權威、歷史最偉大、歷史說話，因為歷史就是事實。「歷史是一面照妖鏡，可以看出各種文化的原形。歷史又是一座孽鏡臺，可以照出各種文化的過去種種經過。」胡適指出，文化的根本態度，在於認清不足趕超上去，而不在於認宿命。後天的變態大部分不至於遺傳下去，這正是自然的恩賜。一千年裏腳，只要放了，仍然可以恢復正常。所以我們對前途正可以樂觀，本來不必要找一些奇奇怪怪的文化說法的。所以胡適說：「梁先生和我們不大相同的地方，只是我們認各種民族都向生活本來的路走，而梁先生卻認中國、印度另走兩條路。」可以說一語中的，點到了問題的「筋」上。從這裏我們可以說，梁漱溟是自絕於人文正見、正理的。

西化論

　　二十世紀西化論一直保有著某種影響，而陳序經的全盤西化論更是其中的代表。西化的問題，必然會從文化問題上切入。陳序經有一個基本的約定，即文化概念的確定，不應該是「有無」方面的

問題，而應該是「程度」方面的問題。「無論其創造的文化如何簡
單，總不得謂其沒有文化。」「無論如何野蠻，如何不開化，也找
不出是完全沒文化的。」(〈文化的根本觀念〉) 這一規定擺準了文
化概念本身，它確立起了一個平列的討論、考察基礎。而這一正名
顯然是指對族類歧視主義及中心主義的背景的。文化在陳序經的理
論考慮中有著核心的地位，它成為人類之有別於動物的標誌。「事
實上，人之所以為人，是因為他有文化。但是人要是創造文化，他
必然已經是人。要是他不是人，他絕創造不出文化來。所以人之所
以異於其他的動物者，也可以說是因為前者有了文化，後者沒有文
化。」(〈文化的根本觀念〉)

　　實際上這樣的立說無疑陷入了「狂舉」，因為同樣模型的人之
異於禽獸的說法很多。比如說人之所以不同於動物是因為人類有
禮、有宗教等等。這一思路充斥著人類人文史，是毫不奇怪的。而
事實則是，即使人類想「同於」動物也是不可能的，因為同異規定
的緣故。這裏我們只要瞭解陳序經談文化的初衷就可以了，也就是
說，他要落實的乃是社會的改進、以及改進的辦法諸問題，所以才
會說，「嚴格來說文化乃是人類所獨有的。」(〈文化的根本觀念〉)
這樣，陳序經的真實思路就導引出來了，即透過文化來「實行」。「人
類因為有了創造文化的能力，他們也有了改變、保存及模仿文化的
能力。他們若覺得他們的文化有缺點，他們可以改變之。他們若覺
得他們的文化比他人的文化好得多，他們可以保存之。他們若覺得
人家的文化比較他們自己的文化高一點，他們可以模仿之。」(〈文
化的根本觀念〉)

　　由文化的創造、改變、保存及模仿，便十分自然地導向了全盤
西化這一中心意思。陳序經說：「我們的唯一辦法，是全盤接受西

化。」（〈全盤西化的理由〉）陳序經關於全盤西化的思路相當清楚，我們只要看一看他對歷史的敘述就可以知道其條絡：

「大約在鴉片戰爭以前，恐怕沒有人想到西化的必要。」

「自鴉片戰敗以後……中國人逐漸知道排外是勢所不能……這種的覺悟我們於薛福成記胡林翼一段故事中可以見之。」

「胡林翼死後，當時大臣名士最負盛譽的要算曾國藩。國藩不但覺悟到西洋文化勢力大，而且覺到中國非效法西洋不可。然他所謂西化，不外是西洋的機器。」

「國藩死後，繼國藩而在當時負重望的要算李鴻章。李氏對於各種洋務提倡較多，自他所謂洋務也不外是求所以強兵之術。」

「比較李鴻章的見解稍進一步者是郭嵩燾。郭氏出使倫敦，見聞較廣……嵩燾的見解雖高於李鴻章，然也注重於機器的西化。」

「到了張之洞主張中學為體、西學為用，其所包含的西學範圍，比李、郭等所主張似為較廣。然張氏仍以中學為本、西學為末。」

「我們知道翼南（胡禮垣）已不像南皮之以中學為本、西學為末，而做再進一步的接受西化……但是胡氏之重心，卻在於政治上的民權的介紹，而他所說的民權又不外是君主立憲。」

「陳（獨秀）先生所要的西化不外是民主主義和科學……則陳先生所要的西化，恐怕非全部的西化……但是積極地主張接受全盤西化的工夫，陳先生還做不到。」

「胡（適）先生在這裏雖不明說全盤接受西洋文化，然所謂百事不如人，正和我們的全盤西化相差沒有幾多。」「那麼胡先生所說的西化，不外是部分的西化，非全盤的西化。」

「則主張全盤西化的人，還是不易找到……則全盤西化的主張是一種必然的趨勢。」（〈全盤西化的理由〉）

由此觀之，陳序經對歷史中的相關思想實際上已做了一個清晰的梳理。

需要說明的是，中國文化之出路這樣的提法並不準確。因為嚴格說來應該是中國國家社會的出路，至少中國的歷史人文已成為既然的事實，談不上什麼出路不出路。質言之，全盤西化乃是一種拿取，要拿取的肯定是西方文化，這樣就不再是華文化了，這是具體地說。雖然西洋文化可以被當做中國的文化，但這是「實體屬格」的關係。可以說，這裏面有一層「實體」與「規定」的區別。所謂出路者，毫無疑問是指向中國國家實體的，如果華文化妨礙了中國國家的出路，它會被毫不懷疑地丟棄，這是不用否認的。因此這裏面套著一層「自悖」的東西，儘管它容易被人們忽略。嚴格來說，文化、社會諸概念是否完全清晰地分開了，而不在學人的思考中發生混淆，乃是一個值得注意的問題。

簡單地說，文化落後，僅僅是一個單純的事實；而國家落後，則有可能覆亡。因此，文化的優劣與否本身是不會引起人們的事功憂患的，這其中的關係應該好分別。所以華人學者憂慮的肯定是社會問題，對此我們很難作「唯文化」的理解。直言不諱地說，如果歐美沒有近世以來現成的物質財富的宏偉成就，西方文明是否還會引起華人學者那樣大的震動與憂患，實在是一個問題。我們來看看陳序經的議論。他說：「衣、食、住差不多是人生物質生活的要件。沒有到外國的人，也許不覺得我們的生活的簡陋，然一到外國的人，總免不得要覺到我們自己的生活，若不客氣來說一句，還是未完全開化的生活。『歐洲沒有窮人』，一位住在歐洲好多年的朋友有一次這樣的對我說。其實，我們若看歐洲報紙，見得歐人天天都在那邊說得他們的窮況，何等厲害，然而平心來說，歐人所謂窮，是

沒有舒服，中國人的窮，是窮到非人的生活。」「這不過是從經濟
方面來說，我們若從農工商業來看，那麼我們比諸西洋人，更有天
淵之別。」（〈全盤西化的理由〉）

　　陳序經的這一議論應該是客觀的，而此一議論已經由文化論
具體降落到時論了。這樣，它的歷史性就非常直截。常人容易看到
已然，只能為實際的事物和成績觸動，這也是國民性質決定的。但
是陳序經在主張全盤西化的同時卻又說：「周秦時代的中國文化，
比之古代希臘的文化，沒有什麼愧色，這是一般人所承認的。」（〈全
盤西化的理由〉）這是否包含著向世人緩和的意思呢？實際上，我
們可以看到另一層，「專從文化的各方面來比較，中國固然不下於
歐洲，然從文化發展的目的上看，歐洲的確已佔了優勢。」（〈全盤
西化的理由〉）顯然，此處已包含了「實體」與「勢頭」的兩分。
亦即，無論一種文化它的現成堆積有多少，如果沒有那種不斷生髮
原創的勢頭，也必然會歸於式微。陳序經的這一認識，當然是從實
際事功得失教訓而來的。他所講的歐洲文化，絕不是從國別文化去
理解。「因為所謂中世紀的歐洲文化，並非歐洲哪一部分的國有文
化，」而「文化本來是變化的，而且應時時變化，停而不變，還能
叫做什麼化呢？」（〈全盤西化的理由〉）

　　總地說來，陳序經全盤西化理論直接地還是有一個不得不然的
現世目的，因為他講得十分明白：「西洋文化是世界文化的趨勢。
質言之，西洋文化在今日，就是世界文化。我們不要在這個世界生
活則已，要是要了，則除了去適應這種趨勢外，只有束手待斃。」
「東方人要西化，是東方人的責任。」（〈全盤西化的理由〉）關於
全盤西化的必要，陳序經列有兩個理由：一、歐洲近代文化比中國
進步很多。二、西洋的現代文化，是現世的趨勢。而反對這些主張

的人的理由則是：文化亡，則民族亡。對此陳序經辯論說：「這種意見的錯誤，是在於不明了文化乃人類的創造品，民族的精神固然可於文化中見之，然他的真諦，並不在於保存文化，而在於創造文化。過去的文化是過去人的創造品，時境變了，我們應當隨著時境而創造新文化，否則我們的民族，只有衰弱，只有淪亡。」（〈全盤西化的理由〉）

創造新文化並不是關鍵目的，民族的存亡才是。在求存中，自然會造成新東西，所以創造新文化只不過是說一個必然的事實結果以為功。簡言之，西化問題，以及全盤西化的問題，本質上都是實學問題，是文化實學思想在發生著作用。這種作用不僅在陳序經為然，同時代的多數學者亦然。胡適在〈充分世界化與全盤西化〉一文中說：「陳序經、吳景超諸位先生大概不曾注意到我們在五六年前的英文討論。『全盤西化』一個口號所以受了不少的批評，引起了不少的辯論，恐怕還是因為這個名詞的確不免有一點語病。這點語病是因為嚴格說來，『全盤』含有百分之一百的意義，而百分之九十九還算不得『全盤』。其實陳序經先生的原意並不是這樣，至少我可以說我自己的原意並不是這樣。我贊成『全盤西化』，原意只是因為這個口號最近於我十幾年來『充分』世界化的主張；我一時忘了潘光旦先生在幾年前指出我用字的疏忽，所以我不曾特別聲明『全盤』的意義不過是『充分』而已，不應該拘泥作百分之百的數量的解釋。」（〈充分世界化與全盤西化〉）

胡適又說：「所以我現在很誠懇的向各位文化討論者提議：為免除許多無謂的文字上或名詞上的爭論起見，與其說『全盤西化』，不如說『充分世界化』。『充分』在數量上即是『儘量』的意思，在精神上即是『用全力』的意思。」（〈充分世界化與全盤西

化〉）胡適所以會有這樣的分辨，是因為潘光旦表示過一種意見：他不能贊成「全盤西化」，但可以接受「全力現代化」、「充分現代化」、「一心一意的現代化」。（〈充分世界化與全盤西化〉）胡適以為：「與其希望別人犧牲那毫釐之間來牽就我們的『全盤』，不如我們自己拋棄那文字上的『全盤』來包羅一切在精神上或原則上贊成『充分西化』或『根本西化』的人們。依我看來，在『充分世界化』的原則之下，吳景超、潘光旦、張佛泉、梁實秋、沈昌曄……諸先生當然都是我們的同志，而不是論敵了。」「避免了『全盤』字樣，可以免除一切瑣碎的爭論。」「可以容易得著同情的贊助。」「說『全盤西化』則都成爭論的問題，說『充分世界化』則都可以不成問題了。」（〈充分世界化與全盤西化〉）顯然，胡適是作了名詞上的轉換處理，來避免無謂的爭論和糾纏，尤其是對「文化討論者」們。

　　正如胡適指出的，抵抗西洋文化、選擇折衷、充分西化三派主張始終是存在的。胡適舉例說：「例如我此刻穿著長袍，踏著中國緞鞋子，用的是鋼筆，寫的是中國字，談的是『西化』，究竟我有『全盤西化』的百分之幾，本來可以不生問題。」（〈充分世界化與全盤西化〉）胡適的意思是想要說明，文化上既存在優選，又有著自由，兩者是可以協調的。當然，這其中就應該包括偏見的自由。比如揚州人喜歡喝早茶，英國人習慣喝下午茶，那麼這兩種生活方式哪一種更好呢？只能說，這兩種生活內容僅僅是兩個單純的「事類」而已，不存在比較級的問題。即使別的生活內容、方式、習慣再好，也絲毫不意味我的就不好；即便不好，我也有保持它的自主權。正如我就是要喝早茶、喝下午茶，這是我的權利，是我的享受；它再落後，我也還是要喝早茶、喝下午茶，這是我的選擇自由。別

的東西再好，絲毫不能說明我的就不好，這些本來都是無關的。而這就是我的偏見精神，保持偏見是我個人的權利，不容他人置議。我可以拒絕一切，只要我想；「我想」就是充足理由。人有選擇壞的自由，而選擇好到底是一種權利、還是義務，其實很難說，必須討論。所以，強制改進、向所謂先進靠攏、努力跟上，這本身就是霸權思維。華人的習性是慣於「賓於理」的，所以其歷史性也是賓於理的。正如清末來華人士所說，中國人是容易說服的；容易說服，其實就有這種生怕自己落伍、犯錯的「賓於理」的性根在起作用。所以「失節者」與保住操守的人只是智識上存在著差別，不過是一個明達、一個暗昧罷了，絲毫不存在多少道德上的矜誇，骨子裏大家都是「性近」的人，都一樣是賓於理的結果。如果說理像風，「賓」就好像草。草隨風而動，就是人文選擇和許多重大歷史事體之決定的「卦象」。直言不諱地說，中國現代文化道路的選擇便有賓於理的思維在左右和作用。

　　錢仲聯先生說：「二十世紀以來，西學東漸的結果是『以夷化華』，儒學，乃至於整個傳統文化遭到了多次幾乎是粉碎性的打擊，中國人幾乎成了文化上的移民。在整整一百年中，我們主要是運用西方文化提供的一整套概念體系在進行思維，我們有理由反省在當代中國人身上是否存在著民族文化的根，我們有理由追問本世紀我們在文化上具有民族特色的獨創性究竟表現在哪裏。作為世界上最大的民族之一，我們究竟怎樣才能對得起近代以來我們用血淚付出的巨大代價，怎樣才能無愧於二十一世紀。我們有必要重新追尋我們文化的根，有必要重新審視我們文化的傳統。」否則，「西方傳教士所夢寐以求，卻沒有實現的以夷化華的妄想可能會因為我們的短視而由我們自己來實現。」(〈近代儒學發展史研究管見〉)

錢先生的這一預見是基於自己的學養，並非出於單純的文化愛國主義。這一切中二十世紀癥結的論述，也使我們不得不提出一點考慮，即：「批判正義」，乃是人類的最高正義。也就是說，批判本身作為一種正義，應該成為我們的習慣準則。通常，華人總喜歡視中國文化為一種所有物、完全歸屬於自己的東西，這是一種習慣性錯誤、思維定式。天道無親，常與善人。沒有任何一種造物會與某一所有者確立一定的關係。正如古代寓言講的，主人凡事謙虛，客人說，今晚的月亮不錯，主人馬上遜謝：一彎陋月、何足道哉！我們對二十世紀的基本態度，不是情感主義的，而是理性主義的（應該如此）。二十世紀文化與學術的問題的癥結，總歸不超出三個大的方面：不別同異，不明義理，不知己彼。於是，知識分類學在這裏便有優先的名理意義。從「文化比附時代」到「文化比較時代」有一段很長的路程，因為這是由「初期」真正進入到「成熟」的必然經過。如果說讀書先從識字始，那麼也可以說，治學先從知兵始。因為我們完全可以看到，文化謀略在近代以來佔有何等要衝的位置。新文化運動以降的種種針對華文化的批評，以大歷史觀來審視，有著「歷史失根」的意味。這實際上等於宣明：中國知識界不能對人類有任何承負。「責任棄權」表明中國的「知識階級」是缺乏精神韌性的，很容易瓦解、崩潰。當然，經不起打擊與訓練不夠有直接關係。這樣，綜合地衡論二十世紀，它是通過負面的教訓使人們學到很多東西。二十世紀沒有無辜者，我們很難找到現成的偉大性。所以，對這個世紀我們也就不可能抱有太多的期待。過多的期望是不恰當的。

第三節　中哲問題

　　胡適是研究中國哲學史的開山的人，另一位有代表性的人物就是馮友蘭。據馮氏自己說，他是由哲學史研究而進於哲學創作的。應該說，馮友蘭是二十世紀中國最重要的哲學體系化的嘗試者之一。馮友蘭以其新理學的體系著稱於世，雖然他對新理學的定說，有很多可討論之處。馮友蘭說：「何以名為新理學？其理由有二點可說。」馮友蘭說到：「宋明以後底道學，有理學、心學二派。我們現在所講之系統，大體上是承接宋明道學中之理學一派。」（《新理學》緒論）這裏問題就來了，道學、理學、心學三名，究竟是何種關係呢？統體地講，理學、心學都是宋明之學，都屬於廣義的理學。而所謂理學者，簡言之就是義理的禮學，也就是關於道理的學問。這是從先秦遺下的理路，馮友蘭也說到了：，「我們以為理學即講理之學。」（《新理學》緒論）不過馮友蘭是專門要講自己之理──是他的哲學之理。我們在前面已經交待過，這裏就不贅說了。所謂道學，實際上沒有理學一名根本，但「道」與「理」原本是一體的，這一點我們從先秦典籍中可以看得很清楚。其實馮友蘭的說法本身也是一種設計，並不是單純的學術解釋。他說「因此我們自號我們的系統為新理學」就是最好、最直接的說明。那麼，馮友蘭具體是如何安排的呢？他說：「我們說『承接』，因為我們是『接著』宋明以來底理學講底，而不是『照著』宋明以來底理學講底。」「因為在許多點，我們亦有與宋明以來底理學，大不相同之處。」（《新理學》緒論）這就明確和宋明理學劃清了界線，為什麼說大不相同呢？究其根本，就是因為馮友蘭所講的，原本是借宋明理學的形式來講西方哲學，這是馮友蘭開新教之所在。因此，從正名上就不能

不發生問題。馮友蘭說的是「新理學」，這一概念，與「新儒學」一概念顯然是須分別的，二者並不同一。陳寅恪在馮友蘭中哲史審查報告中講的新儒學，顯然是指宋明之學一系而言，由此並觀之就可以看得很清楚：新理學與新儒學構成了一個環節相加的關係。因此，對馮友蘭為新儒家的說法，便有一個要討論、要精確化的問題。而且新儒學派與新理學派本身也有一個等待酌定的問題。直白言之，就是：如果有人說「新理家」，那麼問題如何擺放？

　　那麼，馮友蘭的根本目的、意圖是什麼呢？就是他想建立最哲學的哲學。「我們以為理學即講理之學。」「理學即是講我們所說之理之學。若理學即是講我們所說之理之學，則理學可以說是最哲學底哲學。但這或非以前所謂理學之意義，所以我們自號我們的系統為新理學。」（《新理學》緒論）從文章安排上來看，顯然馮友蘭是想在哲學上安插一個帽子，即所謂最哲學的哲學——新理學。這裏面的情結很複雜，或者說具有多重性，既有哲學情結，又有文化情結，各種成分交裏在一起。明白地說，馮友蘭的態度是一步到位的，即對最哲學的哲學之認同是徹底的、其意向是明朗的。而哲學的終極也就是最哲學的哲學，不管這一理念從何而來——他人抑或自我，總之，馮友蘭的認識和認同是清楚無誤的。因此，從這裏來說，以馮友蘭為新儒家便值得商榷討論，至少馮友蘭不是很清晰的、不留餘地的新儒學者。我們的觀點還是傾向於：他首先是一個哲學上的人物。並且，不論馮友蘭的最哲學的哲學這一方案是否高上，都已經不重要了。因為方案是具體的，認同才是恆久的本體和根本。有了最哲學的哲學這一認同，具體的實體化的體系可以隨時修整、改進。馮友蘭說：「本書所謂科學或科學底，均指普通所謂自然科學。就自然科學說，哲學與科學完全是兩種底學問。」（《新儒學》緒論）

　　科學、哲學、神學三位一體，構成西學的骨幹。談哲學，當然必須談科學。馮友蘭的界定是相當明確的，即，他把科學限定在自然科學這一定義上，這與哲學當然是不同的。馮友蘭討論了三種說法，反映出他對此一問題的把握。

　　「哲學是未成熟底科學，或壞底科學。」

　　「因此有人以為哲學是諸科學之綜合。」

　　「又有一種說法，以為哲學之工作，在於批評科學所用之方法及其所依之根本假定。」（《新理學》緒論）

　　這三種看法，馮友蘭當然都不認同，並一一做了辯駁。他認為，哲學的外延無論怎樣縮小，總有一部分始終是哲學。而且不能因為哪些方面，就代表了哲學的全部。那麼，馮友蘭自己的說法是怎樣呢？「照我們的看法，哲學乃自純思之觀點，對於經驗作理智底分析、總括及解釋，而又以名言說出之者。哲學之有靠人之思與辯。」（《新理學》緒論）第一層分別，就是思與感的相對，馮友蘭做了簡捷明瞭的說明。這種技術性分厘，我們從金岳霖分別「思」與「想」也能看到。馮友蘭也談到了思與想像的區別，比如方物是可感、可想像的，但是方只可思，不可感也不可想像，因為方不可經驗。未經驗的可以經驗之，但不可經驗卻是絕對的。這樣就留下了一個「疑空」，即等於說，思是註定了會指向不可經驗的對象的，那麼這時候，思是否就是永遠得不到結果的懸揣呢？永遠落不下來？由此，對不可經驗的如何能說？對不能說的又如何說？是否要保持沈默呢？思是否意味著註定了就是要指向玄學、並只能是玄學性的呢？馮友蘭辯白說：「對於不可思議者，仍有思議。對於不可言說者，仍有言說。若無思議言說，則雖對於不可思議，不可言說者，有完全底瞭解，亦無哲學。不可思議，不可言說者，不是哲學，

對於不可思議者之思議，對於不可言說者之言說，方是哲學。」（《新理學》緒論）並且還舉佛學為例，從這裏我們可以看出馮友蘭的玄學情結，這是他與胡適很不相同的地方。

馮友蘭講思之活動，只到達對經驗作一種分析處理的層面。如果硬問到上面我們所發現的疑空，則馮友蘭也很難解釋。起碼有一條：對還不能確定下來的，比如方、比如思等等，如何利用它們來處理別個對象呢？所以在馮友蘭的哲學系統中有一個自圓的問題，比如他說到思對經驗作理智的總括時，便容易與假設發生混淆。馮友蘭說：「程明道的詩：心通天地有形外，思入風云變態中。可以為我們的思詠了。」「哲學之存在，靠人之思與辯。辯是以名言辯論。哲學是說出或寫出之道理。此說出或寫出即是辯，而所以得到此道理，則由於思。」（《新理學》緒論）實際上，正如我們說過的，分析與思辨是兩種不相容的理路。馮友蘭的興趣，顯然偏向於玄學一路。所以馮友蘭特別強調、或者說鍾情於「邏輯的」，後來他講抽象繼承法，原則上是一貫的。他談到，在推論中，邏輯所肯定者，可以離開實際而仍是真的。並且舉例說，凡人皆有死，甲是人，所以甲有死。如果說欲知凡人皆有死要靠歸納法，欲知甲是人要靠歷史知識，這種認為完全是不瞭解形式邏輯。形式邏輯只肯定：如果凡人皆有死，如果甲是人，那麼甲有死。即使實際中沒有人、沒有甲，推論所肯定者還是真的。所以邏輯並不對實際負責，從這裏來看，真際、實際的二分，包括邏輯本身，首先是在假設、假令性上被切開來的。實際上，這一類的問題，維也納學派就做過重點討論。照這樣說，邏輯是不可能錯的、是無謬的。那麼邏輯也就收縮成了一種中性的關係（比如邏輯三段之間的彼此關係、相互關係），而邏輯同語法、句法的分別便成了大問題。因為這樣也就

等於：只要在句子上是通的（語文表達不成問題），在邏輯上便成立。比如說，希特勒是正義的，這個不合乎事實，但合乎邏輯。所以在事實上不成立的，在邏輯上成立。如此一來，哲學便面臨著事實與邏輯的鬥爭，正義論便面臨著事實與邏輯的選擇和澄清，事實的信徒與邏輯的信徒便將發生宗教戰爭……但是我們知道，馮友蘭的這種說法，絕不是邏輯在歷史中的真實情況。只能說到了近代，當哲學、邏輯學等等傳統學問受到擠迫以後，不能不做出種種讓步處理的大調整，如此一來，才會出現邏輯不對實際負責之類的理論。這些都是哲學在近代以來不斷收縮、壓縮的徵候，如果利用它來建立真際哲學的體系，其當與不當就是顯而易見的了。按照不可能非的邏輯，我們完全可以說：如果法西斯是正義的，希特勒作為法西斯，他就是君子（甚至就是人類公僕）。在可能世界、在可能際，或者說在假定世界、在假定際，這當然無疑是真的。只不過那樣一來，也就等於宣判：邏輯對於實際有著某種非法性。而另一個更切要的問題是：如果邏輯宣佈對實際不作承負，那麼它自己又如何能要求兌現為某種實際呢？難道就沒有邏輯義務、邏輯權利嗎？當邏輯被完全剝奪實際權以後，它就可以純粹自為、存而不論了。不能忽略，邏輯在人類史上總是為詭論服務的。

　　馮友蘭這樣去講形式邏輯，是為了建立他的真際哲學，也就是所謂最哲學的哲學，真際是與實際相對的。「哲學對於真際，只形式地有所肯定，而不事實地有所肯定。換言之，哲學只對於真際有所肯定，而不特別對於實際有所肯定。真際與實際不同，真際是指凡可稱為有者，亦可名為本然；實際是指有事實底存在者，亦可名為自然。」（《新理學》緒論）馮友蘭講真際、實際，其實根本超不出古人形上下的劃分。馮友蘭說，哲學中有很多派別，有的近於科

學，它們也是哲學，但不是最哲學的哲學。比如說以心理學講知識論，就不如直講心理學。最哲學的哲學，一定是真際的哲學。真際與實際既然分得這樣絕對清楚，那麼哲學與經驗的關係如何擺放呢？馮友蘭說：「哲學可以不切實際，不管事實。」「但就我們之所以得到哲學之程式說，我們仍是以事實或實際底事物，為出發點。」（《新理學》緒論）馮友蘭承認人的知識都是從經驗得來的，哲學始於分析、解釋經驗。「由分析實際底事物而知實際，由知實際而知真際。」（《新理學》緒論）這是一個下學上達的過程，知識活動都是形而下的，思想亦然。只要是活動、人的活動，便都是形而下的。由形而下的活動，知道形而上之本然，馮友蘭所要講說的，脫不出這個意思。經驗僅僅是一種達成條件，一經達成，便是固定的、一次性的——就在形而上那裏，在形而上、就在那裏，除此之外就不再是更多的什麼了，僅此而已。馮友蘭對經驗的定位就是這樣的，非常簡單，也很明白。經驗只是對最哲學的哲學的一個後天形而下的喚起、一個最「麤」的達成途經，所以凡形而上的絲毫犯不著用經驗為證明。一般的唯心論、唯物論都是多此一舉。從這裏可以看到，馮友蘭選擇的學理路徑並不是最佳的。因為他如果單純地講形上下會很直截，而且問題癥結少。可是一旦扯上了邏輯，就把古今歐洲的問題也全都連帶地引發出來了，自己要承擔很大一塊。不僅不能為自己的真際哲學提供支撐點，而且無法規避邏輯哲學的種種死結。所以，馮友蘭在學術道路上往往有稀裏糊塗的表現，這與他的認識、他的哲學識見是一致的。

　　馮友蘭在談到哲學的用處時說，科學有實際的用處，但是哲學不作實際的承諾，所以哲學的用處在世俗那裏就發生了問題。這樣，馮友蘭只好說哲學的用處是無用之用，並搬出邵雍的「觀」之

一名以為辭。可以說,哲學有什麼用是現代以來所有哲學家所難以回答的問題,無論羅素、胡塞爾等等皆難以為辭。馮友蘭想在短短的一節文字中便有所交代,當然是萬萬不能。從這裏就可以看到,中國哲學家在舶進哲學的時候,也不可逃避地承擔起了哲學的包袱。像馮友蘭講邏輯問題,就是很典型的表現。簡單地說,談形上下很現成,可是一提邏輯就挑起了全副擔子。更直截地說,形上下僅僅是一種事實性的劃分,而邏輯之對實際如何,卻暗含著某種歷史行為。馮友蘭的哲學包袱,後來也成為其政治包袱的一種因緣。可以說,但凡與經驗的理路有所疏離的人,都不大可能接受或完全接受英美的路數。包括英美人自己,比如英美的很多共產主義者。馮友蘭的社會政治選擇,在他的後幾部著作中有直接的表達,他的自我政治檢討其實是必然的。

很明顯,馮友蘭還是希望哲學超拔於科學之上。科學是要不斷往前進的,因此過去的科學會過時,為後來者所超越。但是馮友蘭不願意自己的哲學也隨著時代而過時,甚或失去其價值,所以他就特別看重一步到位的恆久性。「哲學,或最哲學底哲學,不以科學為根據,所以亦不隨科學中理論之改變而失其存在之價值。在哲學史中,凡以科學理論為出發點或根據之哲學,皆不久即失其存在之價值。」「獨其形上學,即哲學中之最哲學底部分,則永久有其存在之價值。其所以如此者,蓋其形上學並不以當時之科學的理論為根據,故亦不受科學理論變動之影響也。」(《新理學》緒論)對自然哲學,後人只有歷史的興趣。但是馮友蘭沒有想到的是,他營營地避開的科學史上的過時,卻為文化史上的無情汰除性所否定。繞開了一個刀尖,卻送給了一個槍尖。至此,我們也就能夠完全清楚為什麼馮友蘭會兢兢業業地談論邏輯真際的問題了。哲學不隨時代

之變動而變動，就達到了某種持恆。馮友蘭看到，哲學因其性質，是像語言那樣比較持恆的，所以產生全新的哲學很難，但是可以產生較新的哲學和全新的哲學家，比如新理學。但這只是從實際的哲學之實際的發展去講，本然的哲學又與此不同。

馮友蘭講真際與實際，就要討論命題問題。所謂命題就是：「邏輯學指表達判斷的語言形式，由係詞把主詞和賓詞聯繫而成。例如：『北京是中國的首都。』這個句子就是一個命題。」（《現代漢語詞典》）一個命題由三部分組成：主詞、係詞、賓詞。北京是主詞，首都是賓詞。係詞包括是、不是。馮友蘭說，日常生活中到處都是命題判斷和知識。比如看見一張桌子即是一知識，只是常人不追問。追問其中的意義，即是哲學之開始，雖然不僅僅是追問其中的意義。馮友蘭所以要這樣說，乃是針對哲學就是邏輯學的觀點而發的。但是更細緻地說，知識與知道還是有區別的，它們都是「知」這一共名下的別名。邏輯一旦與實際相隔，那麼真假問題就成了多餘，或者說就是全真無假。比如：希特勒如果是正義的，這個真假怎麼論？就是一個問題。從後來馮友蘭的《新事論》我們就知道，談邏輯的根本不可能不回落到實際中來，而且是更實際。因此，所謂真際者，無非是要求高瞻遠矚、百世可法的實際，所以抽象主義僅僅是一種眼光。由此，馮友蘭又要來強調哲學與邏輯的不同了，因為他也嫌邏輯太「空」。馮友蘭說，科學的特性，就是對於實際必有肯定。從這樣的一個對比我們也就可以知道，科學與邏輯在哲學史上構成了一組彼此消長的升降關係──邏輯一步步從實際中退出去，這正是科學史的結果。馮友蘭有一個圖示：真際是一個大圓，實際是一個小圓，小圓在大圓中。大圓可以包括小圓，但是小圓不能裝進大圓。這種關係，從「可能＞兌現」（永遠）就能夠清

楚地知道。所以，馮友蘭講了半天，僅僅是說了一個形上下方面的常識，除了達意的作用外，沒有任何意義。雖然《新理學》一書來源於講課稿——朱子學授課稿。馮友蘭講哲學的新與舊，可能是針對胡適而發。因為馮友蘭出洋留學時胡適曾對他說，哲學有新的和舊的之分，像杜威的哲學就屬於新的哲學。當然這裏面主要還是馮友蘭自己想開出新理學，只是種種因素，其實並不矛盾。

當然，馮友蘭不是沒有提到形上下，他說：「我們所謂形上形下，相當於西洋哲學中所謂抽象具體。」（《形上形下》）馮友蘭明說形上下的意義大體是取自程、朱。他表示，自己講形上下，純是邏輯的，並不是價值的，價值高低與上下無關。比如宗教中的上帝，如果真有此創造、作為者，也一定是形而下的。從這些地方我們都可以看出，馮友蘭基於中學而講的畢竟是有限的，總體上他所講的都是西學的路子。

丁亥年寫、戊子春改

結語

這裏呈現給讀者的思想史稿並沒有寫完，僅僅是第一期完成的部分，算是一個彙報罷！畢竟，我們已經進入了一個項目時代，所以，及時通氣就是必不可免的。這正是為什麼我們不能等到若干年後一口氣完成思想史定稿，然後再一次性推出的原因：專案時代，學術只能忙裏偷閒地做。所以，清代是最後一個偉大的學問時代。學問天生是一種古代生活。因為這些緣故，我們只能過程性地推出自己的研究成果，這也是為什麼有很多思想家我們還來不及寫，即使寫了也很不完整的原因。像民國的任鴻雋、金岳霖、張東蓀、洪

謙等很多學者，因為時間的關係，都還未來得及動筆。而張東蓀又是我們特別熟悉的，這些工作都還有待時日。筆者打算用若干年的時間把中國思想史盡量寫完整，當然，已經推出的部分我們較有把握，不會有大的改動。思想史的工作最好還是一步到位為宜，如果隨著時代而不斷反工，似也不美。所以，我們要順著古人、前人本身去看，而不是拿他們來做後人的註腳。因此，呈現在這裏的實在只是一個初稿，我們誠懇的希望大家批評！

參考文獻

《十三經注疏》，中華書局，1980 年 9 月。

《當代學者自選文庫‧錢仲聯卷》，安徽教育出版社，1999 年 12 月。

《天地之間——林同濟文集》，復旦大學出版社，2004 年 6 月。

《孫子十家注》，中華書局諸子集成本，1990 年 8 月。

《胡適全集》，安徽教育出版社，2003 年 9 月。

《十力語要》，熊十力著，中華書局，1996 年 8 月。

《中國近代政治思想論著選輯，中華書局，1986 年 2 月。

《潘光旦文集》卷一，北京大學出版社，2000 年 12 月。

《鄉土中國》，費孝通著，江蘇文藝出版社，2007 年 4 月。

《三松堂全集》，馮友蘭著，河南人民出版社，1986 年 8 月。

《文化意識宇宙的探索——唐君毅新儒學論著輯要》，中國廣播電視出版
　　社，1993 年 1 月。

《思想與社會》，張東蓀著，遼寧教育出版社，1998 年 3 月。

《文化與人生》，賀麟著，商務印書館，1996 年 4 月。

《馬一浮集》第一冊，浙江古籍出版社，1996 年 10 月。

《金明館叢稿二編》，陳寅恪著，上海古籍出版社，1982 年 2 月。

《儒家哲學之復興》，張君勱著，中國人民大學出版社，2006 年 9 月。

《現代中國學術論衡》，錢穆著，三聯書店，2001 年月。

《錢穆與中國文化》，余英時著，上海遠東出版社，1996 年 4 月。

《余英時文集》第二卷，廣西師範大學出版社，2004 年 4 月。

《儒家傳統與文明對話》，杜維明著，河北人民出版社，2006 年 8 月。

《海日樓札叢》〔清〕沈曾植著，遼寧教育出版社，1998 年 3 月。

《梁漱溟集》王欣編，群言出版社，1993 年 12 月。

《中國文化的出路》陳序經著，中國人民大學出版社，2004 年 11 月。

《東西文化觀》陳序經著，中國人民大學出版社，2004 年 11 月。

《史達林策略下的中國》，胡適著，胡適紀念館，1967 年 12 月。

《中國抗戰也是要保衛一種文化方式》，胡適著，胡適紀念館，1974 年 4 月。

《孫中山先生紀念集》，孫穗芳編，華人國際新聞出版集團，2006 年 6 月。

《當代法國哲學導論》，高宣揚著，同濟大學出版社，2004 年 12 月。

《道德理想主義的重建——牟宗三新儒學論著輯要》，中國廣播電視出版社 1993 年 1 月。

《孫中山評傳》，茅家琦等著，南京大學出版社，2001 年 5 月。

國家圖書館出版品預行編目

民國思想史稿 / 季蒙, 程漢著. -- 一版. --
臺北市：秀威資訊科技, 2009.05
面； 公分. -- (哲學宗教類；PA0027)
BOD 版
參考書目：面
ISBN 978-986-221-232-5(平裝)

1.學術思想 2. 現代哲學 3. 中國哲學史

112.807 98008176

哲學宗教類 PA0027

民國思想史稿

作 者 / 季蒙、程漢
主 編 / 蔡登山
發 行 人 / 宋政坤
執行編輯 / 詹靚秋
圖文排版 / 姚宜婷
封面設計 / 陳佩蓉
數位轉譯 / 徐真玉 沈裕閔
圖書銷售 / 林怡君
法律顧問 / 毛國樑 律師
出版印製 / 秀威資訊科技股份有限公司
台北市內湖區瑞光路 583 巷 25 號 1 樓
電話：02-2657-9211 傳真：02-2657-9106
E-mail：service@showwe.com.tw
經 銷 商 / 紅螞蟻圖書有限公司
台北市內湖區舊宗路二段 121 巷 28、32 號 4 樓
電話：02-2795-3656 傳真：02-2795-4100
http://www.e-redant.com

2009 年 5 月 BOD 一版
定價：380 元

讀　者　回　函　卡

感謝您購買本書，為提升服務品質，煩請填寫以下問卷，收到您的寶貴意見後，我們會仔細收藏記錄並回贈紀念品，謝謝！

1. 您購買的書名：＿＿＿＿＿＿＿＿＿＿＿＿＿＿＿＿＿＿＿

2. 您從何得知本書的消息？

　　□網路書店　　□部落格　　□資料庫搜尋　　□書訊　　□電子報　　□書店

　　□平面媒體　　□ 朋友推薦　　□網站推薦　□其他＿＿＿＿＿＿

3. 您對本書的評價：(請填代號　1.非常滿意 2.滿意 3.尚可 4.再改進)

　　封面設計＿＿＿　版面編排＿＿＿　內容＿＿＿　文/譯筆＿＿＿　價格＿＿＿

4. 讀完書後您覺得：

　　□很有收獲　　□有收獲　　□收獲不多　　□沒收獲

5. 您會推薦本書給朋友嗎？

　　□會　□不會，為什麼？＿＿＿＿＿＿＿＿＿＿＿＿＿＿＿＿＿＿

6. 其他寶貴的意見：＿＿＿＿＿＿＿＿＿＿＿＿＿＿＿＿＿＿＿＿

＿＿＿＿＿＿＿＿＿＿＿＿＿＿＿＿＿＿＿＿＿＿＿＿＿＿＿＿＿＿＿

＿＿＿＿＿＿＿＿＿＿＿＿＿＿＿＿＿＿＿＿＿＿＿＿＿＿＿＿＿＿＿

＿＿＿＿＿＿＿＿＿＿＿＿＿＿＿＿＿＿＿＿＿＿＿＿＿＿＿＿＿＿＿

讀者基本資料

姓名：＿＿＿＿＿＿＿＿＿＿　年齡：＿＿＿＿　性別：□女 □男

聯絡電話：＿＿＿＿＿＿＿＿　E-mail：＿＿＿＿＿＿＿＿＿＿

地址：＿＿＿＿＿＿＿＿＿＿＿＿＿＿＿＿＿＿＿＿＿＿＿＿

學歷：□高中(含)以下　　□高中　　□專科學校　　□大學

　　　□研究所(含)以上 □其他＿＿＿＿＿＿＿＿

職業：□製造業 □金融業 □資訊業 □軍警 □傳播業 □自由業

　　　□服務業 □公務員 □教職　□學生 □其他＿＿＿＿＿＿

To：114

台北市內湖區瑞光路 583 巷 25 號 1 樓

秀威資訊科技股份有限公司　　　收

寄件人姓名：

寄件人地址：□□□

(請沿線對摺寄回,謝謝!)

秀威與 BOD

BOD（Books On Demand）是數位出版的大趨勢，秀威資訊率先運用 POD 數位印刷設備來生產書籍，並提供作者全程數位出版服務，致使書籍產銷零庫存，知識傳承不絕版，目前已開闢以下書系：

一、BOD 學術著作—專業論述的閱讀延伸
二、BOD 個人著作—分享生命的心路歷程
三、BOD 旅遊著作—個人深度旅遊文學創作
四、BOD 大陸學者—大陸專業學者學術出版
五、POD 獨家經銷—數位產製的代發行書籍

BOD 秀威網路書店：www.showwe.com.tw
政府出版品網路書店：www.govbooks.com.tw

永不絕版的故事・自己寫・永不休止的音符・自己唱